일본근세소설과 神佛

정 형

Publishing Corporation

*이 저술은 2004년도 단국대학교 교내저술연구비 지원에 의한 것임.

일본근세소설과 神佛

목 차

일본근세소설 연구와 일본문화론의 시좌 _{3부}

일본근세소설과 神佛 1부.

총설

일본 종교사와 신불
1부1장

주지하고 있는 바와 같이 일본의 神佛이라고 하면 신과 불 즉 神道와 佛敎를 말하고, 이는 神佛習合[1]이라는 일본종교사의 전개과정에 관한 전반적 이해를 전제로 하고 있다. 또한 일본의 신불은 근세기를 전후해 나타나는 신불의 세속화라는 문제에서 본질적 관련을 맺고 있다. 일본의 종교사에서 가장 큰 흐름은 신과 불 즉 신불 관계라는 두 기축의 상호 관련 속에서 전개되어 왔다. 이를 고대, 중세, 근세, 근대라는 보편적인 시대구분에 입각해 정리해 보면 다음과 같이 정리될 수 있을 것이다.

고대는 자연종교로서의 신도가 형성되면서 전래 종교인 불교와 이른바 신불습합의 양상이 나타나기 시작하는 시대이고, 중세는 이러한 신불관계가 하나의 큰 흐름으로 정착되는 시기라고 볼 수 있다. 일본에 재래의 자연종교적 神(가미)의 신앙이 있었다고 하더라도 역사적으로 밝혀진 형태로 나타나는 것은 불교가 전래된 이후이며, 그 이전에는 구체적인 양상을 밝히기 어려운 것으로 보인다. 이런 의미에서 고대와

---

1) 일본 고유의 神 즉 가미의 신앙과 불교신앙을 절충해서 융합, 조화시킨 상태를 말한다. 나라시대에 시작되었고, 神宮寺나 本地垂迹說 등이 그 발현의 하나라고 할 수 있다. 神佛同體說이라고 표현되기도 한다.

중세를 동시에 신불의 시대라고 볼 수 있으며, 이를 신도의 측면[2]에서 보면 고대는 神祇信仰이 점차 형성되는 시기이며 중세는 이론적으로 신도가 형성되는 시기라고 말할 수 있다. 근세는 16세기 이후 도쿠가와 막부 성립 이후 유교가 무사들에게 본격적으로 수용되면서 종래의 신불관계로부터 神佛儒 삼교의 상호관련 양상으로 변화되는 삼교 혼융 (混融)의 시기이며, 큰 특징으로서는 기독교의 전래와 더불어 본격적인 종교의 세속화라는 경향이 강력하게 대두되는 시기이기도 하다. 또한 이 시기는 무종교적[3]이라고 표현되기도 하는, 현대 일본인의 신앙형태 가 본격적으로 발현되는 시대이기도 하다. 근대는 메이지유신 이후 신도는 국가신도로 그 본질과 역할이 변질되어 일본국가주의의 한 방편으로 왜곡되는 한편으로 근세 말기에 성립된 신종교가 교파신도로 자리 잡음으로써 신도, 불교, 기독교가 공존하는 시기이다. 일본의 패전 후 국가신도는 해체되었지만 신도, 불교, 기독교의 삼교와 더불어 신종 교를 중심으로 하는 시대가 현재까지 계속되고 있다.

이와 같은 일본종교사의 흐름 안에서 본서에서 주목하고 주로 다루고 자 하는 시대는 앞에서 언급한 근세시대이다. 근세 종교사의 특징으로

---

2) 末木文美士 『日本宗教史』(岩波新書 2006) 9p
3) 阿満利麿 『日本人はなぜ無宗教なのか』(筑摩書房 1996)
   한국어판 정형 역 『일본인은 왜 종교가 없다고 말하는가』(예문서원 2000)참조
   아마 도시마로는 이 책에서 중세 이후의 일본인의 무종교의 실체와 역사에
   관해 설득력 있는 논의를 전개하고 있다. 그리고 이러한 논의를 통해 일본인이
   스스로를 무종교적이라고 말하는 것은 종교 그 자체를 회의하거나 부정하기보
   다는 교단종교에 대해 무관심하거나 기피하는 자세에서 기인하고 있음을 밝히
   고 있다.

서 언급한 신불유의 혼융의 양상과 이 삼교의 혼융에 내재되기 시작한 세속화 경향에 관해서는 이미 많은 연구[4]가 축적되어 있고, 또 하나의 특징으로 언급될 수 있는 무종교적 심성의 형성기라는 관점 또한 근세기에 관한 많은 선행연구들과 무관할 수 없다. 일본의 신불과 신앙풍토의 세속화 그리고 무종교적 토양의 형성이라는 근세기의 종교현상은 이미 개설적 내용으로 정착되고 있다고 볼 수 있지만, 종교를 둘러싼 문화현상으로서 이와 같은 개설적 내용이 한 시대의 모든 흐름을 다 내포하고 있다고는 볼 수 없다. 신불을 둘러싼 근세기의 종교문화사적 영역에는 한 시대의 사상사적 흐름의 방향을 직관적으로 파악하고 이를 계몽적으로 언설하는 급진적 지식인들의 담론과 한 시대의 세속에 대해 실존적으로 직면하며 살아가는 불특정 다수의 민중들의 현실이 공존한다. 그리고 이러한 민중들의 실존적 현실에는 급진적 지식인들의 담론이 다 파악하기 어려운 소박한 형태의 신심의 내실이 존재하고 있다. 이를 읽어내고 묘사했던 것은 근세기의 도시 출신의 작가들이었다. 이 저서에서 다루고자 하는 것은 바로 이 작가들의 문학 텍스트에 나타나고 있는 근세의 신불에 관한 표현양상이며, 이 표현양상의 고찰

---

4) 주2 末木文美士의『日本宗教史』외에 小松和彦『神になった人びと』(淡交社 2001), 高木昭作『将軍権力と天皇』(青木書店 2003), 圭室諦成『江戸幕府の宗教統制』(評論社 1971), 圭室諦成『日本仏教史·近世』(吉川弘文館 1987), 大桑斉『寺檀の思想』(教育社歷史新書 1979), 加地伸行『儒教とは何か』(中公新書 1990), 子安宣邦『<新版>鬼神論』(白澤社 2002), 尾藤正英『江戸時代とはなにか』(岩波書店 1992), 藤谷俊雄『「おかげまいり」と「ええじゃないか」』(岩波新書 1968), 渡辺造『近世日本社會と宋學』(東京大學出版會 1985) 등 참조.

의 내용은 동 시기의 지식인들의 급진적이고 계몽적인 담론의 세부를
보완하는 것이 될 것이다.

근세 종교의 세속화,
무종교적 양상, 일본근세문학

1부2장

근세기의 세속화와 무종교적 토양의 형성이라는 특징을 설명하기 위해서는 그 전 시대인 중세기의 종교적 상황과 비교해 살펴보는 깃이 효과적이라고 할 수 있다. 이 점에 관해 앞의 주3)에서 언급한 책 졸역 『일본인은 왜 종교가 없다고 말하는가』에서의 내용1)을 간단히 요약, 소개하는 형식으로 살펴보고자 한다.

일본 중세에 관한 종교적 정의는 대체적으로 다음과 같이 정리될 수 있을 것이다. 즉 신불의 존재를 문자 그대로 신봉하였고, 불교와 함께 전래되어 온 육도윤회(六道輪廻)를 믿었으며, 사후 지옥이나 아귀, 축생 등의 세계로 떨어지지 않기 위한 믿음으로서 사후 세계의 구원을 믿었던 시대라고 할 수 있다. 이와 관련하여 중세의 대표적인 종교가 신란(親鸞)이 당시 혁명적인 염불사상을 설파하고 있던 호넨(法然)의 제자가 된 것은 사후 지옥에 떨어지지 않기 위한 고뇌 때문이었음은 잘 알려진 사실이다. 전국시대(戰國時代)에 살생을 동반하는 전쟁에 참여한 수많은 무사들이 비록 무사라 하더라도 사람의 목숨을 빼앗았기

---

1) 앞의 책, 정형 역 『일본인은 왜 종교가 없다고 말하는가』제2장과 제3장 참조.

때문에 사후 지옥에 떨어지지 않을까 하는 심각한 고민에 휩싸이게 되는 것은 자연스러운 현상이었다고 볼 수 있고, 그렇기에 이러한 무사들이 호넨 주변에 많이 모여들게 되었던 것이라고 볼 수 있다. 당시의 대표적인 설화집인 『금석물어집(今昔物語集)2)과 『사석집(沙石集)』3)에는 신불의 구제를 기원하는 무사들의 감동적인 설화들이 다수 등장하고 있는 것도 당시의 무사들의 신앙적 삶에 관한 관심을 잘 나타내 주고 있는 것이다. 즉 육도윤회의 고통으로부터 해방되기 위해 유익한 방법이 있으면 모든 노력을 다해 실천하고자 했던 것이 중세인들의 보편적인 삶의 방식이었던 것이다.

그런데 일본인들의 이러한 삶의 방식은 근세기를 전후로 해서 변화가 일어나기 시작한다. 바로 앞에서 언급한 신불의 세속화의 경향과 무종교적 심성이 자리 잡게 되는 것을 말하는 것이다. 그리고 이러한 현상이 나타나게 되는 배경으로 주지하고 있는 바와 같이 중세 말기 이후 무가의 신불신앙에 새롭게 추가된 유교의 덕목4), 근세사회 경제의

---

2) 일본어 표기로 곤자쿠모노가타리. 헤이안 시대 후기인 1108년에 완성되었다. 天竺, 震旦, 日本의 3부로 나누어져 있고 1200편이 넘는 설화를 싣고 있는 일본 최대의 고설화집이다. 모두 31권으로 되어 있다.

3) 일본어 표기로 샤세키슈. 불교설화집으로 無住一圓이 저술하였다. 1279-1283년에 완성. 평범한 통속적 일본어 문장으로 기술되었고, 설교조의 설화와 해학적인 笑話風의 설화가 다수 수록되어 있다.

4) 중세 말기의 무가들의 가훈에 관한 연구(柏原祐泉 『日本近世近代佛教史の研究』(平樂寺書店 1969))에 따르면 이 시기부터 신불의 신앙을 권하는 무가들의 가훈에 유교의 덕목이 새롭게 추가된다. 처음에는 인의예지신(仁義禮智信)의 덕목의 실천이 신불에 대한 신앙과 더불어 강조되었지만 점차 신불이 이 세상에 모습을 나타내는 것은 사람들이 유교의 가르침을 실천할 수 있도록 하기 위해서이며 이러한 가르침을 따르기만 하면 일일이 신불을 참배하지

안정에 따른 향락적 인생관과 부세관(浮世觀)의 등장5), 장례불교6)의
역할, 유학자들의 불교배척론7) 등을 들 수 있을 것이다. 그리고 이러한

않아도 인간은 구제받을 수 있다고 가르치게 되었다. 즉, 사후 극락으로 갈
수 있도록 기원할 때에만 신불이 필요하고 보통의 일상에서는 유교가 이상으로
하는 도덕을 실천하는 것으로 충분하다는 것이다.

5) 불교가 가르치는 무상은 '제행무상(諸行無常)'이라는 말에서도 드러나듯이
고(苦)를 의미하며, 불교는 이 苦로부터의 탈각을 가르친다. 이에 따라 인생을
괴로움으로 가득 찬 우세(憂世)로 보는 사고방식이 퍼지게 된다. 이처럼 일본의
중세는 무상의 감각이 저류를 이루는, 덧없는 자기 존재를 어떻게 극복할
것인지가 과제가 된 시대였다. 이를 극복하는 길은 두 가지 길이 있었는데,
하나는 불가에 귀의하는 것이고 또 하나는 인생이 무상이라는 것을 부정하지는
않지만 그것을 괴로움으로 받아들일 것이 아니라 무상 그 자체를 즐기는 것이
다. 현세는 틀림없이 몽환과 같이 덧없으며 믿을만한 것이 아니지만 사시사철
변해 가는 자연의 모습을 아름답게 느끼고 사랑하고 아끼는 마음을 지닐 수
있다는 것이다. 즉, 인생은 무상하고 세상은 憂世라고 하더라도 인생에는 그것
을 즐길만한 요소가 적지 않다는 인식이 생겨난 것을 말한다. 이와 같은 향락적
인생관이 나타난 배경에는 당시의 경제사적 전개과정이 있었다. 경제 발전이
앞서가는 지역에서는 16-7세기에 들어서면서 본격적으로 신전의 개발 등이
이루어졌고 이로 인해 사람들은 생활에 자신감을 갖기 시작했음은 주지의
사실이다. 본서에서 주로 다루고 있는 작가는 바로 이 시기의 일본을 살아가고
있는 사람들의 향락생활에 주목해서 많은 작품을 남기고 있다.

6) 일본 고유의 불교형태를 말하는 것으로 일본문화의 독특한 산물이라고 할
수 있다. 일본인들이 世의 삶의 방식으로 무종교를 내세워도 태연하게 여기는
풍조를 지탱하는 데에 은연중에 크게 기여했다고 볼 수 있다. 고대 이래 일본인
들은 대체적으로 죽음을 부정(不淨)한 것으로 보았고 이를 극복하기 위해
고도의 철학체계를 지닌 불교를 주술체계로 수용했다. 죽은 자를 정화하거나
횡사자의 원혼을 다스리는데 불교가 절대적인 힘을 발휘한다는 믿음이 정착되
어 중세 이후가 되면 생전의 행적은 불문에 부치고 죽은 자를 부처의 자비에
맡기는, 죽은 자에 대한 살아 있는 인간들의 배려가 장례불교를 정착시키게
된 것이다.

7) 도쿠가와 막부가 주자학을 공인 학문으로 정하면서 등장한 유학자들에 의해
제기되었다. 후지와라 세이카, 하야시 라잔과 같은 어용학자들 외에 이토 진사
이, 오규 소라이와 같은 민간 유학자들도 불교배척론을 전개했다. 그 이유로는
승려들의 극심한 타락과 더불어 앞의 유학자들이 본래는 선종의 승려였던

근세기적 현상을 직관적으로 파악하고 『論語』와 『孟子』의 재해석을
통해 급진적 인간주의8)의 담론을 제시한 인물로서 17세기에 활약한
이토 진사이(伊藤仁齋)를 주목할 수 있을 것이9)다. 이러한 진사이의
급진적 인간주의는 일상을 존귀한 것, 그 어떤 것과도 바꿀 수 없는
것으로 절대시하는 사고라고 볼 수 있으며 세속을 우선시하는 일상주의
(日常主義) 혹은 일상의 성화(聖化)라고 표현할 수 있을 것이다. 이러한
세계관은 진사이 이후에도 근세기 전체를 통해 일반적인 경향으로
자리 잡아 가는 사고방식이었으며 더 나아가 현대에 이르는 대다수
일본인의 인생관과 세계관의 기본을 형성하는 데 중요한 요소로 작용해
왔음은 상당 부분 인정될 수 있을 것이다.

그런데 이러한 진사이의 급진적 인간주의가 근세기 이후의 일본인의
세계관과 종교관을 설명하는데 상당한 설득력을 지니고 있음은 이미
선행연구들에 의해 밝혀지고 있지만, 그의 담론이 그대로 근세의 현실
을 살아갔던 일반 민중들의 그것을 그대로 대변하고 반영하고 있다고
단언할 수는 없음은 앞에서 지적한 대로이다.

본서에서 다루고자 하는 점은 바로 이 점에 있다. 한 시대를 선도하는

점이다. 주자학은 당시 최신의 종교였던 선종의 일부로서 전래되었기에 이들은
불교의 면학과 함께 새로운 유학인 주자학의 연구에 힘을 쏟게 되었고 특히
후지와라 세이카는 세속의 정치나 도덕의 구체적인 방식에 강한 관심과 대책을
제시하는 주자학의 입장에 서서, 선종의 출가주의는 현실을 무시하는 반세속주
의 일 뿐만 아니라 현실 생활에 대한 관심을 저해하는 독선적이고 유해한
가르침이라고 생각해 불교를 비판하게 되었다.
8) 子安宣邦 『伊藤仁齋の世界』(ぺりかん社 2004)
9) 아마 도시마로 지음, 정 형 옮김 『천황제국가비판』(제이앤씨 2007)

뛰어난 사상가로서 제시한 근세기의 새로운 시대의 흐름으로서의 일상
주의에 관한 직관적 담론과 당대의 민중들이 지녔던 신불에의 믿음의
실체와의 사이에는 상당 부분 거리가 있음을, 당대의 현실을 사실적으
로 묘사한 문학작품들 예를 들면 근세기의 대표적인 소설가 이하라
사이카쿠(井原西鶴, 1642-1693)[10]의 사실주의적 소설 세계 안에서 확인
할 수 있다. 이 책의 본론인 2부의 작품 분석에서 구체적으로 제시되고
있는 바와 같이, 신불의 세속화 경향과 일상주의가 그대로 신불의 존재
와 의미에 관한 민중의 회의를 의미하는 것이 아니라는 것이다. 근세시
대의 종교와 문학 및 예능에 관해 논해 왔던 많은 연구들은 불교의
타락과 비속화, 오락화의 면만을 중시하는 나머지 민중의 정신사에
내포되어 있는 그들의 종교심을 경시하는 경향[11]이 있음을 부인할
수 없다. 그렇지만 근세 민중들은 그들 나름의 신불관에 입각한 신앙심
을 지니고 있었으며, 그 신앙의 본질을 단순히 세속화와 일상화로 재단
할 수 없는 측면이 있었음은 주로 문학작품이나 가부키와 같은 예능작
품을 통해서 드러나고 있다. 이는 이토 진사이와 같은 논리와 당위를
내세우는 지식인적 시각[12]에서는 드러나기 어려운 무의식적 속마음(本

---

10) 俳諧師를 자처했으며 浮世의 인생관을 사실적으로 묘사한 작품을 다수 남기고
   있다. 특히 인간의 애욕(性)을 주제로 하는『好色一代男』과 같은「好色物」,
   금전을 둘러싼 탐욕을 묘사한『日本永代藏』과 같은「町人物」, 불효의 여러
   모습을 묘사한『本朝二十不孝』등, 사실주의에 입각한 작품을 주로 창작했다.
   본서의 2부에서 주로 다루고 있는『日本永代藏』의 주인공들은 거의 실존
   인물로 추정되고 있어서 모델소설이라고 볼 수 있다. 신불과 관련된 묘사에
   관한 고찰을 하는 데 있어 주인공이 실존인물이라는 점은 큰 의미를 지닌다고
   볼 수 있다.
11) 服部幸雄「第八章 歌舞伎」(『日本文學と佛教』第九卷 岩波書店 1995)

根)이 담기는 문학작품에서 발견될 수 있는 성격의 것이다. 즉, 그들의 신앙형태가 중세 이전의 그것과는 달리 향락성을 내포하는 형태로 나타나고 또한 종교심이 약화되고 종교를 일상적인 향위의 대상으로 삼은 것만을 근세의 세속화 경향이라는 흐름 안에서 그간 연구자들이 너무 강조했던 측면이 있었다고도 볼 수 있는 것이다. 이토 진사이와 같은 시대를 앞서가는 급진적 지식인들의 시각만으로는 미처 파악될 수 없는 근세 신불의 영역이 사실주의적 문학작품 안에서 드러나고 있음을 필자는 주시하고자 한다. 진사이의 일상주의적 세계관으로는 미처 파악할 수 없었던 근세 민중들의 종교관의 내실 즉, 근세기의 신불의 세속화의 양상과 근세 민중들의 신불에 관한 신앙적 자세에는 앞에서 언급한 일본 민중들의 무종교적 심성의 연원이 개재되어 있으며, 신불에 관한 신심(信心) 그 자체에 관한 일본 민중들의 회의나 부정, 혹은 일상주의에의 확신 등으로 이어지는 것은 아니라는 점이다. 이 점은 본서의 본론에 해당하는 각 장의 문학작품 안에서 신불을 둘러싼 구체적인 양상과 더불어 확인될 것이다.

---

12) 진사이 이후의 지식인들이 모두 같은 시각을 견지하고 있었던 것은 아니다. 靈界 즉 타계를 현세와의 연속 또는 현세와 표리일체의 형태로 생각했던 히라타 아쓰타네, '괴력난신(怪力亂神)'의 해석에서 다른 견해를 지녔던 오규 소라이, 신불의 모든 세계를 '음사사교(陰祠邪敎)'로 간주했던 나카이 지쿠잔, 신에 대한 절대귀의라는 극히 강력한 종교적 감정에 도달했던 모토오리 노라나가 등은 진사이의 일상주의적 세계관과는 다른 논의를 전개했다.

2부와 3부의 각론 구성 개요
1부3장

　　2부에서는, 본론에 해당되는 6개의 장(1장, 2장, 3장, 4장, 5장, 6장)은 필자가 일본의 근세문학 작품 중, 가나조시(假名草子)와 우키요조시(浮世草子)를 대상으로 특히 이하라 사이카쿠의 소설 구조 안에서의 神佛 樣相에 관해 고찰해 왔던 논문을 가필, 수정, 보완한 내용이 중심을 이루고 있다. 이 내용을 각 장별로 간단히 요약, 소개하면 다음과 같다.

　　1장은 「假名草子에서의 神佛 描寫」1)에 관한 고찰이다.

　　가나조시의 대표적인 작가이며 불교에 관한 계몽적 저술을 많이 남긴 아사이 료이(浅井了意)는 신불의 전통적인 기반 위에 서서 근세기의 우세와 부세로 상징되는 종교와 세속의 스탠스를 유지하는 내용을 『우키요모노가타리(浮世物語)』에 담고 있다. 근세기 이후의 신불의 본격적인 세속화의 실태는 당대의 사상가들의 직관적인 저술보다는 당대의 현실을 사실적으로 다루고 있는 문학텍스트에서 잘 나타나고 있다. 아사이 료이는 근세 전기의 무사출신 작가로서 『우키요모노가타리』를 통해 근세 전기의 현실과 신불과의 관련 양상을 그려내고 있다.

---

1) 「가나조시에서의 신불－浮世物語를 중심으로－」(『일본학연구』19집 단국대학교 일본연구소 2006.10)

2장은 『日本永代藏』에 있어서의 佛과 儒[2)]에 관한 고찰이다.

사이카쿠에 있어서의 佛과 儒의 관련성의 문제에 관한 고찰이다. 이의 검토를 위해 우선 사이카쿠가 묘사하는 일본근세의 민중불교와 유교와의 관련문제를 정리하고, 이어서 사이카쿠의 선행문예인 가나조시(假名草子)에 나타나고 있는 세속과 佛의 문제를, 당시의 佛과 儒와의 관련성 안에서 논하고 있는 대표적인 교훈서 『心學五倫書』의 내용과 더불어 살펴보기로 한다. 그리고 이것을 전제로 치부담인 『日本永代藏』가운데서 佛과의 문제가 다루어지고 있는 卷1-1, 卷3-3, 卷3-5를 중심으로 치부의 의미와 佛 즉 사이카쿠소설에 있어서의 聖과 俗의 관련양상을 고찰한다.

3장은 『日本永代藏』 권두일절에서의 세속과 神佛[3)]에 관한 고찰이다. 본 고찰에서는 이상과 같은 문제제기에 입각하여 사이카쿠 시대의 神佛習合의 일본적 구조의 의미, 선행문학으로 대표적인 불교설화집인 『沙石集』과 작가가 가장 의식했던 당대의 작품 중의 하나인 『浮世物語』에서의 佛, 『日本永代藏』의 권두일절, 本話(卷1-1), 『日本永代藏』에서의 神佛의 묘사를 중심으로 『日本永代藏』에서의 致富와 神과 佛의 관련양상을 고찰하기로 한다.

4장은 『日本永代藏』와 『西鶴大矢數』에서의 神佛[4)]에 관한 고찰이다. 日本永代藏』의 서문과 卷1-1의 고찰의 연장선에 서서, 『日本永

---

2) 「西鶴의 小說에 있어서의 佛과 儒」(『일본문화학보』12집 한국일본문화학회 2002.02)
3) 「西鶴 浮世草子에 있어서의 神과 佛」(『일어일문학연구』47집 한국일어일문학회)
4) 「西鶴 町人物에 있어서의 世俗과 佛」(『일본연구』21집 한국외국어대학교 외국학종합센터 일본연구소 2003.12)

代藏』의 치부담 중 치부와 佛이 관련을 맺는 6개의 例話와 사이카쿠의
대표적인 俳句集인『西鶴大矢數』의 분석을 통해 치부담에서의 금전
과 佛의 관련양상, 神佛로 표현되는 그 수사법적 의미를 고찰한다.
일본 근세종교의 두 큰 줄기인 神과 佛은 고대 이래 이른바 神佛習合
이라는 일본적 신앙풍토 안에서 전개되어 왔음은 주지의 사실이다.
그러나 종교의 절대적 원리에 입각한 배타적 속성으로 볼 때 이러한
神佛習合은 원초적으로 애매함과 混融性을 지니며 근원적으로 불안
감이 내재할 수밖에 없다. 우주의 근원적 진리를 지향하는 초월적이고
부정적인 佛과 일본의 자연과 토속과 현실을 상징하는 神은, 비논리적
측면이 내재하는 神佛習合의 틀 안에서 일본인의 세속적 현실을 반영
하는 형태로 상호 混融化되면서 근세 일본인들에게 자리 잡게 되었다.
작가 사이카쿠는 종교에의 思辨的 논리로서가 아닌 감각과 허구의
세계 안에서 神과 佛의 존재양상을 感知하고 당대인들의 <상식>의
영역 안에서 치부담을 창작하고 있는 것이다. 또한 神과 佛을 混融的이
고 寫實的인 종교상징과 수사법으로 묘사된 작품은『日本永代藏』가
처음이다. 그는 중세의 憂世에서 근세의 浮世로의 변화를 작품세계
안에서 구체적으로 그리고 있으면서도 중세의 무상관의 부정적 현실을
묘사하고 있다기보다는 근세의 세속적 유용성의 현실을 직시하고 있음
을 알 수 있다. 바로 이것이 근세에서의 불교관의 퇴색의 일단이라
할 수 있다. 작품 세계 안에서 중세 이래의 불교가 말하는 무상의
의미를 떨구어 내지도 못하고 그 대안을 모색하지 못한 채 浮世의
의미는 근세적 세속성 안에서 새로운 불안을 안고 있음을 표출하고

있는 것이다. 치부의 세속적 유효성과 궁극적 의미의 한계, 치부의 현실적 유용성을 강조하는 교훈적 언설인 창작의도의 교훈적 자세와 이에 대한 근원적 불안감에 의해 표출되는 戲作的 묘사(교훈성과 희작성의 상호보완적인 구조), 이러한 창작의도와 軌를 이루는 神과 佛의 混融의 양상을 내보이는 사이카쿠의 수사법에는 결국 神과 佛의 混融的 구조 안에서 浮世를 바라보는 근세인들의, 작가의 근원적 불안감이 내재하고 있음을 말해 주는 것이다. 이 작업은 『日本永代藏』외에 『世間胸算用』와 같은 타 町人物의 분석으로 확대되어야 함은 물론이다.

5장은 『日本永代藏』에서의 神佛描寫[5]에 관한 고찰이다.

『永代藏』권1에서는 9개소, 권2에서는 12개소, 권3에서는 7개소, 권4에서는 13개소, 권5에서는 5개소, 권6에서는 5개소 등 모두 51개소의 신불 관련 묘사 전체내용을 대상으로 그 의미와 구조를 살펴본다.

6장은 『本朝二十不孝』에서의 神佛[6]에 관한 고찰이다.

근세적 불교의 전개양상 속에서 불효라는 주제로 통일된 『本朝二十不孝』의 각 불효담에 투영된 佛의 개재양상의 제 측면을 살펴보기로 한다. 이를 위해 이 작품의 서문 창작의도에 나타나고 있는 효와 佛의 관련양상을 다루고 이어서 각 개별 작품에 나타나고 있는 佛의 개재양상을 살펴보기로 한다. 이의 분석을 통해 이 작품이 단순한 불효담에 그치지 않고 세속의 因果譚으로서 제시되는 의미와 창작의도와의 관련

---

5) 권1, 2, 3에 관한 내용은 「일본영대장과 신불」(『日本思想』13집 한국일본사상사학회 2007)의 논문에 기초한 것이고 권4, 권5, 권6의 내용은 이 책을 집필하면서 새로 추가해서 작성한 것이다.

6) 「本朝二十不孝에서의 佛」(『일본학연구』17집 단국대학교일본연구소 2005.10)

성을 고찰하고 아울러 당시의 世俗 안에서 불효의 현실을 직시하고 관찰했던 작가 사이카쿠의 佛에의 인식문제 등도 다루어보고자 한다.

3부에서는 2부 내용을 보완하는 내용으로 일본문화론의 시좌를 지향하는 일본근세소설 연구와 한국에서의 일본근세문학 연구현황을 살펴본다.

1장은 西鶴의 浮世草子에 나타난 성의식 고찰[7]이다.

근세일본인들의 성의식의 여러 측면들을 크게 두 흐름으로 파악하고 이를 지배계층의 공익적, 명분적 성의식과 규율성의 면에 중점이 두어지는 흐름과 본연의 성의 의미와 의의를 무의식적으로 받아들여 왔거나 긍정적으로 보려고 하는 또 하나의 흐름으로 상정하고자 한다. 그리고 이를 체계적으로 파악하기 위해 두 흐름을 상징하는 사상적 저술인 『女大學集』과 『艶道通鑑』, 安藤昌益 등의 저술 내용을 검토하고 이의 구체적인 분석을 위해 근세의 현실을 가장 사실적으로 묘사한 소설작가라고 할 수 있는 사이카쿠의 우키요조시 『好色一代男』와 『新可笑記』의 작품에 나타난 근세일본인의 성의식의 양상을 고찰하기로 한다.

2장은 부록적인 내용으로서, 이하라 사이카쿠와 우에다 아키나리 연구를 대상으로 한국에 있어서의 일본 근세소설연구의 성과와 과제[8]에 관한 고찰이다.

---

7) 「일본근세문학에 나타난 성의식고찰」(『일본연구』23집 한국외국어대학교 외국학종합센터 일본연구소 2004.12)
8) 「한국에 있어서의 일본 근세소설연구의 성과와 과제」(『일본학보』62권 한국일본학회 2005.02)

일본근세소설과 신불

假名草子에서의 神佛 描寫
『우키요모노가타리』를 중심으로
2부1장

1. 근세 神佛의 세속화와 문학

앞 장에서 지적한 바와 같이 일본종교사에서 근세기를 전후로 해서
神佛과 儒를 중심으로 한 일본인의 종교적 삶이 세속화의 경향을
강하게 표출시키기 시작했었음은 많은 선행연구가 지적하고 있고 이것
은 이미 개설적 내용1)으로 정착되어 있다고 할 수 있다. 그리고 이러한
선행연구의 대부분의 내용은 이 시기의 知的, 思辨的 세계를 선도했던
여러 사상가들 이를테면 오규 소라이(荻生徂徠), 히라타 아쓰타네(平田
篤胤), 이토 진사이(伊藤仁斎), 아라이 하쿠세키(新井白石), 모토오리 노
리나가(本居宣長) 등과 같은 지식인들의 어록이나 저술 등을 대상으로
한 것2)이었다. 근세의 현실을 직관적인 이론의 틀 안에서 보고자 했던

---

1) 辻善之助『日本佛教史』第六卷, 第七卷 (岩波書店 1961)
2) 이에 관한 최근의 주목할만한 연구성과로서 고야스 노부쿠니(子安宣邦)의
  『鬼神論』, 白澤社 등이 있다. 이 책에서 고야스는 근세 일본지식인들이 전개
  한 신과 제사에 관련되는 언설을 '귀신론'으로 정리하고 있다. 그 핵심내용은
  "귀신은 그에 관해 말하는 사람들의 언설에 존재하는 것이다"라는 것이다.
  즉 현실 속의 신의 존재의 유무를 떠나 이를 바라보는 지식인들의 사유 속에

이들 사상가들의 지적 영위와 저술들은 그 자체로 시대의 흐름 안에서
설득력을 지니면서 일본 사상사의 궤적 안에서 중요한 역할을 해 내고
있음은 재언의 여지가 없을 것이다. 그럼에도 불구하고 이들의 당대의
종교적 현실에 관한 시각은 동아시아의 유교적 질서 안에서 일본적
특수성을 독자적으로 인식하려고 하는 시각이 개재되고 있는 경향
또한 뚜렷하다고 할 수 있고 이 흐름은 종교의 영역을 넘어 모토오리
노리나가 등에 의해 완성된 일본의 국학 즉 일본의 정체성의 문제로
이어지고 있다고 볼 수 있을 것이다.

종교의 세속화라는 관점에서 볼 때, 삶의 현장에 있는 것은 주로
중, 하층 무사들과 상인, 농민들이었고 특히 근세의 도시 공간에서는
세속의 전면에 있는 주요 계층은 상인들이었다. 당대의 사상가들은
당대의 일본적 현실을 직관적으로 파악하면서 근세 종교를 새롭게
정리하고 있는 것이 대부분이고 당대 민중들의 구체적 삶의 예시를
통해 종교의 세속화의 의미를 논하고 있는 경우는 거의 찾아볼 수
없다. 다시 말해 한 시대를 바라보는 사상가들의 총괄적 시점은 명확히
제시되고 있으나 그 내실을 이루는 민중들에 관한 종교적 삶의 예시는
거의 나타나고 있지 않다는 것이다.

이 글에서의 문제제기는 바로 이 점에서 출발한다. 근세종교의 세속

___

일본의 신들이 존재해 왔고 새롭게 자리매김 되었다는 것이다. 다시 말해
대다수 일본민중들의 신에 관한 인식과 체험이라는 점에서는 간극이 있을
수 있음을 시사하고 있는 것이다. 그럼에도 불구하고 이들이 일본의 신에의
인식을 주도해 왔음은 물론이다. 귀신을 둘러싼 고야스의 문제의식은 일본의
근대국가의 창설, 국가신도의 문제, 야스쿠니 문제에까지 도달하고 있다.

화의 문제는 바로 그 주체인 민중들의 일상을 구체적으로 직시함으로써
좀 더 실상이 명확해 질 수 있다. 그리고 이들의 삶을 구체적으로
파악할 수 있는 것은 역사 사료에 담기기보다는 당대의 현실을 사실적
으로 다루고 있는 가나조시와 우키요조시와 같은 문학 텍스트가 가장
유효한 자료라고 할 수 있다.

　근세기 이후의 종교적 전개의 특성인 세속화는 주로 神, 佛, 儒의
세 영역에서 이루어지고 있는데, 사상사적으로 보면 대체적으로 종교의
본연적 속성이라고 할 수 있는 세속에 대한 超越性과 否定性3)의
弱化를 의미한다. 즉 일상생활 그 자체의 가치가 강조되기 시작했음을
말하는 것이다. 일본불교의 새로운 장을 열었다고 평가되는 호넨(法然)
과 신란(親鸞)의 淨土眞宗4)이 등장한 중세 이후, 도쿠가와 이에야스가

---

3) 길회성 『일본의 정토사상』(민음사 1999) pp16－19
　　管見으로는 이 책에서 한국의 대표적 종교학자로서는 최초로 일본불교의 독창
　　성에 관한 객관적 시각을 표시하고 있다. 일본사상 전반에서 발견되는 초월과
　　부정의 결핍은 종교와 철학만의 문제가 아니라고 지적하면서 그것은 히로시마
　　와 나가사키라는 근대 일본의 비극과 연결되는 핵심적인 문제라고 보고 있다.
　　동시에 이런 면과는 대조적으로 일본사상의 가장 좋은 면을 대표하는 것으로
　　신란의 종교적 활동과 저술을 들고 있다. 신란의 진지성과 정직성, 전통적
　　불교와 신도의 종교성이 지니고 있는 강한 현세성과의 명확한 단절, 개인의
　　구원을 향한 강렬한 열정, 그가 세운 신앙 공동체의 평등주의적 성격과 인간적
　　겸손 등을 모두 인류 전체를 위한 항구적이고 보편적 가치를 지닌 것이라고
　　평가하고 있다. 이미 일본의 연구자들에 의해 상당부분 연구된 내용이지만
　　한국의 연구자의 시각으로 초월과 부정의 관점에서 신란을 재정리하고 있다는
　　점에서 의의가 있다.
4) 아미타불에의 서원만을 통해서도 부처의 세계에 도달할 수 있다는 신란 등의
　　정토진종의 설법은 이른바 타력사상의 전형으로서 종교가 세속의 합리적 판단
　　과 영위를 초월적으로 뛰어넘고 있음을 일본 민중들에게 알기 쉽게 설파했다는
　　의미에서 일본불교사에서 독특한 위치를 점한다고 할 수 있다.

일본 전국을 제패하고 강력한 중앙집권 통치국가를 건설하면서 이루어
진 평화적 질서와 태평적 분위기, 신전개발 등에 의한 경제상황의 호전
등에 의해 근세적 안정이 실현되는 과정에서 현세의 긍정과 일상생활의
적극적 향수가 나타나게 되었던 바, 이러한 전국 규모의 정치적, 경제적
안정의 틀이 형성되는 과정에서 변화된 민중들의 삶을 직감적으로
직시하는 당대의 사상가들은 신란 등에 의해 제시된 본원적 종교성과
세속의 스탠스를 근세적 현실 안에서 새롭게 정립하고자 했다. 즉,
초월적, 부정적 내실을 지니는 종교의 본연성 그 자체에 관한 인식의
변화였다. 그리고 이들의 인식과 실상과의 간극은 앞에서 언급했던
바와 같이 당대의 민중들의 모습이 그려진 가나조시나 우키요조시와
같은 산문작품 즉 세속과 우키요를 주 대상으로 삼고 있는 문학 텍스트
에서 구체적으로 밝혀 질 수 있는 것이다.

2. 『우키요모노가타리』와 부세(浮世)

이 글의 문제제기의 지향점은 근세의 전 시대를 아우르는 것이지만,
이 글에서는 우선 근세 전기의 가나조시의 대표적인 작가 아사이 료이
(浅井了意)[5]의 작품 우키요모노가타리(浮世物語)를 고찰 대상으로 삼는

---

5) 에도 전기의 가나조시 작가. 교토의 本性寺의 주지를 지냈고 內典과 外典을
   통달했고 佛書의 주석 등에도 업적을 남겼다. 대표작 『우키요모노가타리』외에
   도 『可笑記評判』, 『東海道名所記』, 『伽婢子』등의 가나조시를 창작했음은
   주지의 사실이다.

다. 아사이 료이는 무사 출신으로서 불교와 세속의 문제를 의식하고 있었지만 앞서의 사상가들과 같이 일본의 종교와 세속에 관한 사상사적인 흐름의 저술보다는 불교 주석서나 문학 작품 등 이른바 가나조시의 대표적 작가로서의 위상이 확고하다고 볼 수 있다. 일본문학사에서 가나조시(假名草子)의 정의가 명확하게 정착된 것은 아니지만 대체적으로 에도시대 초기의 소설이나 수필류의 총칭으로서 16세기 말에서 17세기 후반기(1681년)까지 약 80년간에 만들어진 작품들을 말한다6). 이는 중세말의 오토기조시(御伽草子) 이후 가나조시에서 사이카쿠(西鶴)의 우키요조시(浮世草子)로 이어지는 소설사적 전개라는 문학사의 흐름 안에서 한 시대적 장르로서 자리매김 되고 있음을 의미한다. 용어의 의미로 보면 가나조시는 한문으로 쓰여진 학문적 저술에 대해 가나(假名)로 쓰여졌으며 상대적으로 통속적, 실용적, 오락적 내용이 담겨 있는 산문이라는 것이라 할 수 있을 것이다. 이러한 가나조시의 성격은 사이카쿠(西鶴)가 의도했던 가나조시를 후대에 특별히 우키요조시(浮世草子)7)라고 칭하고 있는 것에서도 잘 나타나고 있다.

　다시 말해 가나조시는 전대의 중세문학에 비해 실용성과 세속성이

---

6) 『日本古典文學大辭典』(岩波書店 1983)
7) 사이카쿠의 제자라고 할 수 있는 北條團水는 『西鶴織留』의 서문에서 사이카쿠의 작품을 "西鶴生涯のうち逑作するところの仮名草子"라고 쓰고 있는 것에서도 알 수 있듯이 사이카쿠의 작품은 엄연히 가나조시라는 범주 안에서 창작되었다. 이후 부세(浮世)의 사실적 묘사라는 사이카쿠 작품의 특징을 계승하는 작품들이 18세기 중엽까지 다수 나타나게 되었고 문학사에서는 이들의 총칭을 우키요조시라고 하고 있음은 주지의 사실이다.

그 내실을 이루는 것이고 아사이 료이는 바로 실용과 세속이라는 측면에서 가나조시를 창출한 셈이 된다. 이러한 문학 텍스트에서 나타나는 종교를 둘러싼 여러 현실은 작가 아사이 료이의 창작의도 여부를 뛰어넘어 실용과 세속이라는 범주 안에서 그려지고 상징화될 수밖에 없다. 앞 서론에서 근세 의 종교적 현실의 주체는 중하급 무사와 상인이라고 지적했던바 아사이 료이는 바로 중하급 무사를 대표하는 작가라고 할 수 있고 이 종교적 현실의 실제적 파악을 위해서는 그에 의해 창출된 가나조시에 관한 검토가 우선적으로 요구되는 것이다.

아사이 료이의 우키요모노가타리(浮世物語)는 제명이 나타내고 있는 바와 같이 우키요 즉 근세적 현실인 세속을 묘사하겠다는 작가의 창작의도가 반영된 것이다. 그의 세속과 부세에 관한 인식은 이 작품의 서문이라고 볼 수 있는 1-1(浮世といふ事)[8]에서 표명되고 있다. 우선 이 서문에 나타나고 있는 작가의 우키요에 관한 인식을 검토해 보기로 한다.

　　　좀 오래되었지만 속요에 "이상한 일이다. 마음이라는 것은 자신의 것이면서도 조금도 자기 뜻대로 되지 않으니"라는 노래를 신분이 있는 사람이나 서민, 남녀노소 모두 읊고 있다. "생각하는 것이 여의치 않은 것 그래서 우세(憂世)이도다"라는 노래도 있다. 무슨 일을 하더라도 생각대로 되지 않는 것이 이 세상이니 우세라고 하는 것이겠지. "구두를 신고 발바닥을 긁는다"고 하는데 그 속담대로 가려운 곳에 손이 닿지

---

8) 이하 『우키요모노가타리』의 예문은 谷脇理史 校注譯(『仮名草子集 浮世草子集』 小學館)에서 인용함.

않듯이 잘 될 것처럼 보여도 될 듯하다 되지 않는 것은 정말로 답답한 일로서 자신의 것이면서도 몸도 마음도 뜻대로 되지 않는 것은 정말 이상한 일이다. 내 몸이 이정도 이니 하물며 세상일은 어느 것 하나 내 뜻대로 되지 않는다. 그래서 우세라고 하는 것 같다고 어느 사람이 말하기에 내가 "아니 그런 의미가 아니오 이 세상에 살고 있으면 매사에 관해 듣는 선악의 여러 일들은 모두 재미있고 한치 앞을 모른다고 하듯이 장래의 일은 모르지만 장래의 일들은 전혀 개의치 않고, 소심하게 걱정하고 지내면 몸에 좋지 않으니 그때그때 적당히 넘겨버리고 달, 눈, 꽃, 단풍을 소재로 노래를 부르고 술을 마시고 둥둥 뜬 기분으로 우세를 잊고 가슴이 비어지는 것도 잊고 어떤 경우에도 근심하지 않고 이른바 물에 떠 있는 표주박처럼 갈아 안지 않는 마음으로 이 세상을 살아가는 방식을 우키요라고 하는 것이오"라고 말하자 말귀를 알아들은 사람이 "참으로 그러하다"고 감탄했던 것이다.(1-1)

今はむかし、國風の歌に、『いな物ぢや、こころは我がものなれ ど、ままにならぬは』と、高きも賤しきも、男も女も、老いたるも 若きも、皆うたひ侍る。『思ふ事かなはねばこそ、浮き世なれ』と いふ歌も侍り。よろづにつけて、こころにかなはずままにならねば こそ、浮世とはいふめれ。『沓をへだてて踵を搔く』とかや、痒き ところに手のとどかぬごとく、当たるやうにして行きたらず、沈気 なものにて、我がながら身も心も我がままにならで、いな物なり。 まして世の中の事、ひとつも我が気にかなふことなし。さればこそ うき世なれ」といへば、「いや、その義理ではない。世に住めば、 なにはにつけて善し惡しを見聞く事、みな面白く、一寸さきは闇 なり、なんの糸瓜の皮、思ひ置きは腹の病、当座当座にやらし て、月・雪・花・紅葉にうちむかひ、歌をうたひ酒のみ、浮きに 浮いてなぐさみ、手前のすり切りも苦にならず、沈みいらぬここと だての、水に流るる瓢箪のごとくなる、これを浮世と名づくるな り」といへるを、それ者は聞きて、「誠にそれそれ」と感じけり。

짧은 서문이므로 일독하면 확연히 알 수 있듯이 '우세(憂世)'를 둘러
싸고 이를 어떻게 이해해야 할 것인가를 두 사람이 서로 의견을 제시하
고 후자 쪽의 생각이 적합한 것임을 드러내는 형식으로 되어 있다.
이 후자의 인식은 이 첫 장이 서문의 형식으로 이루어져 있고 작품명이
'浮世物語' 즉 우키요의 이야기인 점과 이 이후의 작품 전개로 보아
작가 아사이 료이의 근세적 현실9) 파악임은 쉽게 알 수 있다.

우키요 즉 근세의 현실을 여전히 중세 시대 이래의 우세(憂世)라고
인정하면서도 그러한 면을 잊고 우키요의 여러 문제에 대처해 설사
어려움에 처하더라도 낙담하지 말고 열심히 살아나가야 한다는 인생관
을 표명한다. 즉 지난 중세시대에 이어 여전히 계속되어 오고 있는
우세적 세속관이 첫 인물의 세리프에서 표명되고 있고, 뒤이어 그러한
중세적 세계관을 전면 부정하는 형태가 아닌 재인식의 형태 즉, "이
세상에 살고 있으면 매사에 관해 듣는 선악의 여러 일들은 모두 재미있
고 한치 앞을 모른다고 하듯이 장래의 일은 모르지만 장래의 일들은
전혀 개의치 않고, 소심하게 걱정하고 지내면 몸에 좋지 않으니"라는
부세적 세계관이 표명되는 것이다. 이는 중세에서 근세로의 변화된
세속의 현실이 작가의 인식 안에 나타나고 있는 것으로서 신불(神佛)로

---

9) 주)8의 편자 다니와키 마사치카(谷脇理史)는 이 책 두주에서 중세적 우세를
   부정하고 근세적 부세를 주장한 서문으로 종래에는 해석되어 왔으나 그보다는
   뜻대로 되지 않는 현세라는 인식 하에서 그에 대처하는 마음 자세를 말하는
   데 그치고 있어 중세적 향락사상의 색채가 강하게 남아 있음을 지적하고 있다.
   다시 말해 중세와 근세의 세속인식을 동시에 지니고 있음을 지적하는 것으로
   이 작품에서의 신불의 문제에서도 많은 시사점을 던져 주고 있다고 볼 수
   있다.

상징되는 종교 영역에서의 변화이기도 했다. 바로 이 점을 당시의 사상 가들이 직관적으로 파악하고 있음은 앞 장에서 언급한 대로이다. 작가 아사이 료이는 어디까지나 세속 즉 우키요에 관한 구체적 묘사를 통해 이 작품을 가나조시[10]로서 완성시키고 있으며 신불 그 자체에 관해 묘사하고 시도하고 있는 것은 아니다.

이어지는 다음 장(1-2)에서 1-1에서 제시된 세계관의 소유자 즉 우세 의 근심을 잊고 그날 그날을 즐겁게 살아가는 것이 우키요 임을 실천하 는 주인공 효타로(瓢太郎)가 등장한다. 이 작품에 드러나는 주인공의 세속적 삶을 간단히 기술하면 다음과 같다.

그 출생이 정확하지 않고 남들을 잘 속이며 입신출세를 위해 돈을 모으는 것만을 알았던 전직 무사가 부친이었는데, 큰 병을 앓았고 학문 과 무예에는 무능한 남자로 묘사된다. 도박, 여색에 빠져 부모의 유산을 탕진하고 若党奉公에 나선 뒤 傍輩들과 싸움을 하고 망신을 당한 뒤 삭발을 하고 우키요보(浮世房)라고 자처하며 방랑에 나선다. 생활을 위해 여러 가지 직업을 전전하지만 제대로 된 일을 하지 못한다. 그러던 중 어떤 다이묘 밑에서 오토기슈(お伽衆)로 일하면서 무사에게는 무업을 게을리 하지 말 것 등 무사의 선악비판을 하고 주군에게는 다도의 사치에 관해 비판을 한다. 마지막에는 선술을 익혀 비행자재의 선인이 되려고 하지만 실패하고 어디론가 자취를 감춘다.

---

10) 北條秀雄 編著(『改訂增補 淺井了意』 笠間書院 1972)
　　이 책의 제 1장에서 작가 아사이 료이의 가나조시와의 관련 상황이 상세하게 소개되고 있다.

무사 출신의 작가[11]에 의한 세속과 무사세계에 관한 비판으로도
읽혀질 수 있는 이 작품의 내용은 역시 서문에서 제시된 우세 속의
부세지향이라는 작가의 문제의식이 투영되고 있음을 알 수 있다. 이것
은 바로 근세 전반기의 당대인의 종교적 삶의 내실에의 반영이라고도
볼 수 있다. 불교에 해박해 일생 불경 등의 주석 작업을 한 작가가
불교 본연에 입각한 세계관과 당대의 세속적 현실 사이에서 어떤 시각
을 견지하고 있었는지는 바로 이 작품의 개개의 묘사에서 드러날 수밖
에 없을 것이다.

3. 『우키요모노가타리』에서의 神佛

주인공 우키요보의 인생 편력을 순차적으로 묘사하는 형식의 이
작품에서 작가는 몰락 무사 출신인 주인공을 통해 세속과 부딪치고
세속에 관한 인식을 피력하는 형태를 통해 작가의 세속 인식이 구체화
되고 있다. 이에 관한 분석을 위해 세속과 신불 내지는 그에 준하는
영역과 직·간접적으로 관련이 있다고 판단되는 묘사를 모두 추출하고
각 묘사에서 드러나는 종교와 세속의 관련양상을 정리해 보기로 한다.
특히 작가는 서문에서 "생각하는 것이 여의치 않은 것 그래서 우세(憂
世)"인 세상과 "이 세상에 살고 있으면 매사에 관해 듣는 선악의 여러

---

11) 주10)의 앞의 책「第五章 了意の生涯を辿る」참조 료이의 무사로서의 생애와
　　가나조시를 창작하게 된 배경이 소상하게 밝혀지고 있다.

일들은 모두 재미있고 한치 앞을 모른다고 하듯이 장래의 일은 모르지만 장래의 일들은 전혀 개의치 않는" 세상으로 나누어 보고 있고, 주인공이 처음 등장하는 1−2에서는 도박과 여색 그리고 이에 의한 유산탕진 등을 우세와 부세의 경계에서 나타나고 있는 전형적인 현상으로 묘사하고 있다.

이러한 작가의 시각을 염두에 두고, 첫 번째로 불교 본연의 시각에서 세속을 직시하는 묘사가 등장하는 것은 다음과 같다.

> a)지금은 일본 전국 교토도 시골도 일제히 도박이 금지되어 있다. 주야 열심히 머리를 짜내 도박을 잘 해볼 궁리를 하는 노력으로 좌선하면서 노력하면 순식간에 진리를 깨우치고 六祖의 惠能과 어깨를 견줄 인물이 될 수 있을 것이다. (『우키요모노가타리』1-4)
>
> 「今は天下一統して、京も田舎も博奕を打つ事を停止せらる。夜を日につぎて工夫をこらし、打つべき手だてを案ずるほどに、座禅工夫をいたすならば、たちまち悟道の人となりて、六祖の惠脳に肩をならべん。

세속의 쾌락으로서 도박이 존재함은 새삼 언급할 필요가 없을 것이다. 이 작품이 나오기 10여 년 전인 1648년에 도박금지령이 내려진 이후 도박 외에도 과도한 사치와 미풍양속에 반하는 행위를 금하는 유사 법령이 등장하고 있음은 주지의 사실이다. 주인공이 도박에 빠지는 과정을 사실적으로 묘사하면서 세속의 유혹을 금하고 좌선과 불도에 매진할 것을 언설하는 대목으로 작가의 계몽적 불교인식이 a)의 묘사에 그대로 투영되고 있다. 동시에 불도의 정진에 방해가 되는 세속의 여러 현실이 존재하고 있음을 인식하고 있다.

　　b)이 일심의 마음으로 염불을 외우면 산 채로 빛을 발하는 부처가
되어 아미타불의 내영을 보게 되고 극락왕생을 할 것이다. 그런데 도움이
되지 않는 도박에 정력을 쏟아 기력을 없애고 헛되이 세월만 보내고
있다. (1-4)
　　これを念仏にうつすならば、生きながら光明かかやき、弥陀の
來迎を拝むべし。無用の事に精をつくし気へらして、いたづらに
月日をかさぬ。

같은 작품의 연장선상에서 a)의 묘사와 같은 레벨에서 도박이 불도에
매진하는 데 방해가 되고 있는 현실을 앞의 b)의 묘사에서 제시하고
있다.

　　c)옛날 에구치의 유녀 죠(長)는 보현보살의 화신으로서 이 세상에
모습을 드러낸 것으로 여행객들과 친숙해져 불도의 연을 맺었다고 하는
데 화엄경에는 "55명의 지식인 중에서 바수밀다여라는 사람은 음녀였다
고 써 있는 것을 떠올리니 참으로 고맙게 느껴진다. (1-5)
　　いにしへ江口の長は、普賢菩薩の化身にて、往き來の人に相馴
れて仏道の縁を結ばれしが、花厳経には、「五十五人の知識の中
に婆須蜜多如と申せしは淫如にておはせし」と説かれしを、思ひ合
せて奇特なり。

도박에 이어 게이세이(傾城) 즉 유녀로 상징되는 유리(遊里)라는 근세
특유의 세속적 공간의 현실이 묘사된다. 에구치의 유녀를 보현보사의
화신이었다고 하는 해학적 선행설화[12]의 소개는 불도와 세속화의 접점

을 극명하게 보여 준다. 앞 시대와는 달리 근세의 유곽제도가 본격적으로 자리 잡은 뒤의 유녀는 세속의 흔한 현실로서 당시의 독자들에게 와 닿는 것은 자연스러운 것이다. 작가 료이가 이 설화의 인용을 세속 안에 처한 불의 묘사로서 c)에서 제시한 것은 보현보살의 戲畵化라기보다는 주인공의 세속적 행위를 비판적으로[13] 제시하기 위함임은 물론이지만 이러한 세속적 현실이 작가에게도 다가오고 있음을 드러내고 있는 대목이라고 할 수 있다. 그럼에도 불 그 자체의 희화화가 의도된 것이 아님은 이 작품의 성격의 기본 구조에서 판단할 때 명확하다고 할 수 있다.

    d)허리춤을 요염하게 보여 실을 묶어 놓은 것처럼 보이는 유녀가 은은한 향내를 풍기면서 천천히 나타나는 모습은 정말로 살아있는 아미타불이 나타난 것이 아닌가 할 정도였으니 이것과 우리 애와 있는 마누라와 비교하면 마누라는 소금에 흠뻑 절인 8월경의 고등어자반과 같은 느낌이다. (1-6)

    腰もとたをやかにして、糸を束ねしごとくにして、空薫の匂ひあたりみ満ち、ゆるぎ出でたる有様、まことに腸持ちの弥陀如來かとあやしまれ、宿の子持が姿によせては、なかなか塩ぐちて八月

---

12) 『平家物語』卷 1 祇王의 條가 출전으로 되어 있다. 당시 가나조시의 여러 작품에서 이러한 인용이 일반화되고 있고 사물기원에 관심을 갖고 소개하는 것도 가나조시의 계몽적 성격이라고 할 수 있을 것이다. 앞의 책 주8)의 頭註 참조.

13) 같은 작품 도입부에서 작가는 유녀는 天竺에도 존재하였고 이들은 음녀로서 一角仙人이 이 음녀 때문에 타락했었음을 지적하고 있고 중국에서는 張重華가 博物志라는 책에서 백 살이 된 여우가 변해서 음부가 되었다고 말했음을 소개하고 있다.

頃の指鯖の心地ぞする。

d)는 c)의 화제가 그대로 이어지며 유곽에 관해 묘사하고 있다. 전체적으로 유곽에의 탐닉을 경계하는 작가의 시각이 드러나고 있지만 유녀를 아미타불로, 마누라를 볼품없는 고등어자반으로 비유하는 등 세속에서의 유녀가 지니는 쾌락적 존재성의 묘사는 선행문학에서의 예를 수용하는 형태이지만 사실적으로 다가오고 있다. 불 그 자체를 세속 가운데서 상대화시키려는 의도는 찾아볼 수 없다.

> e)이미 이렇게 된 이상 무사로 있을 수는 없다고 생각하고 마음이 내키지는 않지만 중이 될 마음으로 절에 가자 화상은 바로 효타로의 머리를 깎고 세키 이라는 계명을 붙여 주었다. 효타로는 내심 이 계명의 훈독은 너저분하다고 생각하고 다시 화상에게 가서 어쨌든 이 계명을 바꾸어 주십시오라고 말했다. (1-9)
> 「今は男もならず」とて、心もすすまぬ道心をおこしければ、和尚すなはち髮を剃りて、戒名を夕春とつけられたり。兵太郎心に思ふやう、「この戒名の訓み声のきたなさよ」とて、和尚にまゐりて、「とかくこの戒名をかへて給はれ」といふ。

더 이상 무사로서 지내기 어려워 본심에 의하지 않은 불도 입문이 이루어지는 예는 선행문학에서 여러 가지 형태로 묘사되고 있고 작가 또한 그러한 예를 e)에서 제시하고 있다. 주인공 효타로의 戱畵化의 의도로서 사원이 그 무대로 등장하고 있는 것 또한 선행문학의 근세적 수용이라고 할 수 있을 것이다.

f)"본심에서 출가한 것이 아니기에 도심의 깨달음을 바라는 내 마음은 벼쭉정이처럼 알맹이 없는 것이도다" 라고 읊고는 이제 도시생활도 오늘로 마지막이니 추억을 위해 교토 시내 구경을 해 보아야지 생각하고 (1-10)

心よりおこらぬからに道心の菩提の種もみよさなるべきと詠じつつ、「さらば、都の住居今日をかぎりの思ひ出に、京内まゐりをせばや」と思ひて、

g)이 익살꾼인 우키요보는 다 잊어버리고 여기에 깊이 빠져 도심은 완전히 도외시한 채, "야 와카슈님들이 왕림하셨다. 진짜 아미타여래인가 부처님이신가"라고 그저 정신없이 소리쳤기에 고우타고 뭐고 들을 수 없을 정도였다.(1-10)

かの瓢金の浮世房、こころただ空になりて、道心うちさめつつ、「あれあれ御來迎よ、御作はたれぞ。腸持の弥陀如來か、生仏よ」など、ただ口もなくわめくほどに、小歌も何もわけが聞こえず。

앞 e)의 연장에서[14] 주인공 스스로 본심에서 출가하지 않는 자신에 대해 스스로 알맹이 없는 존재임을 독백하고 있고, 여전히 불의 세계 그 자체에 대한 세속적 상대화가 주 의도가 아님은 명백하다. 또한 같은 작품 말미에서 g)의 묘사에서 알 수 있듯이 가부키 와카슈들의 등장을 아미타여래에 빗대고 있는 장면은 불의 세속화라기보다는 여전히 주인공의 편력적[15] 기행에 관한 희화화의 연속이다.

---

14) 이 작품(1-10)의 도입부에서 작가는 주인공 우키요보를 통해 諸國修行을 나서게 되는 데 본인이 더 이상 교토 생활을 할 수 없게 되어 불가피하게 諸國修行에 나서게 되었음을 피력하고 있다.

h)가메이는 물이 언제 언제까지나 그치지 않는 불법의 상징임을 그
맑은 물을 떠보고서는 알았도다(2-5)
　　汲みて知る亀井の水はよろづ世まで絶えせぬ法のためしなりと
は。

h)의 와카에서는 우키요보가 텐노지(天王寺)를 참배하면서 불법이
영원하게 계속되는 것이 가메이의 샘물과 같음을 읊고 있는 내용이
담겨져 있다. 명소견문의 요소와 소화(笑話)의 취향을 답습하고 있는
이 장에서 주인공 우키요보가 진지하게 절을 참배하고 가메이의 샘물을
예로 들면서 불법의 영원함을 표현하고 있는 것은 불 그 자체의 신앙에
대한 세속적 회화성이 발견되지 않음을 알 수 있다.

i) 황송하옵게도 이 신은 이자나기 신께서 휴가 지방 다치바나의 오도
아오기하라에서 목욕재계 하셨을 때 해상의 파도 사이로 출현한 소코즈
쓰, 나카즈쓰, 우와즈쓰라는 세 기둥 신이셨도다.(2-6)
　　かけまくもこの御神は、いざなぎの尊、日向の國橘の小戸檍が
原にて御禊し給ひしに、海上の波間より底筒・表筒とて、三社の
神あらはれ給ふ。

다음 장으로 이어지는 i)에서도 주인공은 앞 장의 텐노지에서의 불도
에의 자세와 같은 레벨에서 신(神)에 대한 상식적 신앙심을 표현하고

---

15) 이 작품이 선행 편력체 가나조시 『竹齋』나 『京童』 등의 명소기의 형식을
수용하고 있음은 주지의 사실이다. 편력의 도처에서 묘사되는 주인공의 유흥
등 세속의 묘사 안에서 신불 특히 불에 관련된 상투적 묘사가 지속적으로
제시되는 것은 작가 료이의 계몽적 불교관과 무관하지 않을 것이다.

있다.

j) 우키요보는 승려가 되기는 했지만 여전히 도박과 기생놀이의 습벽이 있다. 실제로 습성이 된 번뇌는 깨달음을 얻은 고승들도 뿌리치기 어려운 것일까. 석가의 제자인 사리불은 전세에서 큰 뱀이었는데 이 세상에서 인간으로 태어나 석가의 제자가 되어 번뇌를 해탈한 경지에 도달했음에도 분노의 상이 언제나 얼굴에 나타나고 있었다. 또한 손타리난타는 전세에서 음녀에 빠진 사람이었는데 이 세상에서 석가의 제자가 되고나서도 여자 얼굴 보는 것을 좋아했다고 한다. 이 정도로 몸에 밴 번뇌는 뿌리치기 어려운 것이므로 도박이나 기생놀이가 몸에 밴 자는 죽어서 백골이 되어서도 그것을 잊지 못하는 것이다. (2-10)

浮世房は遁世しけれども、なほ博奕・傾城狂ひの癖あり。げにも習気の煩悩は、悟りをひらきし聖人の上にも絶えうものにや。仏弟子の舎利弗は、過去の世に大蛇にてありしが、人と生まれ仏弟子となり、羅漢の悟りを得ながらも、瞋恚の相つねに面にそなはれり。孫陀利難陀は、過去の世に淫如にたはれし人なりしが、今仏弟子となりても、女の顔を見る事を好まれたりとかや。いはんや博奕・傾城にしみ入りたる者は、死して白焼になるまでも忘れがたきものなり。

j)에서도 승려가 된 우키요보에게 있어 도박과 여색은 세속적 습벽으로 존재하고 있고 이것이 그의 불도수양에 장해가 되고 있음을 말하고 있다. 석가의 제자들의 실패담을 소개하는 대목도 세속 그 자체의 현실을 묘사하고 있는 것이 아니라 기본적으로 불교적 신앙의 계몽적 자세에는 변화가 없음을 알 수 있다.

　k)대개 출가하고자 하는 마음의 동기에는 두 가지가 있다. 하나는 본인 자체가 무엇을 해도 소용이 없어 도박과 여색에 전 재산을 날리고 부모에게 의절당하고 주군에게도 버림을 받아 일도 할 수 없고 기술도 없고 장사를 하려고 해도 밑천이 없기에 매일 생활을 하려고 해도 방도가 없어 끼니도 때울 수 없는 상태가 되어 괴로운 나머지 머리를 깎고 중복을 입고 사람들에게 보시를 받아 목숨을 이어가는 중들이다. 이것은 참된 도심이 아니다. 스스로 이 세상을 버려야 하는 것인데 오히려 이 세상에서 버림을 받은 세간의 낙오자에 지나지 않는 것이다. 유교에서는 이들을 유민이라고 하고 불전에서는 가부로거사라고 하는 데 속인도 아니고 출가도 아닌 이른바 그 박쥐 새도 아니고 짐승도 아닌 것과 마찬가지로 정체를 알 수 없는 것이다. 이 세상에서 가장 쓸모없는 존재라고 할 수 있다. 두 번째는 자신의 무상함을 통절히 느끼고 후세의 소중함을 깊이 깨우쳐 이 세상을 憂世라고 보고 그것을 완전히 버리고 출가를 한 다음 자비심을 깊이 간직하고 사람들에게 자진해서 불법을 믿도록 권하고 자신은 불교의 가르침을 굳게 지켜 수행하는 것으로 이것이 진정한 도심이라는 것이다. (3-2)

　およそ道心をおこすにふたつあり。ひとつにはその身よろづにつたなく、博奕・傾城狂ひに一跡をほつきあげ、親の勘当をかうぶり、主君に追い￥ひ出され奉公もならず職はおぼえず、商ひもせんにも元手はなし、身を過ぐる手だてに事を欠き、飢ゑにのぞもことのものうさに、髪をそりて衣を着し、人の施物を受けて命をつなぐ。これまことの道心者あらず。世に捨てられたるあまり者なり。儒教には遊民のたぐひといえり。仏経には禿居士と説かれて、俗にもあらず出家にもあらず、かの蝙蝠の、鳥にもあらず、獣にもあらぬがごとし。世の費になる最上なり。ふたつには、我が身の無常を観じ、後世の大事を思ひ知りて、世を憂きものに捨てはて、道心をおこし、心に慈悲ふかく人をすすめて仏法に入らしめ、みづからかたく戒をたもち行をつとむるを、まことの道心と

いふ。世を捨て人とはこの事となり。

k)에서는 불도에의 입문이 불 그 자체를 지향하는 것이 아닌 현실도
피적인 동기가 많음을 지적하고 있다. 상식적인 언설로서 이는 불교에
서만이 아니라 유교에서도 마찬가지임을 지적하고 있다. 이 세상을
우세(憂世)로 인식하는 것만이 올바른 불심임을 말하는 작가는 결국
현실도피적인 부세(浮世)[16]를 인식하고 있는 것이며 불교의 세속화라는
시대적 흐름을 직감하고 있는 묘사라고 할 수 있다.

l)불경에 따르면 같은 편 같은 얼굴을 하고 도둑질을 하는 사람이
인간의 신체에 여섯 명이나 붙어 있다. 우선 눈은 외계의 여러 모습을
보고 욕심을 일으키고 귀는 외계의 음성을 듣고 집착을 일으키며 코는
냄새를 맡아 선악의 호오감을 일으키고 혀는 맛을 보고 식욕을 일으키며
신체는 사물에 마음은 외부의 사물을 감득해 마음을 움직이게 한다는
눈, 귀, 코, 혀, 몸, 마음의 육근이라는 같은 편이 그 대상으로 하는
육경이라는 도둑을 끌어들여 불법이라는 보물을 빼앗아 버리게 하는
것처럼 보인다. (3-6)

仏経よりみれば、味方顔にしてぬす人の引入れをいたす者、人
の身に六人あり。まづ目に外の色を見て欲をおこし、耳に外の声
を聞きて愛をおこし、鼻に匂ひをかぎてよしあしを思ひ、舌に味
をなめて心をとどめ、身にふれ心に縁ずる六根の方人、六境のぬ
す人を引入れて、仏法の宝物をうばひとらすると見えたり。

---

16) 즉 이 세상을 憂世로 볼 것인가 浮世로 볼 것인가라는 서문 1-1에서의 인식이
   이 작품에서 다시 구체화되고 있다. 근세문학을 浮世의 문학이라고 볼 수
   있을 것인지의 여부도 발로 이러한 인식을 어떻게 판단할 것인가의 문제로
   귀착된다고 할 수 있을 것이다.

m)정토종의 화상이 와서 여러 불법의 이야기를 하고 있던 중에 "원래 아미타여래의 본원에는 십방 중생을 구원한다고 되어 있는데 이 십방 중생이라는 말 가운데에는 인간, 천상, 육도, 사생, 모두가 살아있는 것으로 빠지는 것은 하나도 없다. 생이 있는 것은 모두 염불의 공덕으로 구원을 받는 것입니다"라고 말씀 드렸다. (4-1)

淨土宗の和尚來たられ、いろいろ仏法の物語あろける中に、「そもそも弥陀の本願には、十方衆生と誓はせられて、この十方衆生といふ言葉のうちには、人間・天上・六道・四生、すべて生きとし生けるもの、ひとつも漏れたることなし。念仏の功力にて皆たすかるなり」と申されたり。

l)은 도둑의 이야기를 주 화제로 삼으면서 무사의 선악비판으로 시종하는 내용에 포함되어 있는 것으로서 불교의 가르침을 그대로 반복하는 계몽적 언설이 주조를 이루고 있다. 또한 m)의 내용은 승려의 관념적인 내용으로서 소개되고 있는 부분이다. 주인공은 이 내용을 비웃은 후 현실에 입각한 세속의 인심에 관해 말하고 있지만 불 그 자체에 관한 비판[17]이 되지는 않고 있다. 오히려 원론적인 승려의 구원의 가르침이 더욱 계몽적인 효과를 내고 있다고 볼 수 있다.

n)어떻게 해서라도 인간과 같이 서서 걸을 수 있게 되는 것이 좋을 것 같다. 자 관음당에 참배해 "관음님, 소원입니다. 우리들을 불쌍히

---

17) 이 내용은 유불논쟁의 취향에 가까우며 이를 계기로 작가는 악정 비판, 쌀상인 비판 등 부진한 당시의 경제상황에 관한 현실적 인식을 투영하고 있음을 알 수 있다. 작가의 불교비판이 아닌 현실비판으로 받아들여져야 할 대목일 것이다. 그렇다면 오히려 작가는 세속을 여전히 憂世的 공간으로 보고 있는 셈이 된다. 주8)의 책 146p 두주 참조.

여기서서 개구리 모습대로라도 인간처럼 서서 걸을 수 있게 해 주십시오"
라고 기원했다. 관음도 이 마음으로부터의 기원을 불쌍히 생각했던 것인
지 순식간에 기원이 이루어져 개구리는 그대로 뒷다리로 서게 되었다.
(5-1)

　いかにもして人のごとく立ちて行くならば良かるべし。いざや觀
音に願をかけて、立つことをいのらん」とて、觀音党にまゐりて、
「願はくはわれらをあはれみ給ひ、せめて蝦の身なりとも、人のご
とくに立ちて行くやうに守らせ給へ」といのりける。まことの心ざ
しをあはれとおぼしめしけん、そのまま後の足にて立ちあがりけ
り。

o)그런 농담으로 생각한 것인데 나는 산 채로 두개의 부처님이 되었다.
왜냐하면 우선 병자를 치료하니 그 집 사람들이 나를 약사님, 약사님이라
고 부른다. 게다가 간신히 낳게 해 주니 그 다음에는 약대도 주지 않아
결국 잊혀지는 관음이기 때문이다라고 말한다. (5-3)

　「それにつき我らは生きながら二躰の仏になつた」といふ。「その
故は、まづ病人を治療すれば、その家内の者どもが、藥師様、藥
師様といふ。さて本復させて後は、尻くらへ觀音ぢや」と語る。

n)과 o)는 神佛에게 기원을 드리는 내용이 중심을 이루고 있다. 개구
리의 우화, 藥師와 觀音의 우화를 통해 신불을 도리를 말하는 교훈적
자세는 여전하다.

p)불운, 행운에 입구는 없다. 사람 스스로가 자초하는 것이다. 선악의
업보는 그림자가 형태를 지니는 듯이 찾아온다. 따라서 사람의 마음이
선을 행하려고 하면 아직 선을 행하지 않았더라도 이미 길신이 그 사람의
뒤를 따라 온다. 혹은 마음이 악을 행하려고 하면 아직 악을 행하지

않았더라도 이미 흉신이 그 몸에 따라 붙는 것이다. 또한 예전에 악행을 행한 적이 있다면 뒤에 스스로 그것을 다시 회개하는 것이 좋다. 긴 세월 동안에는 좋은 일이 생길 수도 있을 것이다. 재난이 바뀌어 복으로 될 수 있는 것은 이런 연유라고 말하는 것이다. (5-5)

『禍福に門なし。人みづから招く。善惡の報ひは影の形にしたがふがごとし。この故に人の心善をおこせば、善いまだなさずといへども、しかも吉神すでにこれにしたがふ。あるいは心惡をおこせば、惡いまだなさずといへども、しかも凶神すでにこれにしたがふ。それかつて惡事を行ひしことあらば、後みづからあらため悔むべし。久々にして吉慶を獲ん。禍を轉じて福となす所以なり』と言へり。

q)무슨 일이든지 충분히 마음 가는 대로 만족하게 지내서는 안 되는 것이다. 넘치게 되면 재난이 일어나는 법이다. 또 사람은 대개 자신의 마음대로 되지 않을 때는 구석구석 자신의 나쁜 점을 잊어버리고 하늘을 원망하지만 이것도 아주 잘못 된 것이다. 하늘은 어떤 사람에게 은혜를 베풀 경우에도 불공평하지 않다. 단지 자신의 잘못을 알아야만 하는 것이다. 재난이 다가오면 사람은 갑자기 신불에게 기원을 올리기 시작하는데 진정으로 신불에게 기원을 한다는 것은 재난이 다가올 것 같은 마음이 되지 않게 해 달라고 비는 것이다.

物ごと十分に心のままに足ることなかれ。十分なれば禍おこる。およそ事ごとにおのれが心のかなはざる時は、咎をふせて天道をうらむる。これ大なる誤りなり。天道はその人をめぐむに厚薄なし。ただわが身の非を思ひ知るべし。禍すでに身にせまりて俄に神仏をいのる。それ神仏にいのるといふは、禍に來るべき心になし給ふなといのる事、つねづねなるべし。(5-5)

p)와 q) 모두 선과 악, 업, 화보, 은혜, 재난 등의 용어를 사용해서

신불론에 입각한 선악에 관해 언설하고 있다. 특히 q)에서는 신과 불을 분리하지 않고 세상의 모든 기원은 신불을 통해 이루어진다는 언설에서 신과 불이 신불의 습합적 신앙의 형태로 제시되고 있음을 알 수 있다.

이상 이 작품에서 신과 불 특히 佛 혹은 그와 관련된 묘사의 예[18]를 모두 용례로서 제시하였고, 그 묘사 안에서 발현되고 있는 작가의 불교 인식과 세속과의 스탠스의 의미를 살펴보았다.

우키요보의 편력담을 중심으로 신불의 길의 지향에 있어 주인공의 도피적 계기와 불도의 일탈을 소화(笑話)적 취향으로 다루어지고 있음은 이상 살펴본 대로이다. 그럼에도 불구하고 작가의 묘사의 주안에는 사찰이나 승려의 세속화나 불도로부터의 일탈을 회화화하고 상대화하려는 의도는 거의 찾아보기 어렵다. 전반적으로 지적할 수 있는 것은 세속에 관한 작가의 묘사는 憂世라는 세속인식에 의거한 불교인식이 강하게 투영되고 있다는 점이다. 浮世的 경향이 강화되어 가는 현실 안에서도 작가는 불도의 계몽적이고 교훈적인 자세를 일관된 형태로 제시하고 있으며 이는 가나조시의 문예적 성격을 규정하는 중요한 요소로서 작용하고 있다. 다음 시기의 사이카쿠의 세속인식과 비교되어 묘사의 사실적 면에서 작품의 문예적 완성도가 미흡한 것으로 지적되는 소이이기도 하다. 그렇지만 오히려 그렇기에 교훈적 계몽적 의미를

---

18) 이 용례는 신불에 관련된 용어를 중심으로 추출한 것이다. 용례는 a)-q)까지 모두 17의 묘사문이 등장하였고 같은 장에서 등장하는 유사 예는 필자의 판단으로 생략했음을 밝힌다.

강조하는 가나조시의 장르적 정체성이 확보되고 있고 가나조시의 문예적 공리성이라는 또 다른 측면이 인정될 수 있는 것이다. 이러한 이면에는 작가 또는 주인공이 무사출신이었다는 사실, 그리고 당대의 현실을 바라보는 계급적 특성 또한 상인출신인 사이카쿠의 경우와는 문예적 표상에서 다르게 나타날 수밖에 없음을 의미한다고 볼 수 있다.

4. 『우키요모노가타리』에서의 神佛描寫의 의미

불교의 일본 전래 이래, 불교와 신도가 지녀왔던 현세성은 시대별로 정도의 차이는 있었지만 그 기조에는 초월성과 부정성의 이면에서 세속으로의 강한 지향을 의미하는 것이었다. 가나조시의 대표적인 작가이며 불교에 관한 계몽적 저술을 많이 남긴 아사이 료이는 신불의 전통적인 기반 위에 서서 근세기의 우세와 부세로 상징되는 종교와 세속의 스탠스를 유지하는 내용을 『우키요모노가타리』에 담고 있다. 앞에서 언급한 바와 같이 근세기 이후의 신불의 본격적인 세속화의 실태는 당대의 사상가들의 직관적인 저술보다는 당대의 현실을 사실적으로 다루고 있는 문학텍스트에서 잘 나타나고 있다. 아사이 료이는 근세 전기의 무사출신 작가로서 『우키요모노가타리』를 통해 근세 전기의 현실과 신불과의 관련 양상을 그려내고 있다. 본문에서 분석된 관련 양상의 내용은 대체적으로 다음과 같이 요약될 수 있을 것이다.

1. 근세 전기의 세속이 우세에서 부세로의 전환기로의 과도기의

양상으로 그려지고 있다는 점.

2. 앞 시기의 중세적 설화의 세계의 불교담을 수용하고 있으면서도 근세의 세속적 상황을 주인공의 편력담 안에 담으려고 하고 있다는 점.

3. 당대의 부세적 현실을 묘사하면서도 주로 이 점은 笑話的 소재로 다루고 있고 작가가 그리는 신불 그 자체는 우세적 요소를 강하게 투영시키고 있다는 점.

4. 신불 특히 불의 세계와의 관련양상의 묘사에는 세속에의 초월성과 부정성을 근간으로 하는 선험적 종교관이 투영되고 있다는 점.

5. 무사 출신인 작가와 주인공이 체험하는 혹은 체험할 수 있는 근세 전기의 세속은 계층적 측면에서 제한적이며 이 점은 그 후속 작가인 상인출신 사이카쿠에 의한 우키요조시의 세속과 구별된다는 점 등이다.

수많은 가나조시 작품 안에서 아사이 료이의 문학텍스트가 지니는 대표성은 앞에서 언급한 바와 같이 충분히 인정될 수 있지만, 상기와 같은 결론은 『우키요모노가타리』외의 타 작품들의 분석을 통해 보완을 해야 할 것임은 물론이다.

『日本永代藏』에 있어서의 佛과 儒
2부2장

1. 佛(聖)과 儒(俗)

이하라 사이카쿠는 그의 치부담(致富談) 소설인 『日本永代藏』(1688
년)의 서장에 해당되는 권두일절의 말미에서 致富의 의미와 필요성
등을 말하면서 마지막으로 그 전제로서 근세인의 신앙생활에 관해
다음과 같이 말하고 있다.

> "특히 浮世의 도리를 우선하면서 神佛을 잘 섬겨야 한다. 그것이
> 일본의 풍속이다" (殊更,世の仁義を本として,神仏をまつるべし。こ
> れ和國の風俗なり。)

致富의 전제조건으로서 浮世의 도리 즉 世間의 습속과 도리는 현세
에도 통용될 수 있는 사항이라 하겠으나 神佛을 잘 섬겨야 한다고
말하는 것은 聖과 俗의 영역을 동시에 示唆하고 있는 것이기에 그
神佛尊崇과 일본의 풍속을 간단히 관련시키는 작자의 언설을 어떻게
이해할 것인가의 문제는 과제로 대두될 수밖에 없다. 사이카쿠는 이러
한 神佛尊崇의 필요성을 작품의 도처에서 치부의 조건으로서 나열함

으로써 다소 상투적으로 느껴지기도 하는데 과연 당세의 현실생활인 浮世 속의 치부가 神佛을 숭상함에 있어 어떤 의미를 지닐 것인가는 속세에 있어서의 모든 것이 無常의 理致로 설명되는 佛의 聖域의 차원에서는 쉽게 납득되기 어려운 것이 사실이다.

현실생활의 根幹인 금전을 획득하기 위해 노력하는 행위는 생존을 위한 노력이라고 볼 수 있고 현세를 살아가기에 불가피한 거의 본능에 가까운 행위임에 틀림없다. 그러나 속세의 인간들은 생존의 확보를 위해서는 물론이고 그 단계를 넘어 이른바 상업자본주의적 사회구조로의 변화 속에서 富의 단계 다시 말해 금전의 세계 그 자체를 추구하는 치부가 생존을 위한 노력의 차원을 넘어 세속적 목적이 되고 있음은 동서고금의 여러 작품의 예에서 명확히 드러나고 있다.

본 고찰에서 다루고자 하는 『日本永代藏』의 경우도 마찬가지로 각 章의 주인공들은 치부를 志向하면서도 끊임없이 佛과 寺院을 의식하고 있으며, 그들이 더욱 당세에 철저하게 세속의 효용적 가치를 내세우면 내세울수록 그 세계와의 관련성을 의식할 수밖에 없는 존재로서 묘사되고 있음은 주목할 만하다. 여기에 근세문학에 있어서의 聖과 俗의 영역의 문제가 존재하는 것인바, 聖의 영역인 佛과 俗의 상징인 世俗化, 有用性, 合理性으로 상징되는 근세의 현실적 지배이데올로기로서의 儒와의 대립과 호응관계를 읽어 낼 수 있다. 이는 사이카쿠소설에 있어서의 敎訓的 의도와 戱作意識의 관련성과도 궤를 같이 하는 것으로 일견 상호모순적인 佛과 儒의 대립항이 어떻게 구조적으로 관련을 맺고 있는가를 고찰하는 것이기도 하다.

이 장에서는 이러한 문제제기를 전제로 사이카쿠에 있어서의 佛과 儒의 관련성의 문제를 살펴보고자 한다. 이의 검토를 위해 우선 사이카쿠가 묘사하는 일본근세의 민중불교와 유교와의 관련문제를 정리하고, 이어서 사이카쿠의 선행문예인 가나조시(假名草子)에 나타나고 있는 세속과 佛의 문제를, 당시의 佛과 儒와의 관련성 안에서 논하고 있는 대표적인 교훈서『心學五倫書』의 내용과 더불어 살펴보기로 한다. 그리고 이것을 전제로 치부담인『日本永代藏』가운데서 佛과의 문제가 다루어지고 있는 卷1-1, 卷3-3, 卷3-5를 중심으로 치부의 의미와 佛 즉 사이카쿠소설에 있어서의 聖과 俗의 관련양상을 고찰한다.

2. 근세의 민중불교와 유교의 등장

일본의 중세는 대체로 종교적으로 다음 세 가지를 믿었던 시대라고 할 수 있다. 첫째는 신불(神佛)의 존재를 문자 그대로 신봉하던 시대이고 둘째는 불교와 함께 전래되어 온 인도인의 세계관인 육도윤회(六道輪廻)를 믿었던 시대이다. 다시 말해 전생(前生)과 내세(來世), 다시 태어남을 믿고 있었던 시대라고 할 수 있다. 셋째는 죽어서 지옥이나 아귀(餓鬼), 축생(畜生) 등의 세계로 떨어지지 않기 위한 믿음으로서, 사후세계의 구원을 간절히 믿었던 시대라고 할 수 있다. 이러한 세 가지가 일체가 되어 신봉되었던 시대가 바로 일본의 중세라고 할 수 있을 것이다. 중세의 대표적인 종교가 신란(親鸞, 1173-1262)이 당시 혁명적인 염불사상을 설파하고 있었던 호넨(法然, 1133-1212)의 제자가 된 것은 사후 지옥에 떨어지지 않기 위한 삶의 방식에 고민했기 때문이었다. 당시 많은 사람들이 출가하여 승려가 된 이유 중의 하나는 육도윤회의 공포로부터의 탈출이었으며 그렇기 위해서는 최고의 지혜를 깨닳음으로써 두 번 다시 육도를 윤회하지 않는 부처가 되는 것이 유일한 방법이었다. 출가해서 승려가 된다는 것은 바로 부처가 되는 길로 매진하는 것을 의미했다. 그러나 부처가 되기 위한 수행은 보통 인간으로서는 결코 쉽게 달성될 수 없는 지난(至難)의 과정이었고 신란의 고뇌가 바로 거기에 있었음은 잘 알려져 있다.[1] 신란은 인간의 내부에 뿌리 깊게 자리 잡고 있는 번뇌를 극복하기에는 인간이 너무도 무력하다는 것을 알고 있었다. 그 고뇌를 해결하기 위해 신란은 관음(觀音)의 계시를 통해 부처가 되는 길을 모색했고 이것을 계기로 사후구제의 길을 이끌어 줄 사람으로서 호넨을 찾게 된다. 당시의 많은 무사들이 전국시대의 소용돌이 속에서 많은 사람들의 목숨을 빼앗았기 때문에 사후 지옥에 떨어지지 않을까 하는 심각한 공포감에 휩싸이게 되면서 호넨의 주변에 몰려들게 된 것은 바로 사후의 구제를 얻기 위함이었으며 이러한 사실은 불교에 관해 당시 사람들의 관심이 어디에 있었는지를 잘 보여 주는 것이다. 당시의 대표적 설화집인『今昔物語集』이나『沙石集』에는 대수롭지 않게 인간을 살해한 악당들이 우연히 한 스님을 만나 아미타불(阿彌陀佛)은 어떠한 악인이라 할지라도 모두 구원해준다는

---

1) 森龍吉『親鸞その思想史』(三一書房 1961)

설교를 듣고 그 자리에서 출가하여 아미타불이 있는 서방 극락을 향해 떠난다는 감동적인 설화들의 유형이 다수 발견된다. 이러한 육도윤회의 고통으로부터의 해방과 이를 해결하기 위한 노력이 중세인들의 보편적인 삶의 방식이었다고 할 수 있는데, 여기서 주목할 것은 부처가 되기 위한 至難의 수행과정을 아미타불의 계시로 해결할 수 있다는 호넨이나 신란의 발상이었고 이러한 현세의 현실적 상황을 고려하는 구제론의 방식은 중세인들의 신불에 대한 경건한 신앙으로 자리 잡았고 다음 시대인 근세의 민중불교에도 이어져 가게 된다.

이러한 중세인들의 신불에 대한 신앙은 南北朝 시대와 무로마치 시대에 이르러 변화를 보이기 시작하는 데 그것은 유교의 등장에 의한 것이었다. 이 시대가 되면 신불을 尊崇할 것을 강력히 권하는 무가의 가훈에 유교의 덕목이 새롭게 추가된다. 처음에는 인(仁), 의(義), 예(禮), 지(智), 신(信)의 덕목의 실천이 신불에 대한 신앙과 더불어 강조되었지만 얼마 지나지 않아 그 양상은 바뀌게 된다. 신불이 이 세상에 모습을 나타내는 것은 사람들이 유교의 가르침 즉 인, 의, 예, 지, 신을 실천할 수 있게 하기 위해서이며, 이러한 가르침을 따르기만 하면 일일이 부처님 앞에 합장하거나 신사에 참배하지 않아도 인간은 구제될 수 있다고 가르치게 된 것이다. 그리하여 사후 극락으로 갈 수 있도록 기원할 때에만 신불이 필요하고 보통의 일상에서는 유교가 이상으로 하는 도덕을 실천하는 것으로도 충분하다는 주장을 펴게 되는 것이다.[2]

---

2) 柏原祐泉 「武家家訓における儒仏受容の過程」(『日本近世近代仏教史の研究』平樂寺書店 1969)

죽어서 지옥에 떨어지지 않기 위해 신불을 신봉하는 것이 거의 삶의
전부였던 중세시대에 비할 때 이처럼 유교의 가르침을 최우선으로
한다는 것은 삶의 방식이 현세 중심적으로 변화해 갔음을 뜻하는 것이
다. 즉 인, 의, 예, 지, 신이라는 인간관계의 이상적 상태를 추구하는
것이 인생의 가치를 결정하는 것이 되고 신불에 대한 믿음은 부수적인
것으로 전락한 것이다. 이는 불교가 개인의 사적인 믿음의 영역 안에
속하게 되었음을 의미한다.[3]

원래 유교는 중국 사회의 지배 계급에 속하는 사대부들의 정치 철학
이자 처세술이었다. 따라서 유교에서는 애초부터 현실사회에서의 인간
의 삶의 방식이나 처세방식에 그 관심을 집중할 뿐 사후의 구원에
관해서는 관심을 갖지 않았다. 이러한 유교가 일본에서도 세력을 지니
게 되었다는 것은 그만큼 근세에 접어들면서 일본인들의 관심이 현세
중심으로 바뀌기 시작했음을 말해 주는 것이다. 시대의 변화에 따라
생산력이 점차 상승하면서 사람들이 현실 생활에 자신을 갖게 되고,
그 결과 사회 전체를 통해 신질서의 재편이 불가피하게 된다. 다시
말해 기존의 주종 관계, 부부 관계, 부모 자식 관계, 교우 관계 등
인간 본연의 모습과 삶의 방식에 새로운 변화가 일어나게 된 것이다.
이러한 변화 앞에서 사후의 구원을 기원하는 방식은 조금씩 한구석으로
밀려 날 수밖에 없었던 것이며 근세인들은 이러한 과도기에 서서 한편
으로는 약화되어 가는 사후의 구원문제의 절실함과 또 한편으로는

---

3) 阿満利麿 『日本人はなぜ無宗教なのか』(筑摩書房 1996)

시대상황이 만들어낸 현세주의적 세태 안에서 살아가게 된다.

한편 다양한 선행연구[4]등에 의해 밝혀진 바와 같이 일본의 불교교단은 오다 노부나가(織田信長)와 도요토미 히데요시(豊臣秀吉)의 무가권력에 의해 국가권력에 예속되면서 근세를 맞게 되었다. 그 상징적인 사건은 불교의 大學이며 대 영주였던 히에이잔(比叡山)의 궤멸(1571년), 광대한 장원의 본거지였던 高野山의 굴복, 京(교토)의 마치슈(町衆)가 자치체를 이루었던 法華宗의 사과문(詫び状) 제출 등으로 나타났다. 그러나 이러한 사실이 불교 그 자체나 사람들의 신앙 그 자체를 굴복시켰음을 의미한다고는 할 수 없다. 왜냐하면 불교교단을 탄압했던 권력자들 이를테면 오다 노부나가는 스스로 신이 되려고 했고 도요토미 히데요시나 도쿠가와 이에야스(德川家康)는 사후 신으로 숭상 받게 함으로써 근세민중들의 신앙 그 자체를 종속시키려 했으나 그것이 성공적이지 못했던 것은 역시 권력적 신은 교단을 굴복시킬 수는 있었으나 사람들의 내면까지 종속시킬 수 없었던 것이다.

앞에서도 기술한 바와 같이 근세 민중들의 신앙방식에 변질이 나타난 것은 권력에 의한 교단탄압에 의한 것이라기보다는 중세에서 근세로의 이행과정에서 교단만이 아니고 민중들의 신앙도 또한 변질되어 갔음을 말하는 것이다. 즉 무력이나 권력적 강압에 의해서가 아닌 사회변혁에 따른 사람들의 의식의 변질에 그 원인을 있었음을 짐작하게 한다. 근세불교는 근세인의 출현에 의해 중세불교가 자기변환을 이루어 형성되었

---

4) 奈倉哲三 「近世人と宗教」(『岩波講座 日本通史』12 1994)

던 것이며 근세인이 새로운 과제에 직면했을 때 불교에 의지해가면서 그것을 해결하려고 했던 내면의 세계로부터 새롭게 근세불교가 등장했던 것이며 결코 근세인이 불교 그 자체를 변질시킨 것은 아니었다. 즉 근세인이 신앙으로서 불교의 대안을 제시한 것은 아니라는 것에 유의할 필요가 있다. 여전히 신앙은 근세인에게 있어서도 근본적인 문제였음에 변함이 없고 다만 현실주의적인 삶의 방식을 그것과 어떻게 조화시킬 것인가가 그들의 과제였고 불안이었다.

  우키요조시 작가 사이카쿠는 바로 이러한 시대를 살았고 그 또한 신불과 현실주의적인 삶과의 사이에서 그 조화와 대처방식의 불안 가운데서 살아간 당대의 보편적 민중 중의 한사람이었다.

3. 仮名草子에서의 현세와 『心學五倫書』

  가나조시의 대표적 초기작품으로 慶長(1596-1615) 연간의 무사의 밀통사건을 戀物語로 재구성한 『우라미노스케』(恨の介)의 주인공 우라미노스케는 이름 그대로 세상에 우라미(恨み)를 표명하며 "思ふこと、마わねばこそ憂き世なれ"라는 묘사에서와 같이 이루어지지 않는 세상 즉 뜻 같지 않은 이 세상(憂世)에 대해 한탄의 말을 표명하고 있고, 이러한 憂世(現世)에 대한 인식은 이후 사이카쿠의 『고쇼쿠이치다이오토코』(好色一代男) 가 당대에서 가장 의식한 작품으로 평가되는 『우키요모노가타리』(浮世物語)에서도 다음과 같은 浮世觀으로 이어지고 있다.

　　思ふこと叶わねばこそ浮世なれといふ歌も侍り、万につけて心
　　に叶わず、ままにならねばこそ浮世とは言ふめれ

　이 작품의 서문에서 제시되고 있는 이러한 *浮世*에 관한 인식을 두고
여러 선행연구의 지적이 있지만 어쨌든 인간의 뜻 같지 않은 세상
즉 *浮世*에 대한 인식은 가나조시 시대의 문학작품에서 일맥상통하게
제시되는 화두인 것만은 분명하다고 할 수 있다. 이러한 *浮世*에 관한
인식 즉 뜻 같지 않은 세상이라는 현실인식은 중세의 *憂世*에 관한
인식의 영역을 크게 벗어나고 있다고는 할 수 없다. 그럼에도 불구하고
*憂世*가 중세의, *浮世*가 근세의 세계관으로 표현되는 이유 중의 하나는
역시 그것이 작품세계에서 *具顯*되는 양상의 차이라고 볼 수 있다.
이것은 바로 *仏*만이 현실세계의 *聖域*이었던 시대에서 *儒敎*의 등장으
로 *佛*과 *儒*의 접점이 모색되고 이것이 구체적인 삶의 방식으로 대두되
고 있음을 말하는 것이기도 하다.
　가나조시의 출현과 비슷한 시기에 가나로 쓰여진 교훈서가 대량으로
나오기 시작하는데 이중에서 *佛敎*와 *儒敎*의 *接点*에서 가장 민중들에
게 보편적으로 읽혀졌던 교훈서 중의 하나가 『*心學五倫書*』이다. 이
책의 다음 부분은 당시 사람들이 "思ふこと、叶わねばこそ憂き世な
れ" 즉 무엇을 뜻 같지 않은 세상으로 생각하고 있었는지를 알려 준다.

　　惡人なれども、一代富貴にさかへたるあり。善人なれ共貧しき
　　もの有り。是に心二あり。先祖の人善人にて、慈悲をほどこし、
　　人を憐みぬれば、其子孫惡人なれども栄ることもあり。又吉日良

辰に生れて、富貴なるものあり。然共其人惡人なれば、一代か又
子孫に報ひて亡ぶるなり。又善人なれども、先祖の惡人なりし報
ひにて、仕合あしきあり。惡日に生まれて貧なるあり。天のみて
るをかくといふ事あり。民をせたげ人をむさぼらずして、自然にあ
つまるといえども、財宝多き人は、或はあやまちをするか、其代
の内に外聞をうしなふか、又死して後余多の子共、余多宝をあた
ゆるは、故もなき事についへをいたし、結句惡名をながす事あ
り。代々富貴成は、千人に一人もまれなる事なり。盛なるもの
は、おとろふる事は自然の理なり。5)

善因善果, 惡因惡果이어야 할 인과응보의 원리와 모순이 되는 현실
의 여러 문제들을 문제삼고 있는 바, 惡人이면서도 부귀를 누리고
善人이면서도 가난 속에 지내는 현실 등을 지적하면서 인과응보가
제대로 실현되고 있지 않은 것을 바로 "뜻 같지 않은 세상"이라고
받아들이고 있음을 알 수 있다. 그리고 이러한 인과응보의 모순된 현실
은 先祖의 선악이 자손의 대에 가서 応報를 이룬다는 積善餘慶과
積惡餘殃의 원리로 설명됨으로써 인과응보가 현세에서만 완결되는
것이 아니고 과거, 현재, 미래의 三世에 걸쳐지는 것으로 이해되고
있는 것이다. 결국은 인과응보를 기본원리로 삼고 모든 삶의 현상을
이해하고 실천하려는 교훈적 자세를 강력하게 견지하고 있는 셈이다.
그렇다면 인과응보가 바르게 歸結되지 않는 현실을 일상에서 目睹하
면서도 인과응보의 원리를 확신하고 있다면 현실에서 뜻과 같이 되지
않는 경우에는 來世를 기약하게 되는 것이다. 즉 이것은 끊임없이

5) 石田一良 校註『藤原醒窩 林羅山』(『日本思想大系』28 岩波書店 1975)

後生의 문제를 과제로 삼게 되는 것이며, 이렇게 후생을 염두에 두게
될 경우 현세의 모든 행위도 그 삶의 존재가치를 지니게 되어 일상의
모든 뜻과 같지 않은 현실을 긍정하며 삶에 의미를 부여하게 될 수
있음을 말하는 것이다. 이 점은 바로 이 무렵의 儒敎에서 心은 원래의
天으로 歸結한다고 함으로써 後生을 중시했던 가르침과 일치하는
것이라 할 수 있다. 一體 無常의 思惟에서 後生의 개념을 받아들이고
이를 현실 속에서 의미부여를 함으로써 佛과 儒는 상호모순적 접점을
만들어 내게 되었고 이것은 바로 당세 민중들의 浮世觀과 호응하면서
새로운 신앙의 풍토를 만들어 내게 되었음은 주목할만 하다. 그리고
이러한 민중 신앙의 흐름은 스즈키 쇼잔(鈴木正山)의 世法卽佛法으로
이어져 근세초기 일본의 불교사상사의 기본 틀을 형성하게 되었고
사이카쿠 또한 이러한 민중 신앙의 흐름 안에서 浮世를 호흡하고 관찰
했던 것이다.

4. 卷1 - 1에서의 치부의 의미와 佛

『日本永代藏』의 서문에 해당하는 권두일절에서 사이카쿠는 치부에
관한 의미부여를 행하고 있는데 그 修辭的 방식이 이중적이고 난해하
여 작자의 창작의도와 신불에 관한 의식을 읽어내기가 용이하지 않다.
작자는 권두일절 도입부에서 『古文眞寶』 등의 선행 중국고전의
유명문구를 인용하면서 당세에서의 치부의 의미를 언설한다.[6]

> 一生一大事身を過ぐるの業、士農工商の外、出家・神職に限
> らず、始末大明神の御託宣にまかせ、金銀を溜むべし。これ、二
> 親の外に命の親なり。

신분의 고하를 막론하고 치부는 부모 이외의 생명의 근본일 정도로
중요하다고 언설하는 바 이는 치부담에서의 작자의 언설로서는 자연스
러운 부분이기도 하고 불교의 사생관에서는 언급되지 않는 속세적
신분질서 다시 말해 士農工商과 出家, 神職을 나열하고 이 모든 것이
치부의 위에서 성립함을 말하는 것이다. 불교적 신앙에 버금가는 생명
의 근본으로서의 치부는 유교적 질서의 확립을 위해서 그 전제가 됨은
말할 것도 없다. 여기에도 근세 초기 이후의 불교신앙의 속세화와 유교
사상과의 관련이 드러난다고 할 수 있을 것이다. 그러나 바로 이어지는
문장에서 작자는 이를 반전시켜 다음과 같이 언설한다.

> 人間、長くみれば朝を知らず、短くおもへば夕におどろく。去
> れば、「天地は万物の逆旅、光陰は百代の過客、浮世は夢幻」と
> いふ。時の間の煙、死すれば、何ぞ金銀瓦石にはおとれり。黄泉
> の用には立ちがたし。

인간이 유한하고 인간세계가 夢幻에 지나지 않음을 다시 『古文眞
寶』에 의거해 언설하고 죽음과 黄泉을 언급하면서 신불의 세계를

---

6) 『井原西鶴集(3)』(日本古典文學全集 小學館) 이하 작품 인용은 全集本에
   의함.

떠올리게 하는 묘사를 하고 있음은 일목요연하다.

상투적인 묘사라고 볼 수 있으나 인간세계에서의 치부의 의미가 바로 앞 시대인 중세나 근세 초기의 신불관에 입각해 있음을 알 수 있다. 그럼에도 여기서 주목할 것은 선행의 가나조시에서 상투적으로 등장하는 浮世観, "思ふこと、叶わねばこそ憂き世なれ" 즉 "뜻 같지 않은 이 세상"이라는 관점에서의 치부의 정의는 나타나고 있지 않은 점이다. 치부의 현실적 유효성까지도 부정하는 記述은 하고 있지 않은 것이다. 이는 바로 다음의 묘사로 나타나는 바 이는 치부의 당위성을 재반전시키는 작자의 언설로서 받아들일 수 있다.

> しかりといふとも、殘して子孫のためとはなりぬ。ひそかに思ふに、世にある程の願ひ、何によらず銀徳にて叶はざる事、天が下に五つあり。それより外はなかりき。

이상과 같이 반전과 재반전, 또는 긍정과 부정, 재긍정 등의 수사법을 활용해 작품의 서문에 해당하는 권두일절에서 작자는 치부담에서의 창작의도를 밝히고 있다. 그리고 현실적 유효성을 지니는 富를 축적하기 위해서 다음과 같은 언설로 서문을 마무리한다.

> 見ぬ島の鬼の持ちし隱れ笠・かくれ蓑も、暴雨の役に立たねば、手遠きねがひを捨てて、近道にそれぞれの家職をはげむべし。福徳はその身の堅固にあり。朝夕油断する事なかれ。殊更、世の仁義を本として、神仏をまつるべし。これ、和國の風俗なり。

현실적인 방법으로 가업에 충실하고 건강에 유념하며 특히 浮世의 도리를 제일로 삼고 神佛을 잘 섬겨야 한다는 것이다. 현실적 노력, 건강관리, 浮世의 道理 등은 바로 浮世의 인간세상에서의 합리성을 의미하는 격언임에 틀림없으나 마지막 神佛의 숭배는 이와 같은 치부담적 요소의 레벨에서 운위될 수 없는 것이기에 이 언설은 작가의 창작의도를 더욱 난해하게 하고 작품구조 안에서의 神佛 특히 佛의 상징성을 이중적으로 內包하고 있음을 알 수 있다. 이것이 의미하는 바의 구조적 實相을 구체적으로 보기 위해서는 물론 이 卷 1-1의 작품세계를 살펴보아야만 한다.

이 치부담의 주인공 아미야(網屋)는 어부를 상대로 하는 이른바 해운업자. 그리고 이 작품의 주 무대는 泉州에 실제로 존재하는 水間寺. 권두일절 말미에서 치부의 전제조건으로서 신불숭상의 필요성을 언설한 것에 호응하는 형태로 치부와 佛과의 구체적 현실이 그려지고 있다. 水間寺의 觀音을 참배하는 당시의 민중들에 관해 작자는 다음과 같이 묘사한다.

> 皆心身にはあらず、欲の道づれ、はるかなる苔路、姫萩・荻の焼原を踏み分け、いまだ花もなき片里に來て、この仏に祈誓かけしは、その分際程に富めるを願へり。

水間寺의 관음을 참배하는 사람들은 모두 불교 본연의 신앙심에 의해 찾아 온 것이 아니라 일신상의 치부 즉 現世救福的 신앙심에 의거하고 있음을 지적하고 있는 바 이는 다음과 같은 관음의 의인화된 묘사에서도 여실히 드러난다.

> 　この御本尊の身にしても、独り独りに返言し給ふもつきず、「今
> この娑婆に掴みどりはなし。我頼むまでもなく、土民は汝にそな
> はる。夫は田打ちて婦は機織りて、朝暮そのいとなみすべし。一
> 切の人、このごとく

관음마저도 속세에서의 치부는 속세의 인간들의 영역임을 지적하는 대목과 관음에 대한 중생의 세속적인 신앙심을 "諸人の耳に入らざることの浅まし"라고 묘사하는 작자의 언설은 바로 근세불교의 세속화된 일상이 사실적으로 그려지고 있음을 말해준다.

　주인공 아미야가 이 절에서 연중행사와도 같이 행해지는 借錢의 습속에 따라 借金을 하는 것으로 이 작품의 스토리가 전개되는데 이러한 습속의 소개를 묘사하는 冒頭에서 借金의 利息의 두려움을 "それ世の中に借銀の利息ほどおそろしき物はなし"라고 첨언하는 것은 이 작품이 바로 借金의 利息과 신앙과의 관계를 암시하는 것임에 일단 주목할 필요가 있다.

　水間寺는 관음의 돈을 신자들에게 빌려주어 일년 후에 倍로 돌려받는 의도적 고리대금을 행하고 있음은 바로 이 대목에 관한 묘사의 첫부분에 "それ世の中に借銀の利息ほどおそろしき物はなし"라고 사족을 단 것에서 확연히 드러난다. 그리고 그 고리대금의 형태를 다음과 같이 사실적으로 그리고 있는 것이다.

　　この御寺にて万人かり錢する事あり。当年一錢あづかりて、來
　年二錢にして返し、百文請け取り、二百文にて相済ましぬ。これ
　觀音の錢なれば、いづれも失墜なく返納したてまつる。おのおの
　五錢・三錢、十錢より内をかりけるに

　아미야는 이와 같은 사실을 熟知하고서도 파격적 고액인 "借錢一
貫"을 행한다. 水間寺 승려들에 관한 다음과 같은 묘사는 觀音을
憑藉한 고리대금의 의도를 풍자적으로 戲畫化하려는 작자의 의도임
에 다름 아니다.

　　寺僧あつまりて、「当山開闢よりこのかた、終に一貫の錢かし
　たる例なし。借る人これがはじめなり。この錢済むべき事とも思
　はれず。自今は大分にかす事無用」と、さたし侍る。

　아미야는 10년후 水間寺 식의 利息 "一年一倍の算用"으로 계산
해 13년후 1貫의 원금을 정확하게 8912貫으로 돌려주는데, 그 상환하
는 방식 또한 作意的임은 "もと一貫の錢八千百九十二貫二かさ
み、東海道を通し馬につけ送りて、御寺につみかさねければ"라
는 묘사에서 확연히 드러난다. 즉, 금화나 은화로 수송하는 편이 경비절
감의 면에서 합리적임은 당연하겠으나 아미야는 상환화폐를 錢으로
사용하고 있다. 이의 수송을 위해서는 약 197頭의 荷馬가 필요한
것으로 추정된다.[7] 불필요한 많은 出費를 감수하면서까지 이러한 이른

---

7) 村田穆 校註 『日本永代藏』(新潮日本古典集成 新潮社 1977) p.21 頭註

바 퍼포먼스와도 같은 행위를 하는 것은 그의 상환행위를 선전하려는
아미야의 의도이며 이는 水間寺 승려들의 고리대금행위를 역으로 이용
하고 자신의 고리대금 방식을 은폐하려는 주인공의 상술임을 추정할
수 있다.

이와 관련하여 村田穆씨는 다음과 같이 지적하고 있다.[8]

> この錢一貫文を借りた男、江戸の船問屋網屋某は、この錢が水
> 間寺の借錢であることを明かして、漁師に出船に一回百文約八百
> 七十五円ずつを貸し付けるのである。農・工業と違い、漁業は当
> り外れが極めて大きく、それだけに、漁師は縁起を担ぎ、博奕的
> 信仰心が強い。そこがねらいなのである。だから、借錢は、その
> 時の漁獲高の多少にかかわらず、きちんと返済されたと思われる
> し、しかも、出船の時に貸し付けられた僅か百文くらいの錢は、
> 気風のいい漁師のことゆえ、一年を待つまでもなく、帰港早々に
> 返済されたであろうから、その回転率は年二倍やそこいらの生や
> さしいものではなかったはず、加えて、「借し人自然の幸ひ有りけ
> ると、遠捕に聞き伝へて」とあるのは、強力な宣伝力を発揮したと
> いう宴曲表現であろうから、原資だけでは事足らぬ大きな需要も
> 考えられ、それに応じて、商才に長けた網屋は觀音の借錢に自己
> 資金を加えたであろうし、それやこれやで、この収益の莫大さは
> 想像に余ろう。

즉 觀音의 금전임을 내세워 고리대금을 하는 水間寺 승려들과는
차원이 다른 막대한 폭리를 취하고 있음을 지적하고 있는 것이다. 이러

참조.
8) 앞의 책. 村田穆(1977) 卷末解說 참조.

한 村田씨의 분석은 당시의 어업현황을 염두에 둔 고찰이라고 할 수 있다.

기상상황의 과학적 파악이나 漁撈, 操船 기술이 발달한 현재에도 어업사고는 그치지 않는 현실을 감안해 보면 근세초기의 당시의 어민으로서는 어업은 상당부분 不可測의 營爲였다고 할 수 있다. 근세초기의 일본에서 어업이 가장 발전한 지역은 이 작품의 무대가 되고 있는 바로 上方地方과 紀州地方이었다.9) 그들의 활동영역은 임진왜란 이래 멀리는 対馬, 九州地方까지 도달했고 주요 漁撈営域은 太平洋沿岸이었음이 앞의 주와 같은 많은 선행연구들10)에 의해 밝혀져 있다. 그리고 그 형태도 단순한 어민이 아니라 漁民, 魚商, 廻船業者등으로 이루어져 있으며 이들의 연안어업의 작업기간은 통상 2-3개월을 넘지 않았음이 많은 자료 등에 의해 究明되고 있다.11) 이 작품의 주인공 아미야는 廻船業者를 겸한 고리대금업을 하면서 水間寺의 관음의 금전을 활용해 막대한 금리의 차액을 챙긴 것은 확실하다. 또한 예측 불가한 영위인 어업에 종사하는 어민들의 현세기복적인 신앙심에 착안해 고리대금을 해 富를 일구어낸 아미야의 상법과 불교와의 접점은 가장 極端에 위치해 있다.

아미야가 보낸 8192貫의 錢을 수령한 水間寺의 승려들의 행태는 다음과 같이 그려진다.

9) 葉山楨作編「近世紀州漁法の展開」(田島佳也)(『日本の近世』4 中央公論社 1922)
10) 林玲子編「船による交通の発展」(『日本の近世』5 中央公論社 1992)
11) 荒居英次『近世の漁村』(吉川弘文館 1970)

　　僧中横手打ちて、そののちせんぎあつて、「末の世のかたり句に
なすべし」と、都よりあまたの番匠をまねきて宝塔を建立、有難き
御利生なり。

　연 10할의 高利로 상환되어온 엄청난 금전 앞에서 회회낙락하는
승려들에 대한 寫實的이고 諷刺的인 묘사는 이 작품에서 佛과 속세적
신앙과의 관계가 표출되고 있는 層位의 한 부분이다. 세속과 佛의
접점에서 이 작품이 성립되었다고 한다면 세속은 바로 俗이며 佛(불)은
聖을 상징하는 대립항(對立項)이라고 할 수 있다. 작자도 언설하고 있는
바와 같이 水間寺에서 참배하고 있는 귀천남녀는 信心(신심)이 목적이
아닌 오로지 치부를 바라는 세속의 존재들이다. 그들은 오로지 현세기
복의 치부만을 바라는 일상적 세속의 존재들이며 그들을 지켜보는
水間寺의 觀音은 그들의 치부를 바라는 祈願(기원)에 대해 "今この娑
婆に掴みどりはなし。我頼むまでもなく、士民は汝にそなはる。
夫は田打ちて婦は機織りて、朝暮そのいとなみすべし。一切の
人、このごとく"라고 답함으로써 치부의 의미를 되묻는 聖的 언설을
행하지 않고 치부의 세속적 효용성을 인정하고 그 방법까지도 제시하는
하는 바 이는 觀音을 擬人化시키는 작자의 滑稽的 묘사를 통해 聖의
俗的 志向을 나타내고 있는 것이다. 관음은 娑婆의 영역에서의 금전의
유용성과 聖的 세계와의 연관성을 인정하고 있지 않고 있으므로 단순
히 俗世界에서의 세속적 질서를 인정하는 속적 지향을 보이고 있다고
할 수 있다. 이와 더불어 관음에게 信心이 목적이 아닌 치부를 위해
참배하는 귀천남녀에 대한 묘사는 이와 대립되는 입장에서 聖으로의

世俗的 志向으로 나타나고 있음을 알 수 있다. 한편 佛의 가르침을 실천하고 있을 터인 水間寺의 승려들은 "當山開闢よりこのかた、終に一貫の錢かしたる例なし。借る人これがはじめなり。この錢濟むべきこととも思われず。自今は大分かす事無用"라고 묘사됨으로써 翌年에 두배로 상환되는 관음의 금전이 신앙으로 위장한 고리대금의 일환임을 밝히고 있다. 즉 이것은 聖의 世俗的 志向임에 다름아니다. 聖域에서의 세속적 지향은 앞의 觀音의 경우와는 그 層位에서 그 양상을 달리 한다. 觀音은 세속 안의 인간들의 치부의 유용성을 인정한 것이지만 水間寺의 승려들은 聖域에 존재하면서 聖을 내세우며 俗的 질서에 적극 참가하고 있다는 점에서 聖의 俗的 지향을 넘어 俗化의 영역으로까지 확대되고 있음을 알 수 있다. 그리고 또 이와의 대립항에 주인공 아미야의 치부담이 존재한다. 관음의 금전임을 내세워 고리대금을 행하는 승려들의 聖의 俗化의 逆說로서의 고리대금이 묘사되는 것이다. 관음의 금전을 빌리고 이를 다시 13년후에 연 10할의 금리로 상환하는 아미야의 信心의 본질은 승려들의 俗化를 역이용해 聖域 안에서 철저한 俗化를 행한 것으로 나타난다. 또한 이러한 철저한 俗化는 아미야의 數量的 발상과 행위로 發顯된다고도 말할 수 있다. 이는 다시 말하면 작자의 이른바 일본근세의 과학적 합리주의에 관한 관심의 표명이기도 한 것이다. 이 작품의 권두일절에서 극명하게 나타나고 있는 사이카쿠의 聯想과 想像에 의한 俳諧的 묘사 즉 다시 말해 '噺の姿勢'[12]로 언설되고 표기되는 작자의 修辭法은 본문 묘사에서도 근본적으로 기본구조를 유지하고 있으며 아미야의 금전상환의

묘사의 부분도 그 범주 안에 있으나 이 작품의 결말에 해당하는 다음의
묘사에서 당대의 철저한 수량주의적 사고와 세태를 제시함으로써 聖域
의 對蹠點에 아미야의 世俗化的 퍼포먼스가 존재하게 되는 것이다.

　　　一年一倍の算用につもり、十三年目になりて、元一貫の錢八千
　　百九十二貫にかさみ、

1년에 10할이라는 금리를 複利로 계산하여 13년 뒤에 8,192의 수치
를 도출해 내기 위해서는 자자로서도 최소한 1-2분의 數理的 계산시간
이 필요하다. 또한 '噺の姿勢'적 묘사법으로 일관된다면 8,000이나
9,000 혹은 1만 정도로 표현되는 것이 자연스러울 수도 있을 것이다.
그럼에도 8,192라고 정확하고 자세하게 수치가 제시되는 것은 바로
근세적 세속화의 根底라고도 할 수 있는 數量主義的 世界觀의 投影
임을 읽을 수 있다. 이는 水間寺에서의 다음과 같은 금전대여의 방식묘
사에서도 어느 정도 드러난다고 할 수 있다.

　　　この御寺万人かり錢する事あり。当年一錢あづかりて來年二錢
　　にして返し、百文請け取り、二百文にて相済ましぬ。これ觀音の
　　錢なれば、いづれも失墜なく返納したてまつる。おのおの五錢・
　　三錢、十錢より内をかりけるに

万人, 一錢, 二錢, 百文, 二百文, 五錢, 三錢, 十錢 등의 예에서

---

12) 野間光辰 「西鶴五つの方法」(『西鶴新新攷』 岩波書店 1981)

알 수 있듯이 불과 2-3행의 묘사문에 집중적으로 数値가 등장하고 그 수치로 數量의 세계를 강력하게 의식하게 하려는 작자의 修辭法的 의도가 명확하게 제시되고 있는 것이다. 그리고 이렇게 頻出하는 수치 적 묘사는 이 치부담의 결말 묘사인 8192貫의 상환, 즉 13년간의 복리계산의 導出과 호응관계를 맺고 있음을 확인할 수 있다. 이러한 수량화에 의한 聖域의 세속과의 相對化는 이미 이 작품 이전의 사이카 쿠의 창작세계 안에서 나타나고 있다.

사이카쿠는 喪妻 후 부인의 追善을 위해 初七日 하루동안 혼자서 4천수의 하이쿠를 지었고 이는 한 수를 읊는 데 거의 30초 전후의 詩作을 해낸 초스피드의 작법이었다. 또한 그는 하룻밤에 23,500수의 하이쿠를 읊어 二萬翁이라는 별칭을 얻게 된 것은 잘 알려져 있고, 그의 첫 우키요조시인『好色一代男』에서는 주인공이 편력한 여성의 수를 3,742인, 남성의 수를 725명[13]이라고 밝히고 있다. 사이카쿠는 佛의 영역인 부인의 追善과 자신의 존재확인을 위해 그리고 性의 당세적 묘사에 있어서도 당세인이 속세에서 가장 體感하고 실감할 수 있는 수량적 제시에 의해 그의 수사법적 방법론을 확립한 것이다.

사이카쿠는 이 작품에서 관음과 승려로 상징되는 聖域과 귀천남녀와 아미야로 대변되는 속세와의 호응과 상대화를 바로 數量主義를 媒介 로 하여 당세의 있어서의 신앙의 존재방식을 되묻고 있는 것이다.

이상 聖域과 속세와의 대응에 관해 논한 것을 치부행위의 주체적

---

13)「好色一代男」(『井原西鶴集』3 小學館 1971)

측면에서 聖과 俗의 層位로서 정리하면 다음과 같다.

水間寺를 찾는 귀천남녀의 祈願행위－俗의 世俗化 , 水間寺의 觀音－聖의 世俗的 志向, 水間寺의 승려－聖의 世俗化, 아미야의 치부－俗의 聖域的 世俗化의 네 層位로 표시될 수 있으며 마지막 단계의 俗의 聖域的 世俗化야말로 당세의 불교와 세속과의 관계를 가장 諷刺的이고 寫實的으로 상징하는 것이라 할 수 있다.

그런데 네 단계의 聖과 俗의 層位에서 전체적으로 나타나는 것은 世俗에의 집착임과 동시에 치부의 세속적 유용성을 드러내는 것이지만 그렇다고 해서 聖의 否定이나 그 代案이 제시되고 있는 측면은 전혀 나타나고 있지 않음에 유의해야 한다. 이 점은 이 네 행위의 주체들에게 관한 작자의 묘사를 나열해 봄으로써 확연히 드러난다.

> 귀천남녀－皆信心にはあらず、欲の道づれこの仏に祈誓かけしはその分際程に富めるを願えり
> 관음－この御本尊の身にしても、独り独りに返言し給ふもつきず戸帳ごしにあらたなる御告なれども、諸人の耳に入らざる事の浅まし
> 승려－この錢済むべきこととも思われず。自今は大分かす事無用御てらにつみかさねければ、僧中横手打ちて、そののち詮議あつて、末の世のかたり句になすべしと、都よりあまたの番匠をまねきて宝塔を建立、有難き御利生なり。
> 아미야－産れ付ふとくたくましく、風俗律義に、あたまつき跡あがりに、信長時代の仕立着物、袖下せはしく、裾まはり短く

네 주체들의 행위에 관한 묘사에서 공통적으로 드러나는 것은 이들의

世俗志向의 유용성을 자연스럽게 묘사함과 동시에 한편에서 이들을 戱畵化함으로써 이 작품이 우키요조시로서의 戱作的 측면을 제공하고 있음을 의미함은 물론이다. 그리고 관음의 擬人化라든가 승려의 戱畵化를 통한 묘사 자체가 불교의 근세적 세속화의 일면을 나타내고 있으면서도 작자는 그러한 묘사를 통해서 혹은 작품세계의 直接介入을 통해서 치부의 세속적 의미를 새롭게 제시하고 있지 않음을 알 수 있다. 작자는 권두일절에서 불교의 근세적 세속화와 유교의 지배 이데올로기적 의미 등이 반영된 당세적 상황과 상식에 입각해 치부의 의미를 이중적으로 언설하고 있는 바, 이는 바로 작품세계 안에서도 再現되고 있는 것이다. 작자는 중세의 憂世에서 근세의 浮世로의 변화를 작품세계 안에서 구체적으로 그리고 있으면서도 중세의 無常觀의 否定的 현실을 묘사하고 있다기보다는 근세의 세속적 유용성의 현실을 직시하고 있음을 알 수 있다. 바로 이것이 근세에서의 불교관의 退色의 一端이라 할 수 있다. 여전히 작자와 그리고 네 행위의 주체 모두 작품세계 안에서 중세 이래의 불교가 말하는 無常의 의미를 떨구어 내지도 못하고 그 代案을 모색하지 못한 채 그들에게 있어 浮世의 의미는 근세적 세속성 안에서 새로운 不安을 안고 있음을 표출하고 있는 것이다.

5. 卷3－3, 卷3－5, 그리고 『西鶴織留』에서의 佛

후시미(伏見)에서 質屋을 생업으로 하고 있는 卷3-3(世はぬき取りの觀音の眼)의 주인공 기쿠야(菊屋)는 어려운 사정으로 인해 슬픈 표정으로 찾아오게 되는 손님들에게 그들의 딱한 사정은 아랑곳하지 않고 오로지 치부를 위해 냉정하게 典當業을 운영하는 존재로 그려진다. 기쿠야 역시 고리대금으로 부를 축적하지만 단순한 典當業으로는 만족하지 않는 모습을 "利といふ物つもれば大分なり。この菊屋四五年に銀二貫目あまり仕出し、なほひすらく人に情けをしらず"라 바, 이는 이 절의 낡은 戶帳을 新調고 묘사됨으로써 금전만이 당세의 유일한 가치로 삼고 살아가는 주인공이 造型되고 있다. 그런 주인공이므로 평상시에 佛에 信心을 지니지 않는 것은 당연한데 돌연 大和의 初瀨觀音을 믿기 시작해 寄進하면서 그 戶帳을 表具로 팔아넘겨 폭리를 취하기 위함이었다. 이러한 기쿠야의 신심은 "遠い初瀨の觀音を信心し、俄にあゆみをはこぶを、人の氣もあのごとくかはる物かと、世間にてこれ沙汰ぞかし"라고 묘사되고 있는 바와 같이 信心을 빙자한 치부행위였음을 언설하면서 그 치부담의 구체적 행위를 寫實的으로 묘사하고 있다. 그리고 이 주인공은 결국 沒落하는 것으로 결말을 맺지만 그 몰락의 필연성이 제시되지 않고 단지 제대로 된 상인이 아니었다는 사족만이 있을 뿐이다.

觀音信仰にはあらず、これをすべき手だて、さてもすかぬ男、
一たびは思ふままなりしが、元來すぢなき分限、むかしより浅ま
しくほろびて、後には、京橋に出て下り舟にたより、請売の焼
酎・諸白、あまいも辛いも人は酔はされぬ世や。

관음과 승려를 속여 치부를 행하는 주인공의 치부담에는 이미 聖域
에 속하는 관음과 승려들로 상징되는 信心의 세계가 금전의 속세적
유용성을 인정하고 이를 指向하는 浮世의 측면이 드러나고 있음을
앞의 인용 예에서 알 수 있다. 그러면서도 주인공 기쿠야의 치부의
목적과 의미가 결코 관음으로 상징되는 성역이 志向하는 세계의 대안
이 될 수 없음은 작품 말미의 작자의 언설에서도 확연히 드러나고
있다.

卷3-5(紙子身袋の破れ時)의 주인공 고후쿠야쥬스케(呉服屋忠助)는 가
업을 이어받은 후 방만한 생활로 몰락하게 된 후 치부를 위해 佐野의
觀音을 찾아가 無間의 鐘을 친다. 이 종은 치게 되면 來世에서는
無間地獄에 떨어지지만 현세에서는 富貴를 누릴 수 있다는 이른바
無間의 鐘으로서 "我一代今一たびは長者になし給へ。子供が代
には乞食になるとも只今たすけ給へ"라고 외치면서 내세의 지옥을
각오하고 현세의 치부를 기원하는 주인공을 戱畵化하는 것이 이 작품
의 중심내용이다. 속세에서의 금전의 효용성을 내세의 영원한 삶보다
우선시하는 주인공의 삶의 방식은 내세의 부정이라기보다는 속세에서
의 수량적이고 즉물적인 삶만이 가시적으로 느껴지는 세태만이 믿을
수 있는 그 자체라고 할 수 있다. 그리고 꽃바구니를 팔며 생계를

이어가던 쥬스케의 딸이 에도의 부자와 결혼함으로써 다시 金錢의 혜택을 입는 결말은 無間의 鐘을 관장하는 관음마저도 주인공의 속세적 사고와 금전의 효용성을 인정하는 작품구조를 보이고 있는 것이다. 주인공의 철저한 세속화와 無間의 鐘으로 상징되는 성역의 世俗志向이 이 작품구조의 기본틀이다. 이러한 주인공의 묘사와 더불어 작자는 다음과 같은 언설을 덧붙인다.

> この鐘を突きて分限にならば、今の世の人、末の世には蛇になる事もかまふべきか。まして蛭の地獄など恐ろしからず。愚かなる忠助、無用の路錢をつかひてここに來にけり。まづさし当たりて、これ程の損になりぬ。駿河に帰りて語れば、聞く人ごとに、「その心からあれ」と、指をさしける。

실제로는 효녀를 둔 덕에 주인공이 貧困에서 벗어난 셈이지만 이 결말 역시 치부를 한 現世祈福이 주류를 이루고 이에 和答하는 佛敎의 존재방식 다시 말해 근세적 信仰風土를 작자는 여실히 드러내고 있다. 그러면서도 無間地獄의 의미를 부정하거나 그 代案으로서 치부의 의미를 되묻고 있지 않음은 이 작품에서도 일관되고 있다.

이와 관련하여 작자는 『西鶴織留』卷5-1(只は見せぬ仏の箱)에서 다음과 같이 언설하고 있음에 주목할 필요가 있다.[14]

> 近年、世間に後生を願ふ兒つきすれど、まことの信心まれな

---

14) 『西鶴織留』(対譯西鶴全集14 明治書院 1976)

り。皆名利にかかはり。旦那寺の塀瓦の寄進にも定紋を付、法の
道を作れる石橋に名を切付、菟角願主の世にしるるを第一にいた
せり。本心の後世のためならば、貧僧に斎米をほどこし、奉加帳
に町所をあらはさずとも心ざしすべし。今時の人心、ひとつも仏
の道に叶ふ事にはあらず、諸の寺法師、世わたりの人あしらい、
在家に替る事なし。知行寺の外は、かく旦那の機嫌とらるる事、出
家に似合ざるとも申難し。

이 작품의 주인공은 泉州 堺에 있는 두 명의 隠居老人. 文珠堂의
지혜의 상자를 열어 開帳하는 비용이 百文으로 되어 있는 참배방식을
비판하고 지혜의 상자를 보지 않고 百文을 절약하는 것이 진정한 지혜
라고 주장한다. 또한 이들의 자식들이 近江의 多賀神社에 長壽를
기원하기 위해 참배를 하려하자 참배의 무의미함을 언설하고 장수를
위해서는 아침 일찍 일어나 오로지 家業에 충실하는 것이 有用함을
주장한다. 이러한 주인공의 태도는 당세의 승려 그리고 신자들을 둘러
싼 佛敎寺院과 불교의 존재방식에 대한 강력한 풍자로 나타나고 있다.
이러한 주인공의 행위에 대해 작자는 상기 인용문과 같은 언설을 작품
의 후반에서 直說的으로 행하고 있는 것이다.

즉 近年에 이르러 世間에 後生을 바라는 얼굴을 하고 있으면서도
진정한 信心을 가진 자는 없다는 것, 모두 세간의 평판과 이익만을
바래 檀那寺에의 寄進도 佛道報恩을 위한 것이 아니고 오로지 現世
祈福의 私慾이 대부분이라는 것, 그리고 사원의 경우도 寺領이 적은
대부분의 승려들은 모두 신자(檀那)들의 비위를 맞추며 寄進의 受領에
만 몰두한다는 것 등, 근세초기 이후의 檀家制 시행 이후의 사원과

신자의 신앙행태에 대해 辛辣한 비판을 하고 있다. 이는 이 작품의 주인공들의 태도가 현세기복적 신앙을 志向하고 있는 것에 대한 작자의 共感임과 동시에 세속적 현세기복적 신앙태도에 대한 비판이라고도 볼 수 있다. 그러면서도 당시의 현세기복적 세태를 戱畵化함으로써 이른바 戱作(慰み草)으로서의 작품의 틀을 유지하고 있음은 이 작품이 우키요조시(浮世草子)인 所以이라고 할 수 있을 것이다. 작자는 때로는 현세기복적이고 세속적인 인물들의 浮世的 삶의 방식에 공감하면서도 그 信心의 眞正性에 관해서는 회의하고 부정하게 하는 작품구조를 설정하고 있는 바, 이는 바로 근세적 신앙현실에 작자도 예외가 될 수 없으며 그 대안을 찾아내지 못하고 고뇌하는 虛構 속의 많은 주인공들을 순간적인 噺의 자세를 통한 창작방법을 통해 언설하고 있는 것이다.

사이카쿠는 앞의 『日本永代藏』의 권두일절에서 묘사되고 있는 바와 같이 그의 작품 여러 곳에서 神佛을 잘 섬기라고 언설하고 있는데 그가 말하는 신불을 의지하는 마음은 중세에서처럼 생애를 좌우할 정도로 격렬하지는 않다. 신심이라고 하더라도 이 시기의 그것은 인생의 작은 부분에 불과한 것으로서, 日常 뒤편의 한쪽에 존재하는 신심일 수 밖에 없다. 사이카쿠가 언설하는 신불에 대한 신심 역시 이러한 영역을 넘는다고는 할 수 없을 것이다. 그리고 이와 같은 예들은 본고에서 다루고 있는 여러 주인공들을 통해서 확연히 드러나고 있음을 알 수 있다. 이러한 격렬하지 않은 신심, 그리고 인생의 작은 부분으로 숨겨져 있는 부분들이 때로는 人間의 根源으로서의 문제로서 대두될

때 작자는 戲作의 방법으로 이를 묘사하면서 긍정하고 다시 부정하는
이중적 자세를 보이고 있으며 이러한 창작태도는 그의 다른 작품들에서
교훈과 회작의 관련에서 나타나는 양상과 일치하는 것이라 할 수 있다.

6. 실존행위로서의 치부와 儒, 儒

이상 사이카쿠의 치부담 『日本永代藏』 중에서 치부와 信心과의
관련성을 주로 다루고 있는 작품을 중심으로, 사이카쿠소설(우키요조시)
에 있어서의 聖과 俗, 信心과 世俗의 문제를 致富라는 인간실존의
행위를 통해서 고찰해 보았다.

일본의 중세에서 근세에 이르는 시기는 불교가 일본에 전래된 이래
信心의 현실적 의미가 민중들의 수용과정에서 내적 변화가 일어나는
과도기였고 근세가 되면 불교의 일본적 양상이 명확히 드러나게 된다.
그리고 그 구체적인 흐름은 본고 2장의 근세의 민중불교와 유교의
등장에서도 거론한 바와 같이 불교, 사원, 신심의 세속화와 현실이데올
로기로서의 유교의 등장으로 요약될 수 있다. 그리고 이러한 민중불교
의 세계관(현세와 내세)은 憂世와 浮世라는 용어로 상징되는 바와 같이
근세인들의 信心의 기본골격을 이루게 되었다. 이하라 사이카쿠는 바
로 이 시대를 호흡하고 직시한 시인(俳諧師)이며 소설가로서 이와 같은
世相을 치부라는 현세의 생존행위의 키워드를 통해서 묘사한 것이다.
본고에서 주로 다루었던 『日本永代藏』의 경우에도 마찬가지로 각

작품의 주인공들은 치부를 지향하면서도 끊임없이 佛과 寺院을 의식하고 있으며, 그들이 더욱 당세에 철저하고 세속의 효용적 가치를 내세우면 내세울수록 그 세계와의 관련성을 의식할 수 밖에 없는 존재로서 묘사되고 있는 것이다. 여기에 근세의 사이카쿠소설에 있어서의 聖과 俗의 영역의 문제가 존재하는 것인 바, 聖의 영역인 佛과 俗의 상징인 世俗化, 有用性, 合理性으로 상징되는 근세의 현실적 지배이데올로기로서의 儒와의 대립과 호응관계를 읽을 수 있다. 이는 사이카쿠소설에 있어서의 教訓的 의도와 戲作意識의 관련성과도 궤를 같이 하는 것으로 일견 상호모순적인 佛과 儒의 대립항이 어떻게 구조적으로 관련을 맺고 있는가를 나타내는 것이기도 하다. 불교의 세속화에 공감하기도 하고 때로는 비판적인 시각을 나타내고 있는 작자의 언설과 묘사는 그 자체가 근세인들의 신심의 一端의 형상화이며 중세의 憂世的 불교관에서 벗어나 浮世의 세상을 살아가는 당세인들의 신심의 본질에 다름 아니다. 그리고 중세적 생존의 불안과는 그 내실을 달리하는 새로운 삶의 불안이 존재하고 形而上學的 영역이 肉化되지 않는 근세적 풍토 안에서 그 代案이 끊임없이 戲作的 제스처로 요구되고 있으나 인간실존의 淵源을 확신하지 못한 채 표류하는 浮世的 삶의 공간이 그려지고 있는 것이 사이카쿠 우키요조시의 창작의 세계인 것이다.

『日本永代藏』 권두일절에서의
세속과 神佛
2부3장

1. 문학이라는 행위와 神佛

흔히 근세문학 연구자들 사이에서 사이카쿠를 상식적인 작가라고 평하는 것은 그에게서 당대의 다양한 思辨體系를 선도하거나 뛰어넘는 사상가로서의 면모를 발견하기 어렵다는 의미일 것인 바 이는 상인 출신의 俳諧師로서 사이카쿠 특유의 韜晦的 제스처를 감안한다고 하더라도 일단 수긍될 수 있을 것이다. 이 말은 그의 작품 내부에서 드러나는 지식이나 사상적 편린에서는 물론이고 지금까지 밝혀진 생활인으로서 또는 작가로서의 다양한 세속적 영위 등에서도 상식적인 작가라는 측면이 쉽게 지적될 수 있다는 의미인 것이다. 그리고 동시에 <상식적임>이 지니는 또 하나의 측면은 당대의 주된 사상과 지식의 흐름에 대한 작가의 주장이나 인식이 모호한 형태로 제시되어 결국 상식에의 追隨내지는 작가적 고뇌가 잘 드러나지 않는 안일함으로 느껴지기도 하는 것인데, 이것은 그의 작품세계의 구축에 있어 당대의 상식적 영역을 뛰어넘으려는 사상적 시도 내지는 제스처가 거의 드러나

고 있지 않거나 혹은 스스로 드러내려고 하지 않았다는 것과 크게
관련된다고 볼 수 있을 것이다. 이와 같은 사이카쿠의 상식적 측면은
본 고찰에서 다루려고 하는 神이나 佛과 같은 종교적 과제에서 더욱
그러하다고 할 수 있다. 사이카쿠의 문예세계에 근세일본에 있어서의
神과 佛의 상호 연관적 존재방식이 어떻게 투영되고 있는 가에 관한
문제는 우키요조시에서의 종교와 세속에의 작가의 인식의 표출이라는
점에 있어 그 자체로도 중요한 과제이기도 하지만, 구체적으로 이 고찰
에서 다루고자 하는 치부담 『日本永代藏』의 작품세계에서 神과 佛,
금전과 신앙의 존재방식이 어떻게 설정되어 있는가에 관한 물음이라고
할 수 있다. 또한 이와 더불어 이 문제는 이 작품이 지니는 문예적
성격 －작자의 창작의도를 둘러싼 교훈설[1]이나 戲作說[2]와 같은 선행
연구들과의 관련성－을 어떻게 파악할 것인가라는 과제와도 연결된다.
즉, 이 작품의 권두서문이라고 할 수 있는 도입부의 작자의 언설을
포함하는 卷1－1의 구조 가운데서 俳諧的인 修辭法을 통해 나타나고
있는 神과 佛에 대한 작자의 상식적이면서도 複眼的인 인식의 기저에
서 무엇을 읽어낼 수 있을 것인가의 문제가 바로 본 고찰의 과제인
것이다. 앞에서도 언급한 바와 같이 당대의 思辨體系에 비추어, 특히
神과 佛과 같은 종교적 측면에서 작자의 내러티브적 언설이 <상식적>
이었다는 점에서 이 점에 관한 선행연구가 별로 없었다는 것은 쉽게

---

1) 대표적인 선행연구로 東明雅 『日本永代藏』卷末解說(岩波文庫本 岩波書
   店 1956) 이나 暉峻康隆「日本永代藏における思想の変貌」(『西鶴新論』中
   央公論社 1981) 등을 들 수 있다.
2) 대표적인 선행연구로 谷脇理史 『西鶴研究序說』(新典社 1981)가 있다.

납득할 수 있다. 그러나 사이카쿠의 수사법의 기본이 이른바「語り口」의 방식[3]에 있었던 것을 감안한다면 언설 그 자체의 의미보다는 언설의 연상과 조합의 구조 안에서 神과 佛의 키워드가 파악되어야 할 것이고, 사이카쿠의 타 작품에서도 흔히 지적되는 작자의 모순적 언설 또한 이러한 맥락에서 파악될 수 있으며 그의 수사법의 방식이 모순적이 아닌 複眼的이라는 전제가 성립됨으로써 작자의 <상식적> 언설의 내실을 규명할 수 있는 것이다.

본 고찰에서는 이상과 같은 문제제기에 입각하여 사이카쿠 시대의 神佛習合의 일본적 구조의 의미, 선행문학으로 대표적인 불교설화집인 『沙石集』와 작가가 가장 의식했던 당대의 작품 중의 하나인 『浮世物語』에서의 佛, 『日本永代藏』의 권두일절, 本話(卷1-1), 『日本永代藏』에서의 神佛의 묘사를 중심으로 『日本永代藏』에서의 致富와 神과 佛의 관련양상을 고찰하기로 한다.

2 神佛習合의 일본적 구조와 사이카쿠

우선 사이카쿠의 언설에 있어서의 神과 佛을 이해하기 위해 고대 이래 사이카쿠가 살았던 근세시대에 이르기까지의 일본적 神과 佛의 핵심의 양상을 살펴보기로 하자.

---

3) 「西鶴の五つの方法」 중 「はなしの方法」의 수사법은 이미 정설이 되어 있다. 野間光辰 『西鶴新新攷』(岩波書店1981), 『西鶴新攷』增補改訂版 참조

　　일본 또는 일본어에서 神과 佛의 양자가 엄연히 구분되는 별도의
종교적 상징용어임은 새삼 언급할 필요가 없을 것이다. 神佛習合이라
는 종교적 양상이 전문적 용어로 정착한 것을 보아도 양자가 별개였음
을 의미하는 것이라 할 수 있다. 가미(神)는 우선 불교도래 이전의
자생적 神道의 가미를 말하고 불(佛)은 인도에서 창시된 불교, 부처,
극락 등을 상징하는 원초적 개념이다. 이러한 불(佛)이 중국, 한반도를
경유하여 일본에 수용되는 과정에서 神佛習合이라는 변화가 이루어졌
음은 주지의 사실이다.

　　자생적 神道는 일본적 애니미즘의 상징인 精靈崇拜에서 시작되었
다. 자연의 모든 사물이 聖的, 心的 에너지 즉, 자연 그 자체가 聖的,
心的에너지의 具現으로서의 神이었고 이것들은 대부분 고대 豪族의
祖先의 靈이었고 농업신이었다.[4] 이러한 일본적 애니미즘의 토양 위에
서 고대 일본인들은 죽음과 내세의 구조를 명쾌히 설명해 주는 우주관
의 불교를 받아들인 것이 神佛習合의 출발이라고 할 수 있을 것이다.[5]
이러한 神佛習合을 통해 일본화 된 일본불교의 특색으로 여러 가지를
들 수 있으나 우선적으로 지적되는 것이 諸法實相의 개념이다. 森羅萬
象이 實相(眞實의 모습)이라는 인식으로서, 눈앞에 전개되는 수목이나
바위, 인간의 신체 등이 그대로 진실의 모습을 나타내고 있다고 인식하
는 것이다. 다시 말해 수목이나 바위 등에 神이 머무르고 있다고 믿거나

---

4)　谷川健一『日本の神々』(岩波書店 1999)
5)　石田瑞麿『日本仏教史』(岩波書店 1984)와 田村芳朗『日本仏教史入門』
　　(角川選書 角川書店 1969) 참조

아니면 그 자체가 神體임을 믿는 일본적 애니미즘의 숭배형태와 바로 직결되는 것이 바로 諸法實相이라고 할 수 있다.[6] 인도불교에서는 우주의 근본구조를 諸法, 空(空性), 實相, 佛性의 네 가지 기본개념으로 설명하고 있는데 일본불교의 수용의 특질은 實相과 佛性의 수용이 중심을 이루고 있다. 먼저 實相의 수용과 인식의 특질은 불교적 세계관의 構築에 있는 것이 아니라 感官의 對象으로서의 물질세계가 인간의 심적 세계에 있어서 어떠한 가치를 지니고 있는가에 있었던 것으로 이것이 諸法實相의 원리만을 수용한 일본적 불교의 기저를 이루었다고 볼 수 있다. 또한 佛性에의 인식에 있어서도 인도나 티벳에서는 주류가 아니었던 이 개념을 애니미즘적 인식 위에서 받아들여 如來藏思想[7]이 유행하게 되었음은 잘 알려져 있다. 이와 같은 諸法實相과 如來藏思想이 중심이 되는 일본불교의 내실은 이후의 일본불교의 흐름의 기저가 되었고 이후의 일본불교의 세속화의 端初가 되어간다. 그리고 그 裏面의 기저에 神道的 토양과 발상이 자리 잡고 있었음은 물론이다.

室町와 鎌倉時代의 불교의 세속화는 相反的으로 파악되기 쉬운 <諸法은 空>이며 <諸法은 實相>이라는 불교의 두 가지 근본사

---

6) 立川武藏 『日本仏教の思想』(講談社現代親書 1995) 참조
7) 초기 불교 수용의 단계에서 聖德太子 등이 중심이 되어 전개되었다. 인간이나 生類는 본래 佛性을 지니고 있으며 그것을 가리고 있는 것이 煩惱인 바, 이것을 없애는 것이 불교 수행의 목적이며 인간은 누구나 이 佛性을 드러낼 수 있다는 것이다. 불교 자체에 관한 논의가 이 고찰의 목적이 아니므로 자세한 사항은 주6의 前揭書를 참조하는 것으로 한다.

상을 두고 전개된다. 이것은 불교신자가 自己否定的 實踐을 통해 인식하지 않을 경우 相反되는 두개의 極인 色과 空, 迷妄과 깨달음 등을 無媒介의 상태에서 동일시하는 잘못을 저지르게 되며 이 시대의 불교수용의 현상은 실로 이런 경지에 있었다고 할 수 있다. 煩惱는 그대로 깨달음이라는 煩惱卽菩提의 경지는 不斷한 自己否定을 행하는 자만이 도달할 수 있는 것으로서 이는 超越과 否定을 통해 제시되는 종교의 본원적 측면이라고 할 수 있다. <俗>世界에 살면서 <聖스러운 곳>으로 향하려고 하지 않을 경우 불교 본연의 實踐 에너지의 순수한 순환이 방해를 받게 되는데 바로 이 점에 室町期 이후의 불교의 세속화의 본질이 있음을 간과할 수 없고 佛과 神의 混融의 상태를 다시 확인할 수 있다. 중세일본인들은 불교본연의 절대적 세계를 인식하면서도 세속에서의 삶의 방식에서는 이러한 混融을 통한 불교적 삶을 영위하기 시작한 것이다.

이런 면에 있어서 중세인 室町와 鎌倉期 이후의 근세시대에는 불교의 세속화가 더욱 철저하게 진행된다. 近世의 幕府는 불교계에 대해 여러 통제정책이 더욱 가속화시켰다. 각 유력사원의 다양한 권익을 제한하고 寺院이 지켜야 할 法度를 공포하고 이들 사원들을 재정리하고 통합했다. 또한 사원의 本末制度의 制定과 本山의 末寺에 대한 권한을 강화시켜 줌으로써 이른바 檀家制度가 확립되었다.[8] 즉, 모든 민중이 檀那寺에 반드시 소속되어야 함을 의미하는 것으로 이는 기독

---

8) 奈良保明編著 『日本仏教を知る事典』(東京書籍 1994) 참조

교 탄압정책과 연관된 것이기도 했지만 근세인들의 신앙생활에 절대적
인 영향을 미쳤다고 할 수 있다. 종교가 권력이라는 세속의 현실에
철저하게 편입됨을 의미하는 것으로 이는 근세민중들에게 있어 강요된
또 다른 의미의 세속화였다고 할 수 있다. 출생, 奉公, 婚姻, 移住,
葬禮 등과 같은 모든 일상에 불교의 근세적이며 세속적인 규정을 강요
한 셈이 된다. 민중의 改宗은 원칙적으로 인정되지 않았고 檀那寺
參詣가 의무화되었다. 부모의 忌日의 法要나 사원에 대한 布施도
명시되었고 檀家制度는 世襲化되었으며 檀家는 檀那寺의 修理營
繕費나 本山에 대한 上納金과 祠堂銀 등을 부담함으로써 寺院의
経済的基盤이 보장되었다. 이것은 민중생활을 압박하기도 했지만 바
로 승려나 사원의 경제적 안정 및 불교계의 타락과 세속화를 가속화시
킨 것이다. 이것은 동시에 엄연히 별도로 인식되어야 할 佛教와 세속의
神道의 존재방식이 더욱 混融의 상태로 들어감을 의미했다. 불교는
민중의 일상생활에 있어서 극히 밀접한 세속적 존재로 다가온 것이다.
즉, 각 街道의 정비를 중심으로 한 일본 전국의 교통망의 비약적인
발전과 도시경제의 확립, 농업기술의 획기적인 발전 등으로 17세기의
元禄時代가 되면 서민생활의 향상으로 현세에의 願望이 증대되어
靈場이나 靈佛을 찾는 現世祈福的인 參詣旅行이 빈번해진다. 出開
帳이라고 하는 寺院의 本尊을 다른 곳으로 이동시켜 행하는 開帳寺도
많이 행해짐으로써 민중들의 佛事에의 참가는 단순한 신앙의 틀을
넘어 神道的 삶의 방식에 근접한 일상의 하나로 정착된 것이다.
　사이카쿠는 바로 神과 佛이 근세적이고 세속적으로 混融하는 元禄

時代를 살아낸 작가였다. 그는 사거 후 大阪 浄土宗 知恩院派인 大阪의 誓願寺에 묻혔다. 浄土宗 知恩院派의 宗祖는 法然으로서 淨土宗의 總本山이고 阿彌陀佛의 念佛을 특히 강조하는 종파9)이지 만 사이카쿠가 생전에 특별히 이 종파에 몸을 담았던 흔적은 지금까지 밝혀지고 있지 않고 실제로 특정종파와는 전혀 관련이 없었던 것으로 보인다.10) 그 보다는 오히려 寺院이나 승려들의 공죄를 냉정한 눈으로 지켜보고 있는 묘사가 적지 않으며 본 고찰의 대상이 되는『日本永代 藏』의 本話(卷1-1)에서도 마찬가지라고 할 수 있다. 이상과 같은 언급에 서 알 수 있듯이 사이카쿠는 佛과 神의 混融이 세속화로 나타나는 近世佛敎를 浮世의 인간으로서 바라보고 인식한 작가였으며 이러한 일본에서의 불교수용의 흐름이 당세를 살아가는 사이카쿠의 佛과 神에 관한 상식이 되었을 것임은 부인할 수 없을 것이다. 앞의 머리말에서 언급한 작가의 <상식적임>의 작품 내에서의 내실과 구조적 의미를 살펴보는 일환으로서 2)의 전제를 염두에 두고 그의 작품세계 안에서의 神과 佛의 제 양상을 살펴보기로 하자.

---

9) 松濤弘道『仏敎の常識がわかる小事典』(PHP新書 2002) 참조
10) 谷脇理史・江本裕『西鶴事典』(おうふう 1996) 등 참조

3 『日本永代藏』에서의 致富와 神과 佛

1) 『沙石集』와 『浮世物語』에서의 佛

사이카쿠 앞 시대인 중세의 선행문학으로서 본격적으로 佛이 주제가
되고 있는 설화집 중 가장 비중이 큰 것은 13세기 후반에 만들어진
無住의 『沙石集』[11] 이라고 할 수 있다. 당시의 설화집이 대부분 한문
투의 문장이었음에 비해 이 작품은 평범한 가나(仮名)로 표기된 통속적
문장으로 후세의 작품에 많은 영향을 남겼고 통속적 주제가 다루어지는
사이카쿠의 여러 작품에도 佛과 世俗과의 관련묘사에서 많은 典據的
소재[12]를 제공하고 있다. 작품 내용으로 판단해보면 無住의 주변에는
어리석은 속인과 승려가 많았다. 無住는 그러한 사람들을 상대로 불교
의 도리를 설파하는 방편으로서 많은 寓話를 만들어냈고 그 가운데서
硬質의 佛敎 敎學과 滑稽的인 인간모습들의 묘사가 빚어내는 특이한
불교설화집의 공간을 만들어내고 있다. 점차 세속화하고 중세 민중들의
모습이 비교적 단순한 설화로 조형되고 있는 데 이 가운데서 無住는
다소 어려운 불교용어를 사용하고 있지만 그의 용어 안에서 佛과 神의
구별은 混融된 형태가 아닌 명확한 구분 안에서 이루어지고 있음을
알 수 있다. 다시 말해 그의 설화에는 佛과 神이 동시에 관련을 맺는
수사법적 기술은 거의 찾아보기 어렵다. 오히려 그보다는 작품 서두에

---

11) 불교적 설화집 10卷. 無住道曉 著 1279-1283년경에 성립
12) 谷脇理史·江本裕 앞의 책 六. 出典一覽(浮世草子) 참조

서 佛과 神에 관해 이른바 本地垂迹說에 관한 無住 나름의 해석을
통해 다음과 같이 언급하고 있다.

> 卷第一の三　出離を神明に祈りたる事
> 三井寺の長吏僧正公顕と申せしは、―(以下中略)―
> 仏菩薩は理に相応して、遠益はありと云へども、和光の方便
> よりも穏やかなるままに、愚かなる人、信を立つる事少なし。さ
> れば愚痴のやからを利益する方便こそ、実に深き慈悲の色、こま
> やかなる善巧の形なれば、青きことは藍より出でて藍よりも青き
> が如く、尊き事は仏より出でて仏より尊きは、ただ和光神明の利
> 益なり。
> 　かの僧正の意楽、かかる趣きにや。古徳、寺を興隆するに、必
> ず神を勧請し、いはひ奉るも、守護によりて仏法の利益あるべき
> にこそ。深き意あるべし。13)

　일본의 가미(神)는 本地인 佛과 菩薩이 중생구제를 위해 모습을
바꾸어 내려온 것이라는 神佛同體說 즉, 헤이안 시대 이래의 本地垂
迹說을 거의 그대로 수용하는 형태의 언설이라고 할 수 있다. 세계의
기본진리는 佛과 菩薩에 있지만 세속의 어리석은 중생들은 세속에
존재하므로 구체적인 이익을 통해서 진리를 알려고 한다는 것이다.
그럼에도 이런 중생들에게 이익을 주는 것이 참된 자비이므로 佛은
神의 방편을 통해 중생을 인도하고 이것을 和光神明의 이익으로 구현
한다는 것이다. 佛과 神을 같은 차원에서 다루면서도 佛보다 神을

---

13) 小島孝之　校注 『沙石集』(日本古典文學全集52　小學舘　2001)

중생들의 현실에 좀 더 가까운 존재로 설명하고 있음을 알 수 있다. 궁극적인 불교적 진리와 어리석은 중생과의 접점에서 중생 引導의 방편으로서 神의 존재가 있음을 설법하는바 결국 神 또한 佛의 범주 안에 속하는 것이지만 神의 세속적 속성이 암시되고 있음을 알 수 있다. 이러한 전제 안에서 無住는 불교 설화를 만들고 있고 이 설화 안에서 佛은 神을 이미 세속 안에서 내재화시키는 상징어로 설정하고 있는 것이다. 따라서 설화 가운데서 나열적으로 佛과 神이 등장하면서 양쪽의 의미를 묻는 부분은 거의 찾아볼 수 없다. 이 작품 이후의 중세의 불교설화집에서의 佛과 神의 修辭的 양상은 대체적으로 本地 垂迹說의 영역을 넘고 있지 않다. 그런 의미에서 중세는 여전히 佛敎 的 진리가 신앙의 핵심으로 자리 잡고 있었다고 말할 수 있을 것이다.

　다음 시대인 근세의 작품에서 살펴보아야 할 것은 사이카쿠가 최초의 우키요조시(浮世草子)인 『好色一代男』(1682년)를 창작하면서 의식했던 많은 선행문학 중, 가장 시기적으로 근접해 있던 작품임과 동시에 당대 즉 浮世를 주제로 삼는다는 착상의 면에서도 영향을 받은 것으로 평가 되는 『浮世物語』[14])이다. 이 소설의 작자 아사이 료이(浅井了意)는 사이 카쿠 시대의 대표적인 불교사상가였고 가나조시(仮名草子)의 작가였다 는 점에서 이 작품의 선행문학으로서의 佛과 神에의 인식의 양상은 중요한 의미를 지닌다. 이 작품의 서문이라고 할 수 있는 卷1-1「浮世

---

14) 1665,6년 성립. 주인공 浮世房의 一代記의 구상과 浮世라는 현실인식을 기본 으로 한 淺井了意의 당대에의 비판정신을 사이카쿠가 크게 의식하고 있었음은 선행연구 등에 의해 잘 알려져 있다.

といふ事」에서 작자의 浮世 즉 世俗에의 인식이 다음과 같은 어떤 지인에 대한 작자의 언설에서 잘 드러나고 있다.

> まして世の中のこと、一つも我が気に叶ふ事無し。さればこそ うき世なればと言へば、いやその義理ではない。世に住めば、な にはにつけて善惡を見聞く事、皆面白く、一寸先は闇なり。『浮 世物語』卷1の1「浮世といふ事」[15)

　이 세상은 佛에서 말하는 娑婆의 세계인 憂世라고 하는 前者의 견해를 작자는 일단 부인하는 어법을 취하고 있지만 그러한 현실도 재미있게 받아들이면서 살면 되는 것이고 결국 이 세상은 한치 앞을 모르는 어둠의 세계라는 인식을 그대로 수용하고 있음을 알 수 있다. 뜻대로 되지 않는 현실이라는 세속의 인식과 더불어 이에 대처하는 삶의 방식을 제시한 것으로서 결국 중세적 세속을 의미하는 憂世에의 인식에 변화가 있다고는 볼 수 없다. 이 작품의 여러 묘사 중에서 佛은 어디까지나 佛로서의 의미를 지닐 뿐 神과의 관련 위에서 그려지 고 있는 것은 찾아볼 수 없다. 卷3-1의 「宗旨を尋ぬる事」나 卷4-10의 「尺尊七十九歲涅槃し給ふ事」 등 佛 자체를 다루고 있는 작품구조 안에서 세속 속의 사원이나 승려를 비판적으로 보는 시각은 나타나고 있으나 佛 자체에의 회의나 佛의 세속적 의미를 神의 신앙적 역할과 관련시켜 묘사하고 있는 장면은 나타나고 있지 않다.

---

15) 『仮名草子集 浮世草子集』(日本古典文學全集 小學館 1971)

이상 佛과 神의 관련성이라는 주제 하에 사이카쿠의 선행문학으로서 주목해야 할 중세와 근세의 두 작품에의 一瞥을 통해 지적할 수 있는 것은 佛과 神은 작자의 修辭的 범주 안에서는 별도의 신앙적 영역으로 제시되고 있다는 점이다. 그렇다면 사이카쿠는 그의 작품에서 세속에서의 佛과 神에 관한 인식과 묘사를 어떻게 행하고 있는 지를 『日本永代藏』 卷1-1을 중심으로 살펴보기로 한다.

2) 『日本永代藏』 卷1-1의 권두일절에서의 神과 佛

『日本永代藏』의 서문에 해당한다고 볼 수 있는 卷1-1의 권두일절은 대개의 서문이 다 그러하듯 작품에 대한 작자의 의도적이고 상징적인 언사가 담겨있다는 의미에서 중요한 위치를 차지한다고 할 수 있다. 致富談으로서의 『日本永代藏』에서 나타나는 작자의 창작의도를 둘러싸고 언설의 이중성과 난해함이 오랜 동안 작품론의 논쟁점으로 되어 왔음은 잘 알려져 있다. [16] 이 논쟁의 주안점은 작자의 치부에의 언설의 진의를 어떻게 파악해야 할 것인가에 있다. 치부담의 구체적 사례의 유용성, 실존 인물과의 관련, 세속에서의 금전의 의미, 치부담의 戱作性 등과 관련하여 다양한 연구들이 행해져 왔고 이는 앞의 1)에서도 언급한 敎訓說과 戱作說로 나누어질 수 있다. 그럼에도 작자의 치부에 대한 진의를 금전과 세속 그리고 삶의 궁극적 도달점인 신앙과

---

16) 拙稿 「『日本永代藏』序說 — 창작의도를 중심으로 — 」(단국대학교 논문집 25집) 참조

의 관련성에서 고찰하고자 하는 논의는 지금까지 거의 찾아볼 수 없다. 이는 바로 작자의 神과 佛 즉 당대의 종교상황에 대한 인식의 수준이 <상식적임>으로 비추어지는 것과 크게 관련이 있는 것으로 판단된다. 그러나 <상식적>인 시각을 견지하고 그 이상의 사변적 전개를 표명하지 않은 작자이기에 당대의 세속과 신앙의 접점을 사실적으로 그릴 수 있었다는 점을 간과할 수 없다. 한 시대를 뛰어넘는 혜안을 지닌 사상가의 언설이 아닌, 당대의 실존적 삶의 느낌 안에서의 치부담을 그려내는 작자 특유의 신앙에 대한 수사법이 존재하고 이 구조의 의미를 파악함으로써 창작의도를 둘러싼 지금까지의 교훈설과 회작설에 새로운 돌파구가 마련될 수 있다. 이상과 같은 시각으로 佛과 神이라는 키워드를 중심으로 권두일절을 살펴보자.

①天道言わずして國土に恵みふかし。人は実あつて偽りおほし。その心は本虚にして、物に応じて跡なし、これ、善惡の中に立つてすぐなる今の御代をゆたかにわたるは、人の人たるかゆゑに常の人にはあらず。

②一生一大事身を過ぐるの業、士農工商の外、出家・神職にかぎらず。始末大明神の御託宣にまかせ、金銀を溜むべし。これ、二親の外に命の親なり。

③人間、長くみれば朝をしらず、短くおもへば夕におどろく。されば、天地は万物の逆旅、光陰は白代の過客、浮世は夢幻といふ。時の間の煙、死すれば、何ぞ金銀瓦石にはおとれり。黄泉の用には立ちがたし。

④しかりといへども殘してふ孫のためとはなりぬ。

⑤ひそかに思ふに、世にある程の願ひ、何によらず銀徳にてかなはざ

る事、天が下に五つあり。

⑥それより外はなかりき。これにましたる宝船のあるべきや。見ぬ島
の鬼の持ちし隠れ笠かくれ簑も、暴雨の役に立つねば、手遠きね
がひを捨てて。近道にそれぞれの家職をはげむべし。福徳はその
身の堅固にあり。朝夕油断する事なかれ。

⑦殊更、世の仁義を本として、神仏をまつるべし。これ、和國の風
俗なり。[17)]

　이 권두일절에서 우선 작자의 언설이 이중적이고 난해함은 선행연구
에서 많이 지적되어 온바 여기서는 주로 작자의 神과 佛에 관한 수사적
언설의 내재적 양상을 중심으로 살펴보기로 한다.

　우선 ①의 도입부.

　작품 도입부의 첫 단어가 天道로 시작되고 그것이 핵심어가 되어
그 句를 받는 형식으로 다음 句에서 國土, 実, 僞り, 心, 本, 虛,
物, 人, 善惡, 御世 등의 인생의 본질에 관련되는 추상적이고 관념적인
용어들이 頻出하고 있음을 알 수 있다. 치부담으로서 최초의 도입부에
서 금전과 관련되는 세속적이고 실용적인 개념의 단어들이 등장하지
않고 佛과 儒나 神의 기본개념을 구성하는 天, 地, 人의 제반 개념들이
나열되는 수사법적 의미는 예사롭지 않다.

　우선 "天道言ずして〜物に応じて跡なし"의 출전에 관해 선행연
구를 중심으로 검토해 보자. 그간의 선행연구에서는 이 권두일절의

---

17) 일본어 원문은 『井原西鶴集(3)』(日本古典文學全集 小學館)에서 인용함.
　　①에서 ⑦의 번호는 논술 편의 상 필자가 추가한 것임.

출전으로서 대체적으로 다음과 같이 두 종류[18]가 제시되고 있다. 하나는 『論語』陽貨篇의 "子曰, 天何言哉, 四時行焉, 百物生焉, 天何言哉"의 부분과 또 하나는 이 문장의 배경으로 쓰여진 王元之의 『待漏院記』의 冒頭部 "天道子言而品物亨, 歲功成者何謂也"(『古文真宝後集』所収)이다.

후자를 출전으로 지적하는 藤村의 『譯注西鶴全集・第四卷』는 "여기서 나온 것인가(これに出たものか)"라고 기술함으로써 다소 의문을 남기고 있으며 그 외의 注는 전자에만 주목하는 경우가 대부분이다. 또한 大薮虎亮의 『日本永代藏新講』과 같이 사이카쿠의 상식적 학문 수준을 의식해서인지 『論語』의 본문을 제시하면서도 그것을 의식해 쓰여진 『可笑記』「卷1-1」의 일절을 출전으로 보는 것도 있다. 이와 더불어 『永代藏』 주석의 집대성이면서 동시에 일정의 도달점이라고도 할 수 있는 野間光辰의 古典文學大系本(岩波書店)의 注는 『論語』陽質篇에 의한 것이라고 하면서도 補注에서는 "전거로서 논어 양화편의 일절이 자주 인용되지만 직접적인 출전은 논어 이외에도 있었던 것이 아닌가(典拠として、論語、陽貨篇の一節がよく引用せられるが、直接の出典は、論語以外にあったのではないかと思う)"라고 덧붙이는 신중함을 보여서 재고의 여지를 남기면서 앞의 『日本蓬莱山』의 일절을 인용해 그것이 "『永代藏』의 일절과 辞句를 같게 다루고 취향도 같이 다루고 있기 때문에(『永代藏』の一節と辞句を同じうし、趣意を同じうしているか

---

18) 『西鶴集 下』(日本古典文學大系 岩波書店), 『井原西鶴集(3)』(日本古典文學全集 小學館)의 해설 및 頭註 참조

ら)"라고 첨언하고 있다.

따라서 "天道言ずして~物に応じて跡なし" 부분의 출전에 관한 여러 주의 견해의 대세는『論語』의 일문에 주목하면서도 그것을 출전으로 단정은 하지 못하면서 출전으로 예측하는 정도의 부자연스러운 상태에 있다. 현대의 선행연구자들이 이 부분의 출전을 명확히 밝힐 수 없게 하는 작자의 묘사는 앞에서 언급했던 <상식적임>의 내실이 어떤 것인지를 시사한다. 논어로 상징되는 儒의 세계관은 주로 世俗에 주관심이 있으며 그런 의미에서는 세속의 영역에 있는 神의 세계관과 그대로 호응된다고 볼 수 있다. 작자의 수사법은 명확히 선행 사상서의 문장과 그 의미를 인용하는 자세를 취하는 듯하면서도 결코 그것을 그대로 수용하는 것은 아니다. 佛과 神이라는 종교적 영역의 관점에서 보면 儒는 세속의 삶의 이데올로기에 속하므로 작자의 언설은 神의 영역에서 권두서문을 시작한 것이라 볼 수 있을 것이다. 그러면서 동시에 같은 語句 안에서 <人は実あつて偽りおほし。その心は本虚にして、物に応じて跡なし>라고 함으로써 인간을 實과 虛의 존재, 心은 虛의 존재로 파악하는 언설을 제시한다. 이는 세속을 초월하는 곳에 인간의 지향점과 본질이 있음을 말하는 것으로서 神의 영역을 넘어 佛의 세계를 연상시키게 하는 묘사라고 볼 수 있다. 儒의 세속적 세계관을 떠올리게 하면서 동시에 이를 초월하는 세계를 동시에 나타내고 있는 수사법인 것이다. 이어지는 <善惡の中に立つてすぐなる今の御代をゆたかにわたるは、人の人たるかゆゑに常の人にはあらず> 의 언설은 선과 악을 초월할 수 있는 인간을 말함으로써 佛의

영역을 시사함으로써 ①의 최초의 도입부의 어구에서는 佛과 神의 混融的 언설과 연상적 수사법이 드러나는 특이한 문장구조를 보여주고 있다.

다음의 ②의 語句.

이 어구에서 이 작품의 치부담적 창작의도가 명확하고 단순하게 나타나고 있음은 치부의 필요성을 강조하는 것에서 알 수 있다. 士農工商은 물론이고 佛의 승려인 出家와 神의 神職이 동시에 神의 영역인 始末大明神의 託宣에 따라 金銀을 모아야 하고 그것이 삶의 근본이라고 언설함으로써 세속의 치부는 神의 소산이고 영위임을 밝히는 것이다. 神과 佛의 영역에서도 致富는 일단 神에 관련되는 것임을 언설함으로써 冒頭部의 混融的 묘사에서 神의 영역에 관한 언설이 중심을 이루고 있다.

그런데 다음의 ③의 어구에서 反轉이 이루어진다.

앞 어구의 "其心은 本虛にして…"의 문장은 『古文眞寶後集』所收의 程正叔「視箴」의 冒頭部 "心兮本虛, 応物無迹"를 典據로 한 묘사인 것과 이 어구의 一文 또한 같은 『古文眞寶後集』所收 李白의 「春夜宴桃李園序」의 冒頭部 "夫天地者万物之逆旅, 光陰者百代之過客, 而浮生若夢"를 의식한 인용임은 앞의 선행연구에서도 지적되고 있는 데, 같은 『古文眞寶後集』의 유명한 문구를 ①의 최초의 도입부의 어구에 이어 ③의 어구에서도 인용함으로써 독자들에게 쉽게 反轉의 의도를 전하려고 하는 묘사가 제시되는 것이다.

즉, 인간의 한계와 재물의 유한성을 말하는 이 언설 또한 당대인의 삶의 또 하나의 인식이고 상식이었음은 물론이다. 앞의 神의 영역을 다시 反轉시키는 수사법으로서 삶의 종교적 의미를 佛의 세계 안에서 수용하고 있는 언설이지만 여기서 독자들은 反轉의 어법에서 오는 戲作的 요소를 읽었을 가능성은 높다. 이 부분과 관련하여 谷脇理史[19]는 단순히 우연이 겹쳐져『古文真宝後集』에서만 인용한 것이 아니고 작자에 있어서는『古文真宝後集』에서 인용할 필요성, 그리고 그것을 독자들에게 느끼게 할 필요가 있었던 것이며 작자의 의도는 주장의 내용에 있는 것이 아니라 표현방식에 있었던 것이라고 함으로써 너무나 낭연한 사실을 새삼스럽고 진지하게 강조함으로써 조성되는 웃음과 재미(面白さ)의 측면을 강조하고 있음도 주목할 만하다. 佛의 영역에서 浮世, 夢幻, 時の間の煙, 死, 瓦石, 黄泉 등의 용어를 통해 인간과 금전 등 세속의 허망함을 언설하면서도 戲作的 분위기를 자아내는 묘사로 되어 있음이 특이하다.

　다음으로 이어지는 ④의 어구.

　再反轉의 의도가 너무도 확연하게 드러나는 문장이다. 치부의 목적이 허망하다고 하는 언설 뒤에 이어지는 치부의 현실적 필요성이 다름 아닌 자손을 위한 재산상속임을 밝히고 있다. 세속 그 자체라고 볼 수 있는 재산상속의 발상은 神의 영역 안에서의 수사법으로 佛의 영역의 再反轉임은 明若觀火. 佛에서 神으로의 再反轉의 어법에서 戲作的 의도를 느낄 수 있음은 너무나 당연하지만 앞의 佛의 영역에서의

---

19) 18)의 앞의 책 p.455.

세속의 무상함의 여운이 그대로 남아 있음도 부정하기 어렵다. 이러한 사이카쿠의 수사법의 내재양상은 다음 어구에서도 계속됨을 알 수 있다.

⑤의 어구.

銀德으로 해결될 수 없는 것이 있으니 다름 아닌 地 水 火 風 空 의 五輪으로 이루어져 있다는 인간의 생명이라고 언설함으로써, 다시 再再反轉의 수사법이 등장한다. 치부담의 핵심어인 銀德 즉 치부의 목적 자체가 허망함을 언설함으로써 치부담이 다시 佛의 영역에서 다루어지고 있음을 시사하고 있다.

⑥의 어구는 앞 어구를 逆轉시키려는 작자의 의도가 너무도 확연히 드러난다. 宝船, 見ぬ島の鬼の持ちし隠れ笠かくれ簑와 같은 흥미로운 소재를 제시하면서 결국 家職과 身の堅固(건강)의 중요성을 강조함으로써 세속에서의 치부의 의미를 다시 강조하고 있다. 치부담의 언설은 다시 神의 영역에서 전개되고 있음을 알 수 있다.

그리고 末尾의 ⑦에서는 神佛을 섬길 것을 언설함으로써 다시 도입부인 ① 神과 佛의 混融的 언설로 還元한다. 치부의 의미와 창작의도를 표명하는 이 권두일절의 末尾에 결론에 가까운 형태로 仁義와 神佛의 중요성이 강조됨으로써 치부의 방법과 의미가 다시 神과 佛의 混融的 樣相에서 제시되는 것이다. 당대인의 세속과 신앙의 감각으로 보았을 때 극히 <상식적>인 仁義와 神佛의 의미가 이 권두일절에서 작자의 치밀한 감각적 수사법으로 되살아나고 있음을 확인할 수 있다. 神과 佛은 세속과 절대적 진리로서 별개로 구분되는 영역임에도 왜

混融된 형태의 神佛로 표현되는가 하는 문제가 이곳에서 잘 드러나고 있음을 알 수 있다. 一見 모순에 가까운 당대인들의 <상식적>인 생활감각의 양상을 작자는 이러한 의도적인 混融的 수사법을 통해 그리고 있고 그 어느 쪽도 부정하거나 혹은 적극적으로 다가갈 수 없는 당대인들의 세속에서의 애착과 불안감을 작자는 권두일절에서 표명하는 것이다.

이상의 ①에서 ⑦까지의 神과 佛을 둘러싼 反轉的 언설의 양상을 圖式化하면 다음과 같이 나타나며 이를 통해 작자의 수사법적 의도가 混融的 神佛觀의 내실에의 인식과 더불어 反轉과 再反轉의 戲作的 묘사에 있음이 다음과 같이 一目瞭然하게 드러난다.

① 神과 佛의 混融과 聯想
② 神의 領域과 聯想
③ 佛의 領域과 聯想
④ 神의 領域과 聯想
⑤ 佛의 領域과 聯想
⑥ 神의 領域과 聯想
⑦ 神과 佛의 混融과 聯想

3)『日本永代藏』卷1-1의 本話에서의 神과 佛

다음으로 앞의 권두일절에서의 神과 佛을 둘러싼 混融的 인식과 묘사는 本話에서 구체적으로 어떻게 전개되고 있는지를 살펴보기로 하자.

이 치부담의 주인공 아미야(網屋)는 어부를 상대로 하는 이른바 해운 업자. 그리고 이 작품의 주 무대는 泉州에 실제로 존재하는 水間寺. 권두일절 말미에서 치부의 전제조건으로서 神佛 숭상의 필요성을 언설 한 것에 호응하는 형태로 치부와 佛과의 구체적 현실이 그려지고 있다. 권두일절의 서문이 끝나면 바로 이어서 泉州의 水間寺의 觀音을 참배 하는 신도들의 묘사가 시작되는데 이들을 바라보는 작자의 시각은 풍자와 해학을 수반하는 사실적 묘사로 구체화된다.

「모두 信心에는 뜻이 없고 개인적인 욕심으로 먼 시골에서 찾아와 부처님께 바라는 것은 돈을 벌 수 있게 해달라는 것이다(이하의 번역문은 필자가 내용을 간략화한 意譯임)」(皆信心にはあらず、欲の道づれ、はるかなる 苔路、姫萩・荻の焼原を踏み分け、いまだ花もなき片里に來て、この仏に 祈誓かけしは、その分際程に富めるを願へり)라는 대목은 바로 佛에 대한 근세인들의 現世祈福的인 신앙의 모습을 摘示하고 있다. 이에 대응하 는 형태로 水間寺의 觀音은 「이 娑婆의 세상에 일확천금은 있기 어렵다. 나(觀音)에게 치부를 부탁할 것이 아니라 모두 자기 위치에서 열심히 노력하는 것이 중요하다」(この御本尊の身にしても、独り独りに返 言し給ふもつきず、今この娑婆に掴みどりはなし。我頼むまでもなく、土民 は汝にそなはる。夫は田打ちて婦は機織りて、朝暮そのいとなみすべし。一 切の人、このごとく)라고 말하지만 신도들의 귀에는 들리지 않는다는 것이다. 佛 즉 觀音의 擬人化와 치부의 방법에의 언설은 佛의 神的 構造로의 役割轉換임과 동시에 混融的 신앙의 양상을 내재시키는 이중적 수사법이 권두서문에서의 양상과 일치하고 있음을 알 수 있다.

즉, 觀音마저도 속세에서의 치부는 속세의 인간들의 영역임을 지적하는 대목과 관음에 대한 중생의 세속적인 신앙심을 「관음의 말이 참배객들에게 전혀 들리지 않으니 딱하기만 하다」(諸人の耳に入らざることの浅まし)라고 묘사하는 작자의 언설은 바로 근세불교의 세속화된 日常이 사실적으로 그려지고 있음을 말해준다.

다음으로 주인공 아미야가 이 절에서 연중행사와도 같이 행해지는 借錢의 습속에 따라 借金을 하는 것으로 이 작품의 스토리가 전개되는데 이러한 습속의 소개를 묘사하는 모두에서 借金의 利息의 두려움을 「それ世の中に借銀の利息ほどおそろしき物はなし」라고 첨언하는 것은 이 작품이 바로 借金의 利息과 신앙과의 관계를 암시하는 것임에 일단 주목할 필요가 있다.

水間寺는 관음의 돈을 신자들에게 빌려주어 일년 후에 倍로 돌려받는 의도적 고리대금을 행하고 있음은 바로 이 대목에 관한 묘사의 첫 부분에 "それ世の中に借銀の利息ほどおそろしき物はなし"라고 사족을 단 것에서 확연히 드러난다. 그리고 그 고리대금의 형태를 다음과 같이 사실적으로 그리고 있는 것이다.

> この御寺にて万人かり錢する事あり。当年一錢あづかりて、來年二錢にして返し、百文請け取り、二百文にて相濟ましぬ。これ觀音の錢なれば、いづれも失墜なく返納したてまつる。おのおの五錢・三錢、十錢より內をかりけるに

아미야는 이와 같은 사실을 숙지하고서도 파격적 고액인 <借錢一

貫>을 행한다. 水間寺 승려들에 관한 다음과 같은 묘사는 관음을
빙자한 고리대금의 의도를 풍자적으로 회화화하려는 작자의 의도임에
다름 아니다.

> 寺僧あつまりて、「当山開闢よりこのかた、終に一貫の錢かし
> たる例なし。借る人これがはじめなり。この錢濟むべき事とも思
> はれず。自今は大分にかす事無用」と、 さたし侍る。

아미야는 10년후 水間寺 식의 利息 <一年一倍>의 복리계산으로
13년 후 1貫의 원금을 정확하게 8912貫으로 돌려주는데, 그 상환하는
방식 또한 의도적임은 「もと一貫の錢八千百九十二貫二かさみ、東
海道を通し馬につけ送りて、御寺につみかさねければ」라는 묘사
에서 확연히 드러난다. 불필요한 많은 出費를 감수하면서까지 이러한
이른바 퍼포먼스와도 같은 행위를 하는 것은 그의 상환행위를 선전하려
는 아미야의 의도이며 이는 水間寺 승려들의 고리대금행위를 역으로
이용하고 자신의 고리대금 방식을 은폐하려는 주인공의 상술임을 추정
할 수 있다.[20]

즉 관음의 금전임을 내세워 고리대금을 하는 水間寺 승려들과는
차원이 다른 막대한 폭리를 취하고 있음을 지적하고 있는 것이다. 이와
같은 사실은 당시의 어업현황을 통해서 더욱 명확해진다. 기상상황의
과학적 파악이나 어로, 操船 기술이 발달한 현대에도 어업사고가 드물

---

20) 村田穆 校註『日本永代藏』(新潮日本古典集成 新潮社 1977) p.21 頭註
　참조

지 않은 것을 감안하면 근세 일본의 근해어업에서 漁業災難은 상당부
분 불가측의 영위였다고 할 수 있다. 당시 어업이 가장 발전한 지역은
이 작품의 무대가 되고 있는 바로 上方地方과 紀州地方이었다. [21]그
들의 활동영역은 임진왜란 이래 멀리는 對馬, 九州地方까지 도달했고
주요 어로영역은 태평양연안이었음이 앞의 주와 같은 많은 선행연구
들[22]에 의해 밝혀져 있다. 그리고 그 형태도 단순한 어민이 아니라
어민, 魚商, 회선업자 등으로 이루어져 있으며 이들의 연안어업의 작업
기간은 통상 2-3개월을 넘지 않았음이 많은 자료등에 의해 究明되고
있다.[23] 이 삭품의 주인공 아미야는 회선업자를 겸한 고리대금업을
하면서 水間寺의 관음의 금전을 활용해 막대한 금리의 차액을 챙긴
것은 확실하다. 또한 예측불가한 영위인 어업에 종사하는 어민들의
現世祈福的인 신앙심에 착안해 고리대금을 해 부를 일구어낸 아미야
의 상법과 불교와의 접점은 실로 佛과 神의 혼용영역 안에 존재하는
것이다.

　아미야가 보낸 8192貫의 錢을 수령한 水間寺의 승려들의 행태는
다음과 같이 그려진다.

　　　僧中横手打ちて、そののちせんぎあつて、末の世のかたり句に
　　　なすべしと、都よりあまたの番匠をまねきて宝塔を建立、有難き

---

21) 葉山槇作編「近世紀州漁法の展開」(田島佳也)(『日本の近世』4 中央公論
　　社 1992)
22) 林玲子編「船による交通の發展」(『日本の近世』5 中央公論社 1992)
23) 荒居英次『近世の漁村』(吉川弘文館 1970)

御利生なり。

연 10할의 高利로 상환되어온 엄청난 금전 앞에서 희희낙락하는 승려들에 대한 사실적이고 풍자적인 묘사는 이 작품에서 佛과 속세적 신앙과의 관계가 표출되고 있는 層位의 한 부분이다. 세속과 佛의 접점에서 이 작품이 성립되었다고 한다면 세속은 바로 神이며 佛은 聖을 상징하는 대립항이라고 할 수 있다. 작자도 언설하고 있는 바와 같이 水間寺에서 참배하고 있는 귀천남녀는 信心이 목적이 아닌 오로지 치부를 바라는 세속의 존재들이다. 그들은 오로지 현세기복의 치부만을 바라는 일상적 세속의 존재들이며 그들을 지켜보는 水間寺의 관음은 치부의 의미를 되묻는 聖的 언설을 행하지 않고 치부의 세속적 효용성을 인정하고 그 방법까지도 제시하는 바, 이는 관음을 의인화시키는 작자의 골계적 묘사를 통해 聖의 神的 指向을 나타내고 있는 것이다. 觀音은 裟婆의 영역에서의 금전의 유용성과 聖的 세계와의 연관성을 인정하고 있지 않으면서 단순히 속세계에서의 세속적 질서를 인정하는 神的 지향을 보이고 있다고 할 수 있다. 이와 더불어 신심이 목적이 아닌 치부를 위해 觀音을 참배하는 귀천남녀에 대한 묘사는 이와 대립되는 입장에서 세속적 佛(聖)의 지향으로 나타나고 있음을 알 수 있다.

한편 佛로 상징되는 水間寺의 승려들의 觀音을 빙자한 고리대금의 치부행위는 聖의 세속적 지향이라고 할 수 있다. 聖域에서의 세속적 지향은 앞의 觀音의 경우와는 층위에서 그 양상을 달리 한다. 觀音은 세속 안의 인간들의 치부의 유용성을 인정한 것이지만 水間寺의 승려들은 聖域에 존재하면서 聖을 내세우며 神的 질서에 적극 참가하고 있다는 점에서 聖의 속적 지향을 넘어 神化의 영역으로까지 확대되고 있음을 알 수 있다. 그리고 또 이와의 대립항에 주인공 아미야의 치부담이 존재한다. 觀音의 금전임을 내세워 고리대금을 행하는 승려들의 聖의 俗化의 역설로서의 고리대금이 묘사되는 것이다. 觀音의 금전을 빌리고 이를 다시 13년 후에 연 10할의 금리로 상환하는 아미야의 信心의 본질은 승려들의 神的 지향을 역이용해 聖域 안에서 철저한 俗化를 行한 것으로 나타난다. 또한 이러한 철저한 俗化는 아미야의 수량적 발상과 행위로 발현된다고도 말할 수 있다. 이는 다시 말하면 작자의 이른바 일본근세의 과학적 합리주의에 관한 認識의 一端이기도 하다. 觀音의 擬人化가 그대로 佛 의 神과의 혼융적 양상을 표현하고 있다고 해도 佛 그 자체에 대한 懷疑나 代案이 제시되고 있는 것은 물론 아니다. 작자는 근세인들의 세속적 불안을 感知하고 있을 뿐이다. 작품의 권두일절에서 극명하게 나타나고 있는 사이카쿠의 연상과 상상에 의한 俳諧的 묘사 즉 佛의 영역과 神의 영역을 반복적으로 反轉시키고 다시 混融의 영역으로 돌아가는 작자의 수사법의 근저에는 근세적 세속주의와 합리주의, 수량주의의 유용성의 인식과 더불어 그것에의 막연한 근원적 불안감이 내재해 있음을 알 수 있다. 또한 이 작품에서 관음과 승려로 상징되는 佛의 神과의 混融的 聖域과 귀천남녀와 아미야로 대표되는 속세와의 호응과 상대화를 바로 수량주의를 매개로 하여 당세의 있어서의 신앙의 존재방식을 되묻고 있는 것이다.

이상 성역과 속세와의 대응에 관해 논한 것을 치부행위의 주체적 측면에서 聖과 俗의 층위로서 정리하면 다음과 같다.

水間寺를 찾는 귀천남녀의 기원행위-속의 철저한 세속화 , 水間寺의 관음-聖의 세속적 지향, 水間寺의 승려-聖의 세속화, 아미야의 치부-속의 성역적 세속화의 네 층위로 표시될 수 있으며 마지막 단계의 속의 성역적 세속화야말로 당세의 불교와 세속과의 관계를 가장 풍자적이고 사실적으로 상징하는 것이라 할 수 있다.

그런데 네 단계의 聖과 속의 층위에서 전체적으로 나타나는 것은 세속에의 집착임과 동시에 치부의 세속적 유용성을 드러내는 것이지만 그렇다고 해서 聖 즉 佛의 부정이나 그 대안이 제시되고 있는 측면은 전혀 나타나고 있지 않음에 유의해야 한다. 그리고 佛과 神의 混融的 수사법의 의도가 佛 자체에 대한 부정 내지는 회의가 아님은 이상의 고찰에서 명확히 드러나고 있다고 할 수 있다. 佛과 神은 당대의 신앙의 존재방식에 있어서 상호보완적인 측면을 이루고 있고 이는 이 치부담의 창작의도의 두 줄기인 교훈설과 희작설의 상호보완적인 측면과 하나의 軌를 이루고 있음을 확인할 수 있다. 그리고 이러한 양상은 『日本永代藏』안의 타 치부담이나 그의 俳句에도 공통적으로 나타나고 있는바, 이에 관해서는 지면 사정상 본 고찰의 범주를 벗어나므로 다음 기회를 기약하기로 한다.

4. 서설로서의 권두일절의 의미

일본 근세종교의 두 큰 줄기인 神과 佛은 고대 이래 이른바 神佛習
合이라는 일본적 신앙풍토 안에서 전개되어 왔음은 주지의 사실이다.
그러나 종교의 절대적 원리에 입각한 배타적 속성으로 볼 때 이러한
神佛習合은 원초적으로 애매함과 混融性을 지니며 근원적으로 불안
감이 내재할 수밖에 없다. 우주의 근원적 진리를 지향하는 초월적이고
부정적인 佛과 일본의 자연과 토속과 현실을 상징하는 神은, 비논리적
측면이 내재하는 神佛習合의 틀 안에서 일본인의 세속적 현실을 반영
하는 형태로 상호 混融化되면서 근세 일본인들에게 자리잡게 되었다.
작가 사이카쿠는 종교에의 思辨的 논리로서가 아닌 감각과 허구의
세계 안에서 神과 佛의 존재양상을 感知하고 당대인들의 <상식>의
영역 안에서 치부담을 창작하고 있는 것이다. 또한 神과 佛을 混融的이
고 寫實的인 종교상징과 수사법으로 묘사된 작품은 앞의 『日本永代藏』
의 卷1-1의 고찰에서 살펴본 바와 같이 근세의 사이카쿠에 의해 『日本
永代藏』을 통해 처음으로 창작되었음을 확인할 수 있다. 그는 중세의
憂世에서 근세의 浮世로의 변화를 작품세계 안에서 구체적으로 그리
고 있으면서도 중세의 무상관의 부정적 현실을 묘사하고 있다기보다는
근세의 세속적 유용성의 현실을 직시하고 있음을 알 수 있다. 바로
이것이 근세에서의 불교관의 퇴색의 일단이라 할 수 있다. 작품세계
안에서 중세 이래의 불교가 말하는 무상의 의미를 떨구어 내지도 못하
고 그 대안을 모색하지 못한 채 浮世의 의미는 근세적 세속성 안에서

새로운 불안을 안고 있음을 표출하고 있는 것이다. 치부의 세속적 유효성과 궁극적 의미의 한계, 치부의 현실적 유용성을 강조하는 교훈적 언설인 창작의도의 교훈적 자세와 이에 대한 근원적 불안감에 의해 표출되는 戱作的 묘사(교훈성과 회작성의 상호보완적인 구조), 이러한 창작의도와 軌를 이루는 神과 佛의 混融의 양상을 내보이는 사이카쿠의 수사법에는 결국 神과 佛의 混融的 구조 안에서 浮世를 바라보는 근세인들의, 작가의 근원적 불안감이 내재하고 있음을 말해 주는 것이다.

　이상과 같은 의미에서 사이카쿠의 창작의도와 관련하여 神과 佛의 混融的 양상과 그 종교적 의미를 修辭法的 언설을 중심으로 다룬 것은 이 고찰이 처음이라고 할 수 있으며 이 작업은『日本永代藏』의 타 치부담과 사이카쿠의 다른 작품으로 확대되어야만 더욱 실증적 지평을 확보할 수 있을 것이다.

『日本永代藏』와 『西鶴大矢數』에서의 神佛
2부4장

1. 세속과 치부담

세속(世俗)은 문자 그대로 세상에 흔히 있는 풍속을 의미하기도 하고 속세라고 표현되기도 하며 때로는 속되고 저열함을 의미하기도 한다. 또 한편으로는 세간이라고 표현되기도 하는데 이는 불교의 영역에서 유정(有情)의 중생이 서로 의지하며 살아가는 세상으로서 번뇌고(煩惱苦)와 미(迷)로 상징되는 바, 이 세간을 벗어나 해탈의 경계에 들어가는 출세간(出世間)과 대립되는 용어라고 할 수 있다. 이와 같은 의미영역은 한, 일 양국어에서 거의 유사하다고 할 수 있다.

이처럼 세속과 세간이 사전적으로는 거의 같은 의미로 사용되면서도 일본어 안에서는 동시에 미묘한 차이를 보이고 있다. 세간은 출세간과 더불어 같은 파생어로서 자체로 불교적인 색채를 강하게 내포하고 있음에 비해, 세속은 세간과 같은 의미영역에 속하면서도 불교적인 뉘앙스가 많이 약화된 용어로서 사용되어져 왔다. 이는 세속이 세간에 비해 특정의 불교만이 아닌 모든 종교적 진실에 대립되는 인간적 현실

세계를 표현하는 보다 일반적인 용어임을 의미한다. 그리고 이러한 차이는 일본의 여러 사전의 항목에서도 잘 드러나고 있다. 예를 들면 日本國語大辭典이나 広辞苑 등의 世間의 항목을 보면, 世間은 불교적 용어로서 많은 의미와 용례가 다양하게 파생되어 왔음에 비해, 世俗은 세간의 일반적 용어로서 정의되고 있으나 종교적 의미도 약화되고 있고 파생 용례도 世間과 비교해 현격히 적음을 쉽게 一瞥할 수 있다. 다시 말해 세속은 세간과 같은 의미로 사용되면서도 세간이 내포하는 종교적 긴장감과 발상이 상대적으로 약화됨으로써 인간적 현실세계로의 지향이 적극적으로 표출되고 있는 용어라고 볼 수 있을 것이다. 17세기 후반의 일본문학사에서 최초의 우키요조시를 창출했던 사이카쿠는 바로 세속과 세간의 현실의식이 지니는 미묘한 경계 위에서 神과 佛의 영역을 넘나들며 浮世의 다양한 인간적 실존의 모습을 그려낸 작가였다. 본고에서 다루는 『日本永代藏』는 치부담의 모음집으로서, 이 작품세계에서의 치부는 근세봉건사회의 이른바 사농공상의 계급적 질서 안에서의 상인으로서의 존재가치를 지향하는 행위였다. 상인에게 있어 치부는 금전의 획득을 지향하는 세속적 행위이면서 동시에 존재적 목적이기도 했던 것이다. 이는 인간의 삶에 있어서의 금전의 유효성과 세속의 긍정적 수용을 전제로 하게 되는 데, 세속은 필경 세간을 의미하는바 치부의 목적과 지향점은 당시의 神과 佛의 종교관과의 접점에서 그 세속적 의미를 파악할 수밖에 없다.

일반적으로 근세문학 연구자들 사이에서 사이카쿠를 상식적인 작가라고 평하는 것은 그에게서 당대의 다양한 思辨體系를 선도하거나 뛰어넘는 사상가로서의 면모를 발견하기 어렵다는 의미로 받아들일 수 있다. 즉, 그의 작품 내부에서 드러나는 지식이나 사상적 편린에서는 물론이고 지금까지 밝혀진 생활인으로서 또는 작가로서의 다양한 세속적 영위 등에서도 상식적인 작가라는 측면이 쉽게 지적될 수 있음을 의미한다. 그리고 동시에 <상식적임>이 지니는 또 하나의 측면은 당대의 주된 사상과 지식의 흐름에 대한 작가의 주장이나 인식이 모호한 형태로 제시되어 결국 상식에의 追隨내지는 작가적 고뇌가 잘 드러나지 않는 안일함으로 느껴지기도 하는 것인데, 이것은 그의 작품세계의 구축에 있어 당대의 상식적 영역을 뛰어넘으려는 사상적 시도 내지는 제스처가 거의 드러나고 있지 않거나 혹은 스스로 드러내려고 하지 않았다는 것과 크게 관련된다고 볼 수 있을 것이다. 이와 같은 사이카쿠의 상식적 측면은 본 고찰에서 다루려고 하는 神이나 佛과 같은 종교적 과제에서 더욱 그러하다고 할 수 있다. 사이카쿠의 문예세계에 근세일본에 있어서의 神과 佛의 상호 연관적 존재방식이 어떻게 투영되고 있는 가에 관한 문제는 우키요조시(浮世草子)에서의 종교와 세속에의 작가의 인식의 표출이라는 점에 있어 그 자체로도 중요한 과제이기도 하지만, 구체적으로 이 고찰에서 다루고자 하는 치부담『日本永代藏』의 작품세계에서 神과 佛, 금전과 신앙의 존재방식이 어떻게 설정되어 있는가에 관한 물음이라고 할 수 있다. 다시 말해 세간의 浮世的 표현인 世俗이라는 공간 안에서 사이카쿠는 치부의 세속적 의미를 어떻게 파악하고 있으며 神과 佛의 용어표현을 중심으로 한 특유의 수사법이 작품구조 안에서 어떤 의미를 지니고 있는가에 관한 물음이기도 하다.

또한 이와 더불어 이 문제는 이 작품이 지니는 문예적 성격 ─ 작자의 창작의도를 둘러싼 교훈설이나 戲作說과 같은 선행연구들과의 관련성 ─을 어떻게 파악할 것인가라는 과제와도 연결된다.

이와 관련하여 앞서의 拙稿[1]에서는 이 작품의 권두서문이라고 할 수 있는 도입부의 작자의 언설을 포함하는 卷1-1의 구조 가운데서 俳諧的인 修辭法을 통해 나타나고 있는 神과 佛에 대한 작자의 상식적이면서도 複眼的인 인식의 기저에서 무엇을 읽어낼 수 있을 것인가를 고찰했다. 즉, 사이카쿠 시대의 神佛習合의 일본적 구조의 의미, 선행문학으로 대표적인 불교설화집인 『沙石集』과 작가가 가장 의식했던 당대의 작품 중의 하나인 『浮世物語』에서의 佛, 『日本永代藏』의 권두일절, 本話(卷1-1), 『日本永代藏』에서의 神佛의 묘사를 중심으로 『日本永代藏』에서의 致富와 神과 佛의 관련양상의 수사법적 의미와 창작의도를 살펴보았다. 이어서 본고에서는 후속고찰로서, 앞 졸고의 卷1-1 외의 『日本永代藏』의 전 작품을 분석대상으로 삼고자 한다. 앞에서도 언급한 바와 같이 당대의 思辨體系에 비추어, 특히 神과 佛과 같은 종교적 측면에서 작자의 내러티브적 언설이 <상식적>이었다는 점에서 이 점에 관한 선행연구가 별로 없었다는 것은 쉽게 납득할 수 있다. 그러나 사이카쿠의 수사법의 기본이 이른바 「語り口」의 방식[2]에 있었던 것을 감안한다면 언설 그 자체의 의미보다는 언설의

---

1) 「西鶴 浮世草子에 있어서의 神과 佛」(『일어일문학연구』47집 한국일어일문학회 2003.11)
2) 「西鶴の五つの方法」 중 「はなしの方法」의 수사법은 이미 정설로 되어 있다. 野間光辰『西鶴新新攷』(岩波書店 1981)ー『西鶴新攷』增補改訂版 참조

연상과 조합의 구조 안에서 神과 佛의 키워드가 파악되어야 할 것이고, 사이카쿠의 타 작품에서도 흔히 지적되는 작자의 모순적 언설 또한 이러한 맥락에서 파악될 수 있으며 그의 수사법의 방식이 모순적이 아닌 複眼的이라는 전제가 성립됨으로써 작자의 <상식적> 언설의 내실을 규명할 수 있는 것이다.

본 고찰에서는 이상과 같은 문제제기에 입각하여 神과 佛의 수사법적 관련양상이 드러나고 있는 작품인 卷 2-4(天狗は家な風車), 卷 3-3(世はぬき取りの觀音の眼), 卷 3-4(高野山借錢塚の施主), 卷 3-5(紙子身袋の破れ時), 券 4-1(祈るしるしの神の折敷), 卷 6-5(智恵をはかる八十八の升掻)의 실증적 분석과 더불어 神과 佛에 관한 사이카쿠의 잠재적이고 연상적인 의식이 극명하게 드러나고 있는『西鶴大矢數』에서의 용례를 중심으로『日本永代藏』에서의 致富와 神과 佛의 관련양상과 세속의 의미를 고찰하기로 한다.

2 神佛習合의 근세적 의미와 사이카쿠

일본 또는 일본어에서 神과 佛의 양자가 엄연히 구분되는 별도의 종교적 상징용어임은 새삼 언급할 필요가 없을 것이다. 神佛習合이라는 종교적 양상이 전문적 용어로 정착한 것을 보아도 양자가 별개였음을 의미하는 것이라 할 수 있다. 가미(神)는 우선 불교도래 이전의 자생적 神道의 가미를 말하고 불(佛)은 인도에서 창시된 불교, 부처,

극락 등을 상징하는 원초적 개념이다. 이러한 불(佛)이 중국, 한반도를 경유하여 일본에 수용되는 과정에서 神佛習合이라는 변화가 이루어졌음은 주지의 사실이다.

자생적 神道는 일본적 애니미즘의 상징인 精靈崇拜에서 시작되었다. 자연의 모든 사물이 聖的, 心的 에너지 즉, 자연 그 자체가 聖的, 心的에너지의 具現으로서의 神이었고 이것들은 대부분 고대 豪族의 祖先의 靈이었고 농업신이었다.[3] 이러한 일본적 애니미즘의 토양 위에서 고대 일본인들은 죽음과 내세의 구조를 명쾌히 설명해 주는 우주관의 불교를 받아들인 것이 神佛習合의 출발이라고 할 수 있을 것이다.[4] 이러한 神佛習合을 통해 일본화된 일본불교의 특색으로 여러 가지를 들 수 있으나 우선적으로 지적되는 것이 諸法實相의 개념이다. 森羅萬象이 實相(眞實의 모습)이라는 인식으로서, 눈앞에 전개되는 수목이나 바위, 인간의 신체 등이 그대로 진실의 모습을 나타내고 있다고 인식하는 것이다. 다시 말해 수목이나 바위 등에 神이 머무르고 있다고 믿거나 아니면 그 자체가 神體임을 믿는 일본적 애니미즘의 숭배형태와 바로 직결되는 것이 바로 諸法實相이라고 할 수 있다.[5] 인도불교에서는 우주의 근본구조를 諸法, 空(空性), 實相, 佛性의 네 가지 기본개념으로 설명하고 있는데 일본불교의 수용의 특질은 實相과 佛性의 수용이 중심을 이루고 있다. 먼저 實相의 수용과 인식의 특질은 불교적 세계관

---

3) 谷川健一 『日本の神々』(岩波書店 1999)
4) 石田瑞麿 『日本仏敎史』(岩波書店 1984)와 田村芳朗 『日本仏敎史入門』
    (角川選書 角川書店 1969) 참조
5) 立川武藏 『日本仏敎の思想』(講談社現代親書 1995) 참조

의 構築에 있는 것이 아니라 感官의 對象으로서의 물질세계가 인간의 심적 세계에 있어서 어떠한 가치를 지니고 있는가에 있었던 것으로 이것이 諸法實相의 원리만을 수용한 일본적 불교의 기저를 이루었다고 볼 수 있다. 또한 佛性에의 인식에 있어서도 인도나 티벳에서는 주류가 아니었던 이 개념을 애니미즘적 인식 위에서 받아들여 如來藏思想6)이 유행하게 되었음은 잘 알려져 있다. 이와 같은 諸法實相과 如來藏思想이 중심이 되는 일본불교의 내실은 이후의 일본불교의 흐름의 기저가 되었고 이후의 일본불교의 세속화의 端初가 되어간다. 그리고 그 裏面의 기저에 神道的 토양과 발상이 자리 잡고 있었음은 물론이다.

室町와 鎌倉時代의 불교의 세속화는 相反的으로 파악되기 쉬운 <諸法은 空>이며 <諸法은 實相>이라는 불교의 두 가지 근본사상을 두고 전개된다. 이것은 불교신자가 自己否定的 實踐을 통해 인식하지 않을 경우 相反되는 두개의 極인 色과 空, 迷妄과 깨달음 등을 無媒介의 상태에서 동일시하는 잘못을 저지르게 되며 이 시대의 불교수용의 현상은 실로 이런 경지에 있었다고 할 수 있다. 煩惱는 그대로 깨달음이라는 煩惱卽菩提의 경지는 不斷한 自己否定을 행하는 자만이 도달할 수 있는 것으로서 이는 超越과 否定을 통해 제시되는

---

6) 초기 불교 수용의 단계에서 聖德太子 등이 중심이 되어 전개되었다. 인간이나 生類는 본래 佛性을 지니고 있으며 그것을 가리고 있는 것이 煩惱인 바, 이것을 없애는 것이 불교 수행의 목적이며 인간은 누구나 이 佛性을 드러낼 수 있다는 것이다. 불교 자체에 관한 논의가 이 고찰의 목적이 아니므로 자세한 사항은 주5의 앞의 책을 참조하는 것으로 한다.

종교의 본원적 측면이라고 할 수 있다. <俗>世界에 살면서 <聖스러운 곳>으로 향하려고 하지 않을 경우 불교 본연의 實踐 에너지의 순수한 순환이 방해를 받게 되는데 바로 이 점에 室町期 이후의 불교의 세속화의 본질이 있음을 간과할 수 없고 佛과 神의 混融의 상태를 다시 확인할 수 있다. 중세일본인들은 불교본연의 절대적 세계를 인식하면서도 세속에서의 삶의 방식에서는 이러한 混融을 통한 불교적 삶을 영위하기 시작한 것이다.

이런 면에 있어서 중세인 室町와 鎌倉期 이후의 근세시대에는 불교의 세속화가 더욱 철저하게 진행된다. 近世의 幕府는 불교계에 대해 여러 통제정책을 더욱 가속화시켰다. 각 유력사원의 다양한 권익을 제한하고 寺院이 지켜야 할 法度를 공포하고 이들 사원들을 재정리하고 통합했다. 또한 사원의 本末制度의 制定과 本山의 末寺에 대한 권한을 강화시켜 줌으로써 이른바 檀家制度가 확립되었다.[7] 즉, 모든 민중이 檀那寺에 반드시 소속되어야 함을 의미하는 것으로 이는 크리스천 탄압정책과 연관된 것이기도 했지만 근세인들의 신앙생활에 절대적인 영향을 미쳤다고 할 수 있다. 종교가 권력이라는 세속의 현실에 철저하게 편입됨을 의미하는 것으로 이는 근세민중들에게 있어 강요된 또 다른 의미의 세속화였다고 할 수 있다. 출생, 奉公, 婚姻, 移住, 葬禮 등과 같은 모든 일상에 불교의 근세적이며 세속적인 규정을 강요한 셈이 된다. 민중의 改宗은 원칙적으로 인정되지 않았고 檀那寺

---

7) 奈良保明編著 『日本仏教を知る事典』(東京書籍 1994) 참조

參詣가 의무화되었다. 부모의 忌日의 法要나 사원에 대한 布施도 명시되었고 檀家制度는 世襲化되었으며 檀家는 檀那寺의 修理營繕費나 本山에 대한 上納金과 祠堂銀 등을 부담함으로써 寺院의 経濟的基盤이 보장되었다. 이것은 민중생활을 압박하기도 했지만 바로 승려나 사원의 경제적 안정 및 불교계의 타락과 세속화를 가속화시킨 것이다. 이것은 동시에 엄연히 별도로 인식되어야 할 佛教와 세속의 神道의 존재방식이 더욱 混融의 상태로 들어감을 의미했다. 불교는 민중의 일상생활에 있어서 극히 밀접한 세속적 존재로 다가온 것이다. 즉, 각 街道의 정비를 중심으로 한 일본 전국의 교통망의 비약적인 발전과 도시경제의 확립, 농업기술의 획기적인 발전 등으로 17세기의 元祿時代가 되면 서민생활의 향상으로 현세에의 願望이 증대되어 靈場이나 靈佛을 찾는 現世祈福的인 參詣旅行이 빈번해진다. 出開帳이라고 하는 寺院의 本尊을 다른 곳으로 이동시켜 행하는 開帳寺도 많이 행해짐으로써 민중들의 佛事에의 참가는 단순한 신앙의 틀을 넘어 神道的 삶의 방식에 근접한 일상의 하나로 정착된 것이다.

사이카쿠는 바로 神과 佛이 근세적이고 세속적으로 混融하는 元祿時代를 살아낸 작가였다. 그는 사거 후 大阪淨土宗 知恩院派인 大阪의 誓願寺에 묻혔다. 淨土宗 知恩院派의 宗祖는 法然으로서 淨土宗의 總本山이고 阿彌陀佛의 念佛을 특히 강조하는 종파[8]이지만 사이카쿠가 생전에 특별히 이 종파에 몸을 담았던 흔적은 지금까지 밝혀지

---

8) 松濤弘道 『仏教の常識がわかる小事典』(PHP新書 2002) 참조

고 있지 않고 실제로 특정종파와는 전혀 관련이 없었던 것으로 보인다.[9) 그 보다는 오히려 寺院이나 승려들의 공죄를 냉정한 눈으로 지켜보고 있는 묘사가 적지 않으며 본 고찰의 대상이 되는『日本永代藏』의 작품세계에서도 마찬가지라고 할 수 있다. 사이카쿠는 佛과 神의 混融 이 세속화로 나타나는 近世佛敎를 浮世의 인간으로서 바라보고 인식 한 작가였으며 이러한 일본에서의 불교수용의 흐름이 당세를 살아가는 사이카쿠의 佛과 神에 관한 상식이 되었을 것임은 부인할 수 없을 것이다. 앞의「1. 세속과 치부담」에서 언급한 작가의 <상식적임>의 작품 내에서의 내실과 구조적 의미를 살펴보는 일환으로서, 이상과 같은 사이카쿠에 있어서의 神佛習合의 근세적 의미를 염두에 두고 그의 작품세계 안에서의 神과 佛의 세속에서의 제 양상을 살펴보기로 하자.

3『日本永代藏』에서의 致富와 神과 佛

『日本永代藏』의 서문에 해당한다고 볼 수 있는 卷1-1의 卷頭 一節 에서「殊更、世の仁義を本として、神仏をまつるべし。これ、 和國の風俗なり」라고 제시되고 있은 바와 같이 사이카쿠는 치부의 전제조건으로 神佛에의 신앙이 중요함을 언설하고 있다. 神과 佛의

---

9) 谷脇理史・江本裕『西鶴事典』(おうふう 1996) 등 참조

원리적 차이에도 불구하고 작자는 치부의 조건으로서 神과 佛을 동시에 제시하고 있는가와 이러한 神과 佛의 모순적 공존과 이에 대한 사이카쿠의 수사학적 의미와 창작의도에 관해서 앞서의 拙稿[10]에서 자세하게 다루었다. 즉,「天道言わずして國土に惠みふかし。人は實あつて僞りおほし。その心は本虛にして、物に応じて跡なし、これ、善惡の中に立つてすぐなる今の御代をゆたかにわたるは、人の人たるかゆゑに常の人にはあらず」로 시작되는 치부에의 언설은「一生一大事身を過ぐるの業、士農工商の外、出家・神職にかぎらず。始末大明神の御託宣にまかせ、金銀を溜むべし。これ、二親の外に命の親なり」로 반전되는 구조를 지니고 있으며 이는 佛의 세계에서 神이 상징하는 세속적 영역으로의 전환을 의미하는 수사법으로서 이러한 수법은 권두일절의 말미까지 순차적으로 반복되고 있음을 분석했다. 그리고 이러한 神과 佛을 둘러싼 反轉的 언설의 양상을 圖式化하면 神과 佛의 混融과 聯想－神의 領域과 聯想－佛의 領域과 聯想－神의 領域과 聯想－佛의 領域과 聯想－神의 領域과 聯想－神과 佛의 混融과 聯想의 형태로 나타남으로써 이를 통해 작자의 수사법적 의도가 混融的 神佛觀의 내실에의 인식과 더불어 反轉과 再反轉의 戲作的 묘사에 있음이 일목요연하게 드러나고 있고 이러한 권두일절에서의 양상은 卷 1-1의 작품세계에서도 그대로 존속되고 있음을 분석한 것이다. 이어서 본고에서는 神과 佛의 두

---

10) 1)의 앞의 논문

키워드를 둘러싼 작자의 수사법적 창작의도가 卷 1-1 외에 『日本永代
藏』의 전 작품 구조 안에서 어떻게 전개되고 있는 가를 神과 佛과
관련양상이 드러나고 있는 작품묘사의 모든 예를 통해 분석하기로
한다.

1) 卷 2-4(天狗は家な風車)의 神과 佛

卷 2-4의 치부담의 주인공은 덴구겐나이(天狗源內).

紀伊國의 大湊太地에 사는 겐나이는 운이 좋은 사람이어서 그곳에
서는 늘 이 사람을 고용해 고래잡이 일을 맡겼다. 버려진 고래뼈를
모아 기름을 짜 뜻밖의 큰 이익을 올리기도 했다. 겐나이는 더욱 才覺을
발휘하여 고래를 포획할 어망을 만들기도 해 아무리 돈을 써도 줄지
않는 거부가 되었다. 신심이 돈독한 겐나이는 매년 정월 10일에는
니시노미야 에비스(西の宮惠比寿)에 참배하곤 했는데 우연히 늦은 시각
에 참배한 것이 계기가 되어 가미사마(神様)로부터 계시를 받아 더
큰 벌이를 해 집안은 더욱 번성해졌다는 전형적인 치부담의 형식을
이루고 있다.

이 치부담에서 神과 佛과 관련된 묘사는 다음과 같이 제시되고 있다.

> 信あれば德ありと、仏につかへ神をまつる事おろかならず、
> (中略)
> 神の事ながら、少腹立て、大かたに廻りて、舟に取乗、袴も脱
> ず浪枕して、いつとなく寝入けるに、跡よりゑびす殿、ゑぼしの

ぬげるもかまはず、玉襷して袖まくり、片足あげて、岩の鼻から
船に乗移らせ給ひ、あらた成御声にて、「やれやれ、よい事を思ひ
出してゐてから、忘れたは。此福を、何れの猟師成共、機嫌に任
せ、語り与ふと思ふに、今の世の人心せはしく、我云事斗いふ
て、ざら/\と立行ば、何を云て聞す間もなし。おそく参て汝が仕
合」と、耳たぶによらせられ、

　　신심이 있으면 덕이 있다는 말이 있듯이 부처를 믿고 신을 섬기는
것을 게을리 하지 않았다. (중략)

　　신이 하는 일이라고는 하지만 조금 화가 나서 말사를 한번 돌아보고
다시 배를 타고 하카마도 벗지 않은 채 들어 누워 잠이 들자, 뒤에서
에비스님이 건이 벗겨지는 것도 아랑곳하지 않은 채 소매를 걷어 올린
채 한발을 올려 바위 끝에서 배로 뛰어 올라 또렷한 목소리로 말했다.
뭐 하는 것인가, 좋은 것을 생각해 놓고는 잊어버리고 있다. 이 복을
어떤 어부라도 기분만 나면 말해 주려고 했는데 지금 사람들은 성급해서
자기가 원하는 것만 말하고 가버리므로 무언가를 말해 줄 틈이 없다.
뒤늦게 참배한 너는 운이 좋은 놈이다.

　　부처를 믿고 신을 섬기는 것을 게을리 하지 않았던 것이 주인공
겐나이의 치부의 동기가 되었다고 언설하면서도 실제로 겐나이가 참배
를 했던 것은 앞의 예에서도 드러나고 있는 바와 같이 니시노미야
에비스(西の宮惠比寿)의 가미사마였다. 그리고 참배의 댓가로서 신이
제시하는 치부의 방법 또한 아주 구체적이고 세속적인 才覚이라고
할 수 있다. 살아있는 도미를 죽이지 않고 선도를 유지하여 소비자에게
전달한다는 방식은 근세 과학주의의 일면을 나타내고 있는 것으로
가미사마의 방식과 존재감은 세속 그 자체로서 다가오고 있음을 알
수 있다. 그리고 부처에의 믿음은 세속에서의 치부를 지향하는 주인공

에게 있어 구체적 기반이 되지 않고 있다. 신불에 대한 믿음을 치부의
조건으로 내세웠던 권두일절의 언설에서 알 수 있듯이 신과 불이 종교
적 영역에서 제시되는 한 불은 본원적 영역으로서 반드시 신과 함께
제시되고 있으나 「人間、長くみれば朝をしらず、短くおもへば夕
におどろく。 されば、天地は万物の逆旅、光陰は白代の過客、
浮世は夢幻といふ。 時の間の煙、死すれば、何ぞ金銀瓦石には
おとれり。 黄泉の用には立ちがたし」라는 권두일절의 언설과 같이
불에 있어서 치부는 가치적 의미를 지니지 못하는 無常의 행위로서
존재한다. 세속의 인간의 모든 행위는 불의 영역 안에서 이해되고 존재
하면서도 동시에 의미를 지니지 못하는 구조가 바로 神佛의 영역임을
이 작품에서도 확인할 수 있다. 가미사마와 호토케가 같은 神佛의
영역에 존재하면서도 세속에의 구체적인 개입은 가미사마가 행하는
구조 안에서 여전히 부의 의미를 천착하는 근원적 불안감은 잔존할
수밖에 없다.

2) 卷 3-3(世はぬき取りの觀音の眼)의 神과 佛

卷 3-3의 치부담은 치부-몰락담의 전형으로서 기본 줄거리는 다음
과 같다.

주인공 기꾸야(菊屋)는 후시미(伏見)의 쇄락한 마을 외곽에서 전당포
를 운영하고 있다. 전당포에 물건을 맡기로 오는 사람들의 사정은 정말
말로 표현할 수 없을 정도였지만 기꾸야는 아랑곳없이 손님들에게

모질게 대하면서 오로지 돈벌이에만 급급했다. 그런데 보통 때는 신심과는 거리가 먼 기꾸야가 멀리 떨어진 야마토(大和) 지방의 初瀬觀音을 믿기 시작했다. 그러던 중 낡아서 다 헤진 戸帳을 새로 寄進하고 낡은 戸帳을 받아내서 새로 표구해 팔아 큰 이익을 올렸다. 그러나 원래 근본이 없는 부자였기 때문에 결국 뱃사람 상대의 술장사로 몰락하고 말았다.

치부의 동기는 初瀬觀音의 신앙을 내세우고 있고 몰락의 원인은 제시되고 있지 않은 것이다. 주인공 기꾸야의 치부담과 관련해 神과 佛에 관한 묘사를 보기로 하자.

> 利といふ物、つもれば大分なり。此菊屋、四五年に銀弐貫目あまり仕出し、なをひすらく、人に情をしらず。足もとなる高泉和尚の寺にまいらず、祭にも五香の宮に参詣せず、神仏の願ひ、いかな/＼思ひ出しもせざる男。遠ひ初瀬の觀音を信心し、俄にあゆみをはこぶを、人の気もあのごとくかはる物かと、世間にて是ざたぞかし。此寺の御開帳、七日を、古代より判金一枚づゝに極めおかれしを、菊屋、弐貫目の身袋にて三度まで開帳すれば、本願坊をはじめ、一山に名を聞傳へ、またもなき後生ねがひ、古今に、三度迄壱人しての開帳なき事申侍る。

이자라는 것은 쌓이면 상당액이 되는 법이다. 이 기쿠야 4, 5년에은 2관여를 벌었어도 여전히 욕심을 낸 사람들에게 베풀지 않고, 근처의 高泉和尚의 절에 참배하지도 않고 신불을 섬긴다는 것은 전혀 하지 않는 남자였는데 먼 初瀬 觀音을 갑자기 믿기 시작해 사람의 마음이라

는 것이 저렇게 변하는 것이구나 하고 세상 사람들은 생각했다. 이
절의 開帳은 오래전부터 7일간 判金 一枚로 정해져 있는 데 기쿠야는
弍貫目의 재력으로 세 번이나 開帳을 해 本願坊을 비롯한 절 사람들
은 다시없는 신앙심이다. 고금에 세 번이나 開帳을 한 예가 없다고
탄복했다.

　　是みな、大事の茶入の袋・表具切に売ける程に、大分の金銀と
　りて家栄へ、五百貫目と脇から指図違ひなし。觀音信仰にはあら
　ず、是をすべき手だて。さてもすかぬ男。一たびはおもふまゝなり
　しが、元來すぢなき分限、むかしより浅ましくほろびて、後に
　は、京橋に出てくだり舟にたより、受売の焼酎・諸白、あまひも
　辛ひも人は酔されぬ世や。

　　이것들을 모두 소중한 茶入袋와 表具切로서 팔아서 많은 이익을
　얻어 집이 번창해 500관의 재산가가 되었다. 그런데 세 번의 開帳이
　관음신앙에서가 아니고 돈벌기 위한 수단이었다니 정말로 빈틈이 없다
　기보다는 정나미가 떨어지는 녀석이다. 일단은 뜻대로 되었지만 원래
　정당한 수단으로 부자가 된 것이 아니므로 전에 보다 더 형편이 어려워져
　京橋로 나와 배 승객들을 상대로 소주와 청주를 파는 신세가 되었다.
　아마구치든 가라구치든 사람들이 쉽게 취해 속아 넘어가지 않는 세상이다.

　주인공의 치부의 수단이 되었던 初瀨 觀音의 開帳은 佛 그 자체의
신앙과는 관련이 없다. 작자는 권두일절에서도 언설하고 있는 「殊更、
世の仁義を本として、神仏をまつるべし。これ、和國の風俗な
り」의 세간의 방식을 주인공에게 적용시켜 「神仏の願ひ」의 형태로서
初瀨 觀音을 찾게한 것이다. 그리고 初瀨 觀音은 佛의 상징이므로

사실상 치부에 전혀 관련을 맺을 수 없으므로 이 신앙의 영역을 말하게 될 때 세간과 작자는 「神仏の願ひ」이라는 표현형식을 빌리게 되는 구조를 보이고 있는 것이다. 주인공의 치부의 직접적인 동기는 신앙을 빙자한 전형적인 사기수법으로서 神佛이라는 신앙의 관습이나 본질에서 나온 것이 아님은 위의 묘사에서 확연히 드러나고 있다. 또한 이러한 치부의 본질은 이어지는 몰락의 묘사에서도 일관되게 제시되고 있다. 五百貫目의 부자가 된 주인공의 몰락의 원인은 「元來すぢなき分限」 즉, 원래 제대로 된 부자가 아니었던 점에 있다고 하는 작자의 언설에 주목할 필요가 있다. 몰락의 원인이 신앙을 빙자한 부도덕한 점에 있는 것도 아니고 그 외의 몰락의 구체적인 양상이 제시되고 있지 않다. 치부는 세속의 규정과 룰 안에서 이루어지고 있으며 그런 의미에서 치부의 전제로서 신앙심의 상징은 佛이 아닌 神佛일 수밖에 없음을 나타내는 사이카쿠의 수사법은 내재적이며 본원적이라고 할 수 있을 것이다.

3) 卷 3-4(高野山借錢塚の施主)의 神과 佛

卷 3-4의 치부담은 파산을 둘러싼 이야기로 오사카에 사는 주인공 이즈야(伊豆屋)는 자산가였지만 파산을 했다. 전 재산을 채권자에게 넘겨줘도 3할반이 미변제로 남았다. 고향 이즈오오시마로 돌아가 불철주야 일을 해서 남은 빚을 모두 갚았다. 그리고 이미 죽은 채권자들에게는 高野山에 석탑을 세워 菩提를 빌었다는 것으로 계획적 도산과

양심적 도산의 예를 극명하게 드러내고 있음을 알 수 있다. 이 치부담의
소재의 흥미는 도산담에 있지만 神仏과의 관련성에 있어서도 작자는
다음과 같은 묘사를 제시한다.

주인공이 아닌 한 남자의 죽음을 말하면서 「この人も男ざかりに、
うき世を何の面白い事もなく果てられ、その跡の金銀お寺へのあ
がり物、四十八夜を申してから役に立たぬ事なり」라고 묘사함으
로써 금전의 효용성을 佛 자체의 영역에 전혀 포함시키지 않고 있음을
알 수 있다. 금전은 세속의 영역에 존재함으로써 의미를 지니고 치부는
세속의 영위로서 죽음과 佛의 영역에서 전혀 무가치적임을 표명하고
있다. 그리고 이 작품이 치부담이라는 틀을 지니고 있는 이상 치부의
의미는 본원적으로 허망해 질 수밖에 없는 구조를 지니는 것이다.

또한 양심적인 주인공의 부채 반제방식을 소개하면서 다음과 같은
묘사를 하고 있다.

親類を頼み日夜に世をかせぎ、一たび元のごとくにと、思ひこ
みし所存より大分まうけて、二たび大坂にのぼり、あつて過ぎた
る分散の殘り銀、ごとごとく済しぬ。それよりは十七年すぎぬれ
ば、國遠して知れぬ人もあり。この分の銀は太神宮へ御初尾にあ
げ、又、六七人も死にうせて子孫のなき人の銀は高野山に石塔を
切つて借錢塚と名付け、その跡をとむらひける。かかるひと、前
代ためしなき事なり。

친척에게 의지해 불철주야 일을 하면서 다시 한번 전처럼 되고자
하는 일념으로 돈을 많이 벌어 다시 오사카로 와 도산 당시의 남은
빚을 다 갚았다. 당시로부터 17년이나 기간이 지났으므로 먼 곳으로

가버려 행방을 알 수 없는 채권자들도 있었다. 이 사람들의 돈은 太神宮에 새전으로 바치고 또 6, 7명이나 되는 사람들 중 자손도 없이 죽은 사람들 돈은 高野山에 석탑을 세워 借錢塚이라고 명명하고 명복을 빌었다. 이런 사람은 전혀 전례가 없는 일이다.

주인공 이즈야(伊豆屋)의 도산과 다시 일어선 치부의 원인은 우연과 성실 등으로 묘사되고 있어 세속 그 자체의 원리가 적용되고 있음을 알 수 있다. 또한 아직 浮世에 생존해 있으면서 찾지 못하는 채권자들의 돈은 太神宮으로 보냄으로써 太神宮이 지니는 神의 세속적 영위를 시사하고, 亡子들의 돈은 高野山의 借錢塚으로 변환됨으로써 佛의 탈세속적 의미와 더불어 치부의 無常性을 내포하고 있는 것이다. 작자는 이러한 수사법을 통해 치부와 연관되어 神과 佛을 나열적으로 묘사하고 그 의미를 되묻고 있다고 볼 수 있다. 즉, 세속의 부세적 가치를 神으로 대변하면서도 그 허망성의 의미는 佛의 영역에서 그대로 존속되고 있음을 확인할 수 있다.

4) 卷 3-5(紙子身袋の破れ時)의 神과 佛

卷 3-5의 치부담의 주인공 呉服屋忠介는 부모의 가업을 이어받은 뒤 수지결산도 제대로 하지 않고 방만한 장사를 한 끝에 결국 셋방살이 신세로 전락하고 말았다. 「佐夜の中山の峰の觀音」을 참배하고 지옥까지 들릴 정도로 無間의 종을 치면서 자식들이 거지가 되더라도 나만은 다시 부자가 되게 해 주십시오 라고 기도하는 어리석은 자로 묘사된다. 그럼에도 꽃바구니를 만들어 팔게 했던 딸이 어떤 에도의 부자의 눈에 들어 일가 모두 에도로 이주하고 딸 덕분에 일생을 편안하게 살게 되는 치부담이다. 주인공의 몰락의 원인은 「亭主の心がけ惡しきが故なり」(주인의 장사에 대한 자세가 나쁘기 때문이다)라고 명확하게 작자가 지적하고 있는 바와 같이, 치부를 위한 세속의 도리를 어긴 때문으로서 이는 세속의 합리성에 반한 것이라고 볼 수 있다. 주인공의 몰락의 배경에 신앙의 영역이 개입되고 있지 않음은 이후의 몰락과정의 묘사[11]에서 여실히 드러나고 있다.

이후 몰락에서 벗어나는 재치부과정의 묘사를 살펴보기로 하자.

> 　　忠助が心ざし、人の思はく違ひ。瀬にかはる大井川をわたりて、佐夜の中山に立せ給ふ岑の觀音に参り、後世はともあれ、現世を祈りて、いつの世には埋みし無間の鐘の有所を尋て、骨髄抛て、「我一代、今一たびは長者になし給へ。子供が代には乞食になる共、只今たすけ給へ」と、心入奈落迄も通じて、突にける。此鐘を突て分限にならば、今の世の人、末の世には 蛇になる事もかまふべきか。増して蛭の地獄など恐しからず。愚なる忠助、無用の路錢をつかひて爰に來にけり。先さし當て、是程の損になりぬ。駿河に帰りて語れば、聞人毎に、「其心からあれ」と、指をさしける。
> 　　忠助의 생각은 사람들과는 크게 달랐다. 급류의 大井川을 건너 佐夜中山의 觀音을 참배해 내세의 일은 아랑곳하지 않고 오직 현세에서의

---

11) この人、親代にはわづかの身代なりしが、一忠介財宝みなになして、いまとなつて合点のいく事おそし。까지의 몰락과정의 묘사에 일목요연하게 드러나고 있다.

행복만을 빌고, 어느 시대부터인가 묻혀버리고 말았다는 無間의 鐘이
있는 곳을 찾아가 전력을 다해 내 일대에 한 번 더 부자가 되게 해
주십시오. 애들 대는 거지가 되어도 상관없습니다 라고 말한 다음, 지금
바로 도와 주십시오라고 하면서 이 일념이 지옥까지 전해져도 좋다는
일념으로 종을 쳤다. 이 종을 쳐서 부자가 된다면 지금 사람은 후세에
뱀이 되어도 상관없다. 거머리 지옥 같은 것은 무섭지 않다. 어리석은
忠助는 불필요한 여비를 들여 여기까지 온 것이다. 우선 여비만큼 손해
를 본 것이다. 駿河에 돌아와 이 이야기를 하니 그런 마음으로 사니
그 모양으로 사는 것이라고 모두 비웃었다.

　無間의 鐘을 치기 위해 佐夜 中山의 관음을 찾는 주인공의 행위는
「後世はともあれ現世を祈りて」라고 밝히고 있는 바와 같이 관음이
상징하는 佛의 영역을 지향하는 것이라기보다는 당시의 佛의 세속화적
지향의 풍조를 풍자한 표현이라고 할 수 있다. 현세의 이익을 위해
자식을 희생해도 좋다는 주인공의 행위는 인과응보로 상징되는 佛의
영역의 원리에 반하는 것이지만 그것을 佛에게 바란다는 발상은 실로
당대의 불교의 세속화의 현실이 상징적으로 드러나는 사례라고 볼
수 있다. 그럼에도 그의 이러한 행위는 여비만큼 손해라고 말하는 당대
인들의 시각에서도 드러나고 있듯이 불의 종교적 힘으로 치부가 달성될
수는 없음이 이어지는 묘사에서 알 수 있다. 주인공의 딸에 의해 가난을
벗어나게 되는 이 작품의 결말의 부분에서 작자는 이 딸에 관해「この
娘親に孝なる事、國中にかくれなし。しかもその形うるはしく、
気を留めて見る程美女なり」라고 기술함으로써, 주인공이 가난에서
벗어나는 동기는 주인공의 행위와는 전혀 관련이 없고 오직 딸의 효행

과 용모 등 세속적 가치와 기준에 의한 것임을 확인시켜 주고 있다.

5) 券 4-1(祈るしるしの神の折敷)의 神과 佛

券 4-1의 치부담의 주인공 桔梗屋는 교토에서 부부가 정직을 우선으로 삼고 열심히 일을 했지만 좀처럼 살림이 좋아지지 않는다. 너무나 가난했기에 묘한 기분을 일으켜 짚인형으로 빈핍신(貧乏神)을 만들어 정초부터 七草 날까지 잘 섬겼다. 그러자 빈핍신이 감격을 해 주인의 잠결 속에서 이 집의 번영을 약속한다. 주인은 감사하게 여기고 장사에 여러 가지 궁리를 한 끝에 새롭게 紅染을 만들어내 10년이 되기도 전에 큰 부자가 된다. 그 뒤는 여러 手代들에게 사업을 맡기고 자신은 젊은 때의 고생을 만회하듯이 즐겁게 노후를 보냈다는 치부담의 구조이다.

주인공 桔梗屋는 세속의 도리에 따라 오직 정직과 성실만을 치부의 수단으로 삼았지만 가난을 벗어나지 못한 끝에 권두서문의 세속의 관습적 언설에 따라 「殊更、世の仁義を本として、神仏をまつるべし。これ、和國の風俗なり」의 일환으로서 貧乏神을 섬기는 방식을 택한다. 세속의 치부를 위한 정직과 성실이라는 행위만으로 치부가 이루어지지 않는 현실 또한 세속의 또 다른 모습이고 이러한 현실과 神佛은 어떠한 관련을 맺고 있는 지 다음의 묘사를 통해 살펴보기로 하자.

渡世を大事に、正直の頭をわらして、暫時も只居せずかせげ共、毎年餅搗おそく、肴掛に鰤もなくて、春を待事を悔みぬ。宝船を敷寝にして、節分大豆をも、「福は内に」と、随分うつかひもなく、貧より分別かはりて、「世はみな富貴の神仏を祭る事、人のならはせなり。我は又、人の嫌へる貧乏神をまつらん」と、おかしげなる藁人形を作りなして、身に渋帷子を着せ、頭に紙子頭巾を被らせ、手に破れ団をもたせ、見ぐるしき有様を、松飾の中になをして、元日より七種迄、心に有程のもてなし。此神うれしき余に、其夜枕元にゆるぎ出

장사를 최우선으로 해 정직히 잠시도 쉬지 않고 일을 했지만 매년 떡짓기가 늦고 방어도 없이 정월을 맞는 것을 서글퍼했다. 남들처럼 宝船을 베개아래 깔고 자고 절분의 콩도 복은 집으로 라고 외치면서 뿌렸지만 그 보람도 없이 너무도 가난했기에, 생각을 달리해 세간에서는 모두 부귀의 신불을 모시는 것이 관례로 되어 있다. 나는 사람들이 싫어하는 貧乏神을 섬겨야지 하고 이상한 짚인형을 만들어 홑옷을 입히고 종이모자를 씌우고 손에는 헤진 부채를 들게 한 다음 그 볼성사나운 모습을 마츠가자리 안에 안치해 놓고 정월초부터 7草일까지 정성껏 섬겼다. 이 貧乏神은 너무도 기쁜 나머지 7草일날 밤 부부의 잠자리에 나타났다.

장사를 최우선으로 하고 정직과 성실로 이루어지지 않는 치부와 세속의 현실이 그려지고 이를 극복하려는 의지는 주인공의 神佛參拜로 이어지지만 그가 참배하는 것은 佛이 아닌 神이다. 또한 神도 치부의 신이 아닌 貧乏神임에 주목할 필요가 있다. 貧乏神이 제시한 치부의 방법도 구체적인 방법이 아니었고, 주인공은 「我、染物細工なるに紅との御告は、正しく紅染めの事なるべし。しかれどもこれは、小

紅屋といふ大分仕込みして、世の自由をたしぬ。それのみ、近年
砂糖染めの仕出し、重い智恵者の京なれば、大方の事にて利を
得る事思ひも寄らずと、明暮工夫を仕出し」라고 묘사되고 있는 것
에서도 알 수 있듯이 그는 치부를 위해 성실과 정직만으로 일관했던
것을 반성하고 才覚을 발휘하여 치부를 이루게 되었음을 뜻한다. 貧乏
神이 계신한 것은 바로 이 부분이었지만 그 발상과 영역은 世俗 그
자체임이 밝혀지고 있는 것이다. 치부를 위해 그 구체적인 방법이 浮世
의 현실적 행위로서 표현되는 구조에서는 仏의 영역이 모습을 드러내지
않고 있음을 알 수 있다.

6) 巻 6-5(智恵をはかる八十八の升搔)의 神과 佛

巻 6-5는『日本永代藏』의 말미의 작품으로 巻1-1의 권두일절과
호응하는 형태로 유복한 농민을 주인공으로 등장시키면서 치부와 神佛
의 관련성을 언설하고 있다. 치부의 구체적인 상황과 동기가 묘사되고
있지 않고 오로지 삼대에 걸쳐 여유 있게 부를 일구어낸 농민의 미수의
축하연을 중심소재로 다루고 있을 뿐이다.

이 작품 중 神佛과의 관련을 언급한 다음 묘사를 살펴보자.

　　　万を心にまかせ、神をまつり仏を信心ふかく、おのづから其徳
　　そなはりて、八十八歳のはじめに、誰かいひ出して升搔をきらせ
　　けるに、すなほなる竹のはやしも切絶るばかり。京都の諸商人是
　　をのぞみけるに、商売に仕合あつて、いよ／＼もてはやして、三夫

婦の升かきとて、俵物はかるにこぼれざいわひあり。上京の長
者、此升かきにて白銀をはかりわけて、三人の子どもにわたしけ
るとなり。金銀有所にはある物がたり、聞伝へて日本大福帳にし
るし、「すゑ久しく、是を見る人のためにも成ぬべし」と、永代藏
におさまる時津御國、静なり。

　만사 뜻대로 살면서 신을 모시고 부처를 깊이 믿었으므로 저절로
덕도 갖추어져 88세 초에 누군가가 말을 해 미수의 마스가키를 자르게
했더니 똑바로 솟은 대나무 숲도 없어질 정도로 교토의 상인들이 이것을
갖고 싶어 했다. 이것을 사용하는 사람은 장사에 행운이 온다고 해서
곡류를 넣은 가마니를 이것으로 사용하면 뜻밖의 행운이 찾아오는 것이
었다. 어떤 上京의 부자는 이 마스가키로 백금을 날아 세 사식들에게
분배해 주었다고 한다. 금은도 있는 곳에는 있는 법이지만 그런 말을
전해 듣고 日本大福帳에 기록하고 오랜 동안 이것을 보는 사람들을
위해서도 틀림없이 도움이 될 것이라고 생각해 永代藏에 챙겨 넣었다.
마침 좋은 치세로 나라도 조용하고 경하스러운 날을 맞고 있다.

　작자는 주인공이 만사 뜻대로 살면서 神佛을 잘 섬겼으므로 미수가
될 때까지 長者의 지위를 누릴 수 있었다고 언설하면서도 치부의 과정
에서 구체적으로 신앙이 개재되고 있음을 시사하는 묘사는 하고 있지
않다. 「万を心にまかせ、神をまつり仏を信心ふかく」라는 묘사는
권두일절 말미의 「殊更、世の仁義を本として、神仏をまつるべ
し。これ、和國の風俗なり」의 부분을 치부담의 틀을 갖추기 위해
상투적으로 반복하고 있는 정도라고 할 수 있을 것이다. 이와 같은
작자의 神佛에 관한 언설은 치부의 전제조건 내지는 동기로서의 신앙
의 본질을 구체적으로 적시하지 않고 있으며, 치부의 주체로서의 주인

공의 세속 안에서 치부행위가 神佛 특히 佛의 신앙적 영역과 긴장관계를 갖지 않음으로써 권두일절의 神佛에 관한 수사법과 그 궤를 같이하고 있음을 확인할 수 있다.

이상 치부에 있어서의 神佛의 세속적 의미와 그 구체적 관련양상을 파악하기 위해 神佛이 키워드로 제시되고 있는 치부담 1) 卷 2-4(天狗は家な風車), 2) 卷 3-3(世はぬき取りの觀音の眼), 3) 卷 3-4(高野山借錢塚の施主), 4) 卷 3-5(紙子身袋の破れ時), 5) 券 4-1(祈るしるしの神の折敷), 6) 卷 6-5(智恵をはかる八十八の升掻) 등의 6話를 살펴보았다. 이 6話에서 공통적으로 드러나고 있는 것은 불에 있어서 치부는 가치적 의미를 지니지 못하는 無常의 행위로서 존재한다는 점이다. 세속의 인간의 모든 행위는 불의 영역 안에서 이해되고 존재하면서도 동시에 의미를 지니지 못하는 구조가 바로 神佛의 영역임을 이 작품에서도 확인할 수 있다. 가미사마와 호토케가 같은 神佛의 영역에 존재하면서도 세속에의 구체적인 개입은 가미사마가 행하는 구조 안에서 여전히 부의 의미를 천착하는 근원적 불안감은 잔존할 수밖에 없다. 작자는 치부에 있어서 神佛의 필요성을 언설하지만 세속에서 神佛이 치부에 관여하는 것은 가미사마 즉 神의 역할이 있을 뿐이고 佛은 단순히 신앙을 상징하는 키워드로 등장하고 있음을 알 수 있다. 가미사마의 관여 또한 치부의 구체적인 才覺을 계시하는 것이 아니라 세속에서의 금전의 가치적 의미를 긍정하는 정도로서 등장하고 있음을 알 수 있다. 이 점이 근세시대의 불교의 세속화의 一端을 상징적으로 나타내고 있는

것이라고 볼 수 있다. 작자가 권두일절에서 神佛의 세속적 의미를 긍정하고 부정하며 다시 긍정하는 이중적 언설을 하고 있는 것은 바로 이러한 神佛의 신앙적 영역의 구조적 모순을 표현하는 특유의 수사법이었음을 앞의 분석에서 확인할 수 있다.

4. 『西鶴大矢數』에서의 神과 佛

『西鶴大矢數』[12]는 사이카쿠가 하루에 4000구라는 기록적인 俳諧의 창작을 행한 작품으로 유명한데 이 숫자로 미루어보면 하루 낮의 창작가능시간을 10시간으로 계산해 1분 안에 최소한 5-6구의 작시를 행한 셈이 된다. 1구 작시에 10초 미만이었다고 한다면 이 俳諧의 1句, 1句에는 세속과 世相에 대한 시인의 거의 원초적이고 본연적인 상념의 언어가 연상의 흐름 안에서 담겨질 수밖에 없다. 사이카쿠의 이러한 詩語에 담긴 神과 佛에 관한 의미와 상념은 창작이라는 作爲의 틀을 넘어 원초와 본연의 영역으로 이어져 갈 수밖에 없다. 바로 이 점이 『西鶴大矢數』에서 나타난 神과 佛의 용어를 검토하는 所以이다. 『西鶴大矢數』에 나타난 神과 佛의 관련 俳諧 분석[13]은 처음으로 시도되는 것으로 필자의 조사에 의해 다음의 8예를 찾을 수 있었다.

---

12) 5冊의 俳諧集로서 1680년 大坂 生玉社에서 하루에 4000구라는 기록적인 하이쿠를 읊었고 다음해에 간행되었다.

13) 『定本西鶴全集十一下』, 中央公論社와 『西鶴大矢數注釈』(全4卷), 前田金五郎著 勉誠社를 참조.

이는 4000이라는 전체 句數에 비하면 아주 적은 수자라고 할 수 있다. 그의 俳諧의 본질과 관심, 소재가 거의 세속의 모든 것을 지향하고 있으므로 종교적 영역에의 원초적 용어가 적게 나타나고 있음은 역시 神과 佛의 용어는 결국 종교적 영역에서 제시될 수밖에 없음을 의미한다고 할 수 있을 것이다. 8예의 俳諧의 구체적인 주석과 의미를 살펴보기로 하자.

西鶴大矢數
第一卷　第二

14　　雲晴ね共即身成仏
　　　一裏六句　　雜　　釈教(即身成仏)
(앞 구를 서쪽으로 날아간 뻐꾸기의 얼굴은 몰랐지만 우는 소리만은 잘 들을 수 있었어요 라고 해석한 뒤, 一그 소리를 들은 사람은 罪障의 구름은 풀어지지 않지만 即身成仏할 거에요) 즉, 이 세상의 극락정토인 유곽에 가서 살아있는 보살인 유녀의 안내로 유객들은 즉신성불한다는 의미를 내포하고 있음을 알 수 있다.

64　　初瀨の寺のかね持てこい
　　　三裏十四句　　雜
(앞 구를 문 입구의 太夫님과 같이 늘어서 있는 미녀들은 누구일까요 라고 해석한 뒤, 一그 미녀들을 상대로 유흥을 하기 위해서는 初瀨의 절의 종이 아닌 돈을 가져 오라)

　　　　第八
27　　南無諷の大明神と腹をたて

二表五句　　雜　　釈教(大明神)

(앞 구를 너 한사람만의 주인님인 거다 라고 해석한 뒤, 一그 주인님이
南無諷의 大明神이라고 화를 내었다)

第十二

45　　二十五の菩薩も爰に御手を引
　　　二裏九句　　雑　　釈教(二十五の菩薩)

(앞 구를 기다리고 있던 폭풍이 불었으므로 극락으로 가는 배를 서둘러
타는 것이다 라고 해석한 뒤, 一같은 식으로 來迎하시는 弥陀에 따라 오는
25의 보살도 임종의 중생의 손을 이끌으셔서 극락으로 인도하는 도다)

第二巻　第十四

26　　神も仏も御ざらぬか君
　　　二表四句　　雑　　神祇(神)

(앞 구를 연인들의 마음을 잡아버린 부채의 소식도 없구나 라고 해석하고,
一정말 신도 부처님도 안 계시는 건가요 그대여)

27　　祢宜にあらず出家に非ず利屆げな
　　　二表五句　　雑　　神祇(祢宜)

(앞 구를 정말 신도 부처님도 안 계시는 건가요 그대요 라고 해석하고,
一그렇게 말씀하시는 분은 祢宜도 아니고 出家아니면서 말씀만 잘하네요)

95　　一日の極楽の沙汰も錢じやまで
　　　名殘裏三句　　雑　　釈教(極楽)

(앞 구를 무상의 폭풍이 불어 장례식이 있어도 貸色이 있군요 라고 해석하고,
一그 훌륭한 貸色을 입는 단 하루의 극락과 다름없는 멋도 금전 차제입니다)

第三巻　第二十八

28   抓取して極楽浄土
        二表六句   雑   釈教(極楽浄土) (定本西鶴全集十一下、中央公
        論社)

(앞 구를 이번에 광산에서 금맥을 찾아내었단다 라고 해석하고, 一그렇다면
떼돈을 벌어서 극락정토 버금가는 생활을 할 수 있구나)

14 罪障의 구름은 풀어지지 않지만 即身成仏,
64 初瀬의 절의 종이 아닌 돈,
27 大明神이라고 화,
45 25의 보살도 임종의 중생의 손을 이끌으셔서 극락으로 인도,
26 신도 부처님도 안 계시는 건가,
27 祢宣도 아니고 出家아니면서,
95 단 하루의 극락과 다름없는 멋도 금전 차제,
28 극락정토 버금가는 생활

이상의 8예에서 명확히 드러나고 있는 것은 神佛의 병렬적 등장과
수사법, 神의 세속적 상징성과 역할, 佛의 본원적 상징성과 세속적
영역에서의 허망성 등이라고 할 수 있다. 神은 의인화되거나 세속의
일상적 존재로서의 키워드로 사용되고 있고 佛은 神佛이라는 형식으로
병렬적 수사법 안에서 제시되거나 神의 신앙적 근원으로서 제시되고
있음을 알 수 있다. 그리고 佛이 단독적인 키워드로 제시되는 경우에는
앞의 8예에서 나타나고 있는 바와 같이 佛의 聖的 영역의 자체적
세속화가 이루어지는 경우는 없음을 알 수 있다. 이러한 작자의 수사법
은 앞의 『日本永代藏』의 여러 치부담의 예에서 그려지는 神佛의
경우와 근본적으로 일치하고 있음을 확인할 수 있다. 치부를 위한 근세

적 합리주의와 과학주의는 금전만능의 세속화의 방향으로 진행되어
갔지만 그 이면에 여전히 금전과 삶의 근원적 문제를 해결하지 못하는
근세적 불안감이 불식된 것은 아니며 오히려 그렇기 때문에 佛의 영역
은 세속성과의 접점에서 인간의 존재와 행위에 관한 근원적 불안감을
내포하는 모습을 드러내고 있음을 알 수 있다.

5. 마무리 글

이 고찰은 사이카쿠의 창작의도와 관련하여 神과 佛의 세속에서의
混融的 양상과 그 종교적 의미를 修辭法的 언설을 중심으로 다룬
것이다. 본 고찰에서는 앞서의 拙稿14)에서 다루었던 『日本永代藏』의
서문과 卷1-1의 고찰의 연장선에 서서, 『日本永代藏』의 치부담 중
치부와 佛이 관련을 맺는 6개의 例話와 사이카쿠의 대표적인 俳句集
인 『西鶴大矢數』의 분석을 통해 치부담에서의 금전과 佛의 관련양상,
神佛로 표현되는 그 수사법적 의미를 고찰했다.

일본 근세종교의 두 큰 줄기인 神과 佛은 고대 이래 이른바 神佛쩝
습이라는 일본적 신앙풍토 안에서 전개되어 왔음은 주지의 사실이다.
그러나 종교의 절대적 원리에 입각한 배타적 속성으로 볼 때 이러한
神佛쩝습은 원초적으로 애매함과 混融性을 지니며 근원적으로 불안

---

14) 1)의 앞의 논문

감이 내재할 수밖에 없다. 우주의 근원적 진리를 지향하는 초월적이고 부정적인 佛과 일본의 자연과 토속과 현실을 상징하는 神은, 비논리적 측면이 내재하는 神佛習合의 틀 안에서 일본인의 세속적 현실을 반영하는 형태로 상호 混融化되면서 근세 일본인들에게 자리 잡게 되었다. 작가 사이카쿠는 종교에의 思辨的 논리로서가 아닌 감각과 허구의 세계 안에서 神과 佛의 존재양상을 感知하고 당대인들의 <상식>의 영역 안에서 치부담을 창작하고 있는 것이다. 또한 神과 佛을 混融的이고 寫實的인 종교상징과 수사법으로 묘사된 작품은 앞의 고찰에서 살펴본 바와 같이 근세의 사이카쿠에 의해 『日本永代藏』을 통해 처음으로 창작되었음을 확인할 수 있다. 그는 중세의 憂世에서 근세의 浮世로의 변화를 작품세계 안에서 구체적으로 그리고 있으면서도 중세의 무상관의 부정적 현실을 묘사하고 있다기보다는 근세의 세속적 유용성의 현실을 직시하고 있음을 알 수 있다. 바로 이것이 근세에서의 불교관의 퇴색의 일단이라 할 수 있다. 작품세계 안에서 중세 이래의 불교가 말하는 무상의 의미를 떨구어 내지도 못하고 그 대안을 모색하지 못한 채 浮世의 의미는 근세적 세속성 안에서 새로운 불안을 안고 있음을 표출하고 있는 것이다. 치부의 세속적 유효성과 궁극적 의미의 한계, 치부의 현실적 유용성을 강조하는 교훈적 언설인 창작의도의 교훈적 자세와 이에 대한 근원적 불안감에 의해 표출되는 戲作的 묘사(교훈성과 희작성의 상호보완적인 구조), 이러한 창작의도와 軌를 이루는 神과 佛의 混融의 양상을 내보이는 사이카쿠의 수사법에는 결국 神과 佛의 混融的 구조 안에서 浮世를 바라보는 근세인들의, 작가의 근원적 불안감이 내재하고 있음을 말해 주는 것이다. 이 작업은『日本 永代藏』외에『世間胸算用』와 같은 타 町人物의 분석으로 확대되어 야 함은 물론이다.

『日本永代藏』에서의 神佛描寫
2부5장

1. 致富와 神佛

　　일본의 근세기에서 보여지는 세속화의 경향 즉 신불과 관련하여 나타나는 현세주의적 양상은 대체적으로 다음[1]과 같이 정리될 수 있을 것이다. 첫째는 이 세상과는 별개의 세계(타계)를 어떤 형태로라도 의식하지 않고 오로지 관심을 지금 살아있는 이 세상 즉 현세에 한정하는 마음이다. 두 번째로는 현세를 상대화하는 세계관을 거부하는 것이다. 그리고 세 번째는 이 세상에서 절대적인 질서를 찾아내어 그 질서에 의거해서 살아가는 것이 보람 있는 일이라고 여기는 인생관을 지니는 것이다. 이 글에서 다루고자 하는 이하라 사이카쿠(井原西鶴)의 경제소설인 『日本永代藏』(이하『永代藏』로 줄임)에서 중심주제가 되고 있는 치부와 신불의 현세주의적 관련양상에 관한 고찰은 앞에서 제시한 세 가지 사항을 구체적으로 살펴봄으로써 가능하며 특히 세 번째 사항

---

　1)　정형 옮김 『천황제국가비판－일본국가주의와 유사종교의 함정』(제이앤씨 2007년) p.139 참조. 일본어판은 阿滿利麿 『國家主義を超える』(講談社 1994)

즉 치부 즉 금전을 이 세상에서의 절대적인 질서로 삼고자 하는 인생관에 주목할 필요가 있을 것이다. 『永代藏』의 권1-1(初午は乗て來る仕合) 도입부에서의 작가의 언설인 권두일절이 이 작품 전체의 서문 역할을 하고 있음은 주지의 사실[2]이다. 그리고 이 권두일절에 담긴 작가의 언설을 어느 정도 선에서 작가의 진의와 의도로서 받아들여야 할지는 여전히 많은 논란의 여지가 있을 것이다. 그럼에도 이 언설이 작품의 서문의 역할을 하고 있다면 이 언설의 구조를 작품 전체 즉 개별 단편들에 담긴 내용과 견주어가면서 실증적으로 분석해 보는 것이 우선적 과제라고 할 수 있다. 특히 이 글의 주제인 신불(神佛)과 관련하여 작가는 우키요조시라는 허구의 양식을 통해 금전과 치부라는 세속적 영위와의 관련성을 묘사하는 데 있어 신불이 지니는 초월적 영역의 언설과 세속적 영역에 속하는 상식적 언설이 혼재하고 있음을 알 수 있다. 이러한 이중적 언설은 권두일절에서부터 시작하여 전 작품에서 드러나고 있다. 즉, 신분 여하를 불문하고 특히 승려와 신직의 경우에도 금전을 모아야 함(一生一大事、身を過るの業、士農工商の外、出家・神職にかぎらず、始末大明神の御詫宣にまかせ、金銀を溜べし。是、二親の外に命の親なり。)을 언설한 후, 다시 금전의 무용함을(時の間の煙、死すれば何ぞ、金銀、瓦石にはおとれり。黄泉の用には立がたし。)밝힘으로써 신불

---

2) 권두일절이 작품 전체의 서문의 역할을 하고 있음은 새삼 언급할 필요가 없을 것이다. 사이카쿠 텍스트의 주석본 중 가장 최근에 나온 『井原西鶴集3』(小學館)의 頭註에도 기존의 설을 재확인하는 형태로 이 부분을 서문이라고 봐야 한다는 지적을 하고 있다. 다만 이 일절에서의 작가의 창작의도 등을 둘러싼 해석의 부분에서 많은 이견이 있음은 물론이다.

의 초월적 영역에서 금전의 의미를 부정(否定)하는 언설을 제시하고
있다. 그리고 다시 이를 재부정하면서 금전의 필요성(手遠きねがひを捨
て近道に、それぞれの家職をはげむべし。)을 강조하게 되는 것은 이 작품
의 주제가 치부담인 이상 자연스러운 귀결이라고 할 수 있을 것인데,
여기서 주목할 것은 세속적 삶의 규범인 신의(信義)를 지킬 것을 말하면
서 다시 신불을 섬길 것(殊更世の仁義を本として、神仏をまつるべし。)을
언설하고 있는 대목이다. 신불의 초월적 영역에서 금전의 무용성과
허망함을 지적하는 것은 세간을 초월하고 부정한다는 종교 본연의
의미에서 일응 당연한 것으로 여겨지면서도 동시에 치부담의 구조
안에서 상투적 언설일 수밖에 없다는 점이 잘 드러나고 있다. 즉, 작가의
창작의식의 기저에 나타나는 이중적이고 모순적인 인식은 한 시대의
담론을 선도하는 사상가로서가 아닌 민중의 관찰자로서 혹은 민중의
일원인 작가의 신불관에 기인하는 것이며, 이를 사실적으로 표현하고
있는 것이 사이카쿠의 우키요조시라고 볼 수 있다. 작가의 이중적이고
모순적인 신앙관의 내실은 허구로서의 치부담의 주제와 창작의도와도
관련을 맺을 수밖에 없으므로 이 신앙관의 내실을 분석하기 위해서는
이 작품 전체에 등장하는 신불관련 묘사 전체를 살펴보는 것이 우선적
과제일 것이다. 필자는 이러한 신불관련 양상을 파악하기 위해 작품
전체에 등장하는 신불관련 묘사의 출현 양상3)을 조사했던 바, 총 51개

---

3) 신불관련 양상 추출의 기준은 텍스트 안에서 神, 佛, 神佛 등의 용어가 등장하는
   대목과 묘사 내용을 파악하기 위해 그 전후의 관련문장을 일단 전부 제시했다.
   그리고 신불 외에도 불과 신을 의미하는 구체적인 신불들 예를 들면 관음,
   여래, 에비스신, 貧乏神 등 관련 신불들이 들어가는 묘사도 모두 그 대상으로

소에서 나타나고 있고, 그 내역은 다음과 같다.

권1-1 5개소, 권1-2 1개소, 권1-3 1개소, 권1-4 1개소, 권1-5 1개소 등 총 9개소

권2-1 2개소, 권2-2 4개소, 권2-3 3개소, 권2-4 3개소 등 총 12개소

권3-3 4개소, 권3-4 2개소, 권3-5 1개소 등 총 7개소

권4-1 5개소 권4-2 3개소, 권4-3 2개소, 권4-4 1개소, 권4-5 2 개소 등 총 13개소

권5-2 1개소, 권5-4 2개소, 권5-5 2개소 등 총 5개소

권6-2 4개소, 권6-5 1개소 등 총 5개소

이 외에 각 권 앞에 독자들의 이해를 돕기 위해 제시되는 목차 안의 작품명과 부제에서 5개소의 용례가 나타나고 있다.

이 장에서는 앞의 권두일절(서문)에서 등장하는 2개소에서의 작가의 신불관련 언설의 의미와 구조를 밝혀내기 위해 앞에서 제시한 작품 전체의 신불관련 양상인 전체 51개의 용례를 모두 살펴보기로 한다.

2. 권1에서의 신불 묘사

권1에서는 앞의 조사 자료에서 제시한 바와 같이 신불관련 용어

_____

삼았다. 다만 지명이나 사원이나 신사의 고요명사에 들어가는 신불명은 텍스트 내용상 신불묘사 상황과 관련이 없는 경우는 일단 제외하는 것으로 했다.

9개소가 등장하고 있다.

먼저 권1-1(初午は乘て來る仕合)의 용례에서는 5개소에서 나타나고 있는데 이 중 2개소는 앞의 권두일절에서 살펴본 대로 이고 이후의 작품내용에서 다음과 같이 3개소에서 등장하고 있다.

때는 산에 봄기운이 시작되는 이월 첫 오일 날 센슈에 진좌하고 있는 미즈마데라의 관음에 귀천남녀가 참배하고 있었는데

折ふしは春の山、二月初午の日。泉州に立せ給ふ水間寺の觀音に、貴賤男女參詣け

끝없이 펼쳐지는 이끼 긴 산길과 싸리나무와 억새풀을 태운 숲을 헤치며 아직도 꽃이 피기에는 먼 시골길을 찾아와서 이 부처님에게 기원을 하는 것인데 그 이유는 형편에서 부자가 되기를 원하기 때문이다. 이 본존 입장에서도 하나하나 답 해 줄 수 없는 노릇이다.

はるかなる苔路、姫萩・荻の燒原を踏分、いまだ花もなき片里に來て、此佛に祈誓かけしは、其分際程に富るを願へり。此御本尊の身にしても、ひとりひとりに返言し給ふもつきず。

금년 일 전을 빌리면 다음 해에 이 전으로 갚고 백 몬을 빌리면 이백 몬으로 갚는 방식인데 무엇보다도 이 돈은 관음의 돈이므로 누구나 어김없이 이 돈을 두배로 해서 돌려 드렸다

當年壹錢あづかりて、來年貳錢にして返し、百文請取、貳百文にて相濟しぬ。是、觀音の錢なれば、いづれも失墜なく、返納したてまつる

위 3개소 용례에서 알 수 있듯이 미즈마데라의 관음에게 귀천남녀

대부분이 기원[4]하는 내용은 현세에서의 치부가 중심이 되고 있고, 이에 답하는 이 절의 본존은 의인화 형식을 통해 치부는 세속의 문제이기에 하나하나 대응할 수 없다는 해학적 묘사가 제시되고 있다. 그럼에도 미즈마데라는 연 10할의 이자로 사원의 예산을 관음의 돈으로서 빌려주는 방식을 연례화해 옴으로써 관음의 역할은 승려들에 의해 세속적 치부와 관련성을 맺는 신불로서 설정되고 있다. 관음 스스로는 치부의 문제가 원리적으로 세속 안의 문제이고 불의 영역이 아님을 명확히 하고 있으나 권1-1의 작품 구조는 관음이 승려와 신자들에 의해 세속적 성격을 강요받는 구조로 되어 있는 것이다.

권 1-2(二代目に破る扇の風)에 나오는 불에 관한 1개소의 묘사는 다음과 같다.

　　　오야쿠엔의 대나무 담 앞에서 같이 따라 왔던 여자 하인이 재미를 담았던 빈 포대를 한 손에 든 채 봉한 편지를 발견해 주워서 넘겨 주었다. 편지를 받아 살펴보니 겉봉투에는 하나카와님께 뒷면에는 니사로부터라고 쓰여 있었고 밥풀로 봉함이 된 곳에 정성스럽게 도장이 찍혀 있었는데 그 위에는 오대력보살이라고 근사한 붓글씨가 적혀 있었다.

　　　御藥苑の竹垣のもとにして、めしつれたる年切女、齋米入し明袋持し片手に、封じ文一通拾ひあげしを、取てみれば、「花川さ

---

4) 당시 민중의 입장에서 단가제도(檀家制度)의 확립은 개개인의 다양한 신앙적 욕구에 부합되는 절에 대한 선택권이 없게 되었음을 의미한다. 따라서 각 개인이 속한 菩提寺 외에 각자의 현세 이익의 기원이 가능한 사원을 찾게 되는 경우가 늘어나게 되었다. 그 대표적인 예가 成田不動이나 川崎大師 등이다. 이 작품에 등장하는 미즈마데라도 그 전형이라고 할 수 있을 것이다. 圭室文雄『日本佛教史 近世』(吉川弘文館 1987) p.344 참조

ままいる、二三より」とうらがき。そくゐ付ながら、念を入て印判
おしたるうへに、「五大力ぼさつ」と、そめぞめと筆をうごかせける

오대력보살(五大力ぼさつ)[5]은 말할 것도 없이 삼보(三寶)를 지키고
정법을 건립하는 세계를 수호하는 금강후, 용왕후, 무외십력후, 뇌전후,
무량력후의 다섯 보살을 말한다. 편지가 개봉되지 않고 무사히 도착하
기를 바랐던 일종의 주문적인 문구를 적은 편지를 한 남자가 하나카와
라는 기녀에게 보낸 것이다. 일반적으로는 기녀 등이 사용하는 습속적
문구었는데, 이 작품에서는 남자가 사용하게 함으로써 작가는 기녀들의
단순한 습속을 일반인들의 생활의 장 안으로 도입하고 있다. 그리고
이 편지 봉투 안에는 기녀에게 전해져야만 할 금화가 들어 있고 오대력
보살은 이러한 세속적 기원에 호응하는 세속적 신앙으로 묘사되고
있다. 따라서 불의 영역은 금전과 남녀라는 세속적 공간 안에서 자리매
김 되고 있는 셈인데 결국 금화는 기녀에 전달되지 않았다는 점에서
불의 영역은 세속적 영역과 분리되고 있다. 세속적 질서 안에 있기를
바라는 근세 민중들의 신불적 신앙은 오대력보살로 상징되는 불의
영역을 상대화시키면서도 본원적으로 세속의 영역 안의 존재가 될
수 없음을 작품 세계에서 체화시키고 있는 것이다. 그리고 이 금화
봉투를 주워 유흥에 나서는 이 작품의 주인공은 치부실패 내지는 몰락

---

5) 에도시대에 주로 기녀와 같은 여자들이 편지를 봉하거나 자신의 소지품 예를
들면 샤미센이나 비녀, 담배 등에 썼던 주어(呪語)이다. 이 작품에서는 반대로
한 남자가 기녀에게 보내는 편지에 사용되고 있는 점이 기발하다고 할 수
있다. 『日本國語大辭典』(小學館) 해당 항목 참조.

담6)의 전형으로서 묘사되고 있음은 불의 영역이 치부의 직접적인 원인
이 될 수 없다는 의미에서 주목할만하다.

권1-3(浪風靜に神通丸)에 등장하는 신불관련 용어 1개소는 다음과
같다.

> 그 많은 다이묘들은 전생에 어떤 씨앗을 뿌렸던 것일까. 만사가 뜻대
> 로 되어가는 것을 보면 이 세상의 부처님이라고 말할 수 있는 사람은
> 다이묘 외에는 없다. 그렇기 때문에 어떤 다이묘의 봉록은 120만석이라
> 고 하는 데 500석 받는 무사가 석가여래께서 입멸하신 때부터 지금까지
> 계속 봉록을 받은 것을 받은 것으로 쳐서 계산해 보아도 이처럼 엄청난
> 봉록을 넘을 수는 없다고 한다.
> 諸大名には、いかなる種を、前生に蒔給へる事にぞ有ける。万
> 事の自由を見し時は、目前の佛といふて又外になし。さればと
> よ、世に大名の御知行、百弐拾万石を五百石どり、釈迦如來御
> 入滅此かた、今に永々勘定したて見るに、これを取つくさじとい
> へり。

센슈에서 해운업을 해 성공한 가라카네야의 치부담의 도입부에 등장
하는 작가의 언설이다. 전국시대를 거쳐 지역의 영주로서 크게 성공한
다이묘들을 이 세상의 부처님이라고 말하고 있는 바, 경제적으로 아무

---

6) 주인공의 몰락의 원인은 성실했던 상인이 우연히 주운 금전을 유흥에 사용한
  것으로 귀결되겠지만 이 작품을 읽는 독자들에게 오대력보살이라는 습속적
  문구가 주는 의미는 불의 영역이라는 신앙의 세계라고 할 수 있을 것이다.
  그리고 이 습속적 효험이 이루어지지 않았음에 주목해야 한다.

어려움 없이 지내는 다이묘의 현실적 안락함을 부처라고 비유하고 있는 것이다. 기원 수백 년 전으로 알려진 석가여래의 입적 시기부터 17세기 이 시기까지 연 500석의 연수로 120만석을 계산해내는 작가의 수사법은 일견 석가를 세속의 경제현실 안의 존재로서 비유하는 효과를 자아내고 있음은 일목요연하다. 그렇지만 권력 외에 재력을 겸비한 다이묘에 관한 묘사로서는 자연스러운 수사법이라고 할 수 있다. 전생 (前生)의 씨앗이라는 불교의 인과응보적 키워드를 작품 도입부에서 제시하면서 원론적인 불의 영역을 언설하는 작가의 묘사는 바로 세속의 다이묘의 경제력에 관한 화제로 이어지면서 불의 영역을 세속적 수치로 상대화하는 재치 있는 치부담적 수사법을 사용하고 있지만 불 그 자체에 대한 회의나 부정으로 이어지고 있지 않다. 작품의 도입부에 등장하는 전생, 불, 석가여래입멸 등의 용어는 주인공 가라가네야의 치부성공담 즉 대량의 연공미의 유통사업[7]에서 수완을 발휘한 내용과 직접 관련을 맺고 있지 않다.

권1-4(昔は掛算今は當座銀)의 신불관련 용어는 다음 1개소에서 등장한다.

이로하 순으로 번호를 붙인 서랍에는 당국이나 일본의 견포를 접어서

---

7) 주인공의 연공미 유통사업 성공의 배경에는 오사카로 대량의 연공미를 유통시켜 부를 획득하는 각 지방 영주들의 존재가 있었음은 물론이다. 이러한 다이묘들의 세속적 영화가 전생의 귀결이라고 하는 작가의 언설은 불의 영역에서 상식적인 묘사라고 할 수 있을 것이다.

넣어두고 여러 가지 시대별 견직류, 예를 들면 주조히메의 수제 모기장,
히토마루의 아카시치지미, 아미타여래의 턱받이, 아사히나사부로가 입
고 있었던 마이즈루 문양이 있는 천 조각, 달마대사가 깔고 있었다는
방석, 린와세이가 머리에 쓰고 있었다는 구쿠리즈킨, 산조고카지의 칼주
머니까지 없는 물건이 없다.

　　いろは付の引出しに、唐國・和朝の絹布をたゝみこみ、品々の
　　時代絹。中將姫の手織の蚊屋．人丸の明石縮、阿弥陀の涎か
　　け、朝比奈が舞鶴の切。達磨大師の敷蒲團、林和靖が括頭巾、
　　三条小鍛冶が刀袋、何によらず、ないといふ物なし。

　주인공 미쓰이쿠로에몬의 백화점식 상법의 성공담의 묘사에 등장하
는 다양한 상품들의 리스트를 제시하고 있는 대목이다. 아미타여래와
달마대사 등의 용어가 상품 설명에 등장하고 있지만 불의 세속적 상대
화를 의도하고 있는 묘사는 아니다.

　권1-5(世は欲の入札に仕合)에는 다음 1개소가 등장하고 있다.

　　지금 세상에 수절을 시키는 것은 남편 사후에 막대한 재산이나 가독이
　　있을 경우 대개 그 여자의 친척들의 욕심 때문으로, 아직 한참 시절의
　　젊은 여성임에도 억지로 머리를 자르게 하고 마음에서 우러나오지 않는
　　불교의 신심을 강요해 남편의 기일을 맞게 하는 것이다.
　　今時の後家立るは、其死跡に過分の金銀・家督ありて、欲より
　　女の親類異見して、いまだ若盛の女に、無理やりに髪をきらせ、
　　心にもそまぬ仏の道をすゝめ、命日を吊はせける。

남편의 사후에 과부에게 탈속을 강요하는 풍조의 이면에 주변 사람들의 탐욕이 존재함을 지적하는 대목이라고 할 수 있다. 머리를 자르고 탈속을 시킨다는 점에서는 불의 신심의 영역에 속한 묘사라고 볼 수 있지만 일부종사라는 유교적 생활규범의 강요라는 측면이 있음을 간과할 수 없을 것이다. 죽은 자에 대한 무리한 일부종사가 염문이라는 과부의 일탈을 자아내고 있다는 점과 과부 주변의 탐욕 등을 지적하면서 재혼의 합리적 측면이 강조되고 있는 이 작품에서 주인공인 과부는 머리를 자르는 출가의 형식을 통해 수절을 하는 불교적, 유교적 신심을 실천함으로써 세상 사람들의 귀감이 되고 있음이 드러나고 있다. 남편의 과도한 사치로 인해 지게 된 부채를 감당하지 못하고 어려운 생활을 감내하면서도 불교적 신심이라는 명분하의 수절을 실천하는 여성에 대한 당대인들의 평가는 세속과 불의 영역 사이에서 모순적 시각을 드러내고 있는 것이다. 과부의 일탈적 삶보다는 재혼이라는 합리적 세속의 삶을 긍정하는 한편으로, 민중들은 세속적 삶의 굴레에 직면하면서도 종교적 영역을 지향하는 과부의 행동에 감명을 받는 소박한 종교심을 드러내고 있음을 알 수 있다. 다노모시 입찰을 통해 과부를 도와주는 이웃들의 심성에 관한 묘사는 바로 이러한 민중들의 이중적인 측면을 직시하는 작가의 인식이라고 할 수 있다.

3. 권2에서의 신불 묘사

목차에서 나타나고 있는 신불 묘사 2개소(才覚を笠に着大黒, 紀伊國に隱れなき鯨ゑびす) 외에 권2에서는 권2-1에서 2개소, 권2-2에서 4개소, 2-3에서 3개소, 2-4에서 3개소 등 모두 12개소에 나타나고 있다.

2-1(世界の借屋大將)의 2개소는 다음과 같다.

> 또 한사람이 마른 도미를 6월까지 고진님 앞에 놓아두는 이유는 무엇입니까라고 물었다.
> 又壱人、「掛鯛を六月迄、荒神前に置けるは」と尋ぬ。

> 또 정월에 후토바시를 사용하는 유래를 물었다. 그것은 젓가락이 더러워졌을 때 하얗게 깎아서 다시 쓸 수 있으니 젓가락 한 벌로 일년 내내 사용할 수 있는 것이다. 이것도 신대의 두 신을 뜻하는 것이다.

> 又、太箸をとる由來を問ける。「あれは、穢し時白げて、一膳にて一年中あるやうに、是も神代の二柱を表すなり。

주인공 후지이치(藤市)에게 마을 어린이들이 장자가 되는 법을 배우기 위해 찾아와 나누는 대화문이다. 부뚜막 위에 마른 도미를 걸어놓고 먹지 않고 바라보기만 하고, 굵은 버드나무 가지로 된 젓가락을 벗겨가며 사용함으로써 절약을 실천한다는 에피소드를 소개하고 있는 중에 등장하는 것이 고진(荒神)[8]과 이주신(二柱神)이다. 불, 법, 승의

삼보(三寶)를 수호하는 신으로 알려진 부뚜막신과 일본 국토와 신을
생성한 음양신을 절약과 치부의 상징으로 제시하고 있는 대목이다.
절약의 방식을 해학적으로 제시하는 주인공의 언설 안에 등장하는
두 신의 존재방식은 세속적 치부 그 자체를 지향하는 내용과는 무관하
다. 즉 두 신을 바라보는 주인공의 시각은 치부를 추구하는 언설 중에
드러나는 내용 즉, "조석으로 생선을 먹지 않고 바라보는 것만으로도
먹은 마음이 되어야 하며, 더러워졌을 때 깎아서 다시 깨끗이 할 수
있다"라고 두 신의 존재의미를 설명함으로써 세속 안에서 여전히 두
신은 신앙의 성적 영역으로 설정되고 있는 것이며 두 신이 희화화(戱畵
化)의 대상이 되고 있지 않음을 알 수 있다.

2-2(怪俄の冬神鳴)에서 등장하는 4개소는 다음과 같다.

　　세키데라 부근에 모리야마 겐코라는 사람이 살고 있었다. 남들만큼
　　그런대로 약 조제를 했고 특히 진찰이 노련했다. 그런데도 히에의 산바람
　　탓에 걸린 감기 정도의 병에도 이제껏 그의 약이 들은 적이 없다. 집문을
　　찾는 환자 소리도 끊기고 집구석에 있는 신농 족자도 바람에 덜그럭거리
　　고 있고 여러 종류의 약을 넣어 둔 종이봉투의 글씨도 먼지를 뒤집어
　　쓰고 있다.

---

8) 삼보황신(三寶荒神)의 약어로서 집이나 지역 공동체에서 황신적 성격과 더불어
　제사자를 비호하는 강력한 힘을 지닌 신으로 자리매김 되어 있다. 불의 신
　혹은 불을 억제하는 신으로서 옥내의 화기가 있는 곳에 모셔지는 내황신(內荒
　神)을 지칭하는 경우가 보통이다. 근세시대에는 주로 부뚜막신으로서의 역할이
　두드러졌다고 볼 수 있다. 『日本民俗大辭典』(吉川弘文館) 참조.

関寺のほとりに、森山玄好といへる人、かたのごとく藥師は上手、殊に老功なれ共、叡の山風程の事にも、かつて藥まはらず。門にものまうの聲絶て、内に神農の掛絵も身ぶるひして、万の紙袋の書付ほこりに埋れ。

옛날에 멋으로 따 올렸던 아쓰빈도 이제는 머리카락이 많이 빠져 듬성듬성해졌고 풍채도 꼴이 우습게 변해버리니 무엇을 해도 잘 안 되는 사람이니 빈핍신의 신관이나 되라고 친척 일동은 이 남자를 단념해 버렸다.

むかしの厚鬢もうすく、仁躰おかしげなれば、「ひとつも埒のあかぬ男。貧乏神の社人になれ」とて、一門中是を見かぎる

또한 마쓰모토 시가지에 과부가 있었다. 외동딸에게 기가라차 색의 후리소데에 스게가사를 쓰게 하고 시골 사투리를 조금 배우게 한 다음 누케마이리를 한 저에게 조금 베풀어 주십시오 라고 말하고는 오이세사마를 빙자해서 최근 12, 3년간이나 거짓말을 하면서 먹고 사는 여자도 있다.

又、松本の町に後家有。独りの娘に、黄唐茶のふり袖に菅笠を着せて、言葉すこしなまりならひ、「ぬけ參りの者に御合力」と、御伊勢様を賣て、此十二三年も、同じ僞にて世を過る女もあり

결국 10돈을 갖고 해를 넘긴 적은 없었다. 판목으로 인쇄한 와카에비스처럼 늘 변함이 없는 것이 정월이구나

つゐに拾匁ともちて年越たる事なく、「板木でをしたるやうな此家の若ゑびす」と

좀처럼 가난을 벗어나지 못하는 서민들에 관한 구체적 예가 이어지는

대목에서 등장하고 있는 것이 신농(神農), 빈핍신(貧乏神), 오이세사마, 와카에비스 등의 네 신이다. 신농은 중국의 전설에 등장하는 황제로서 의술의 창시자로 알려진 존재이다. 모리야마 겐코라는 의사 또한 신농을 신으로 추앙하고 있었지만 의사라는 현실적 행위에 신농이 세속적 치부에 관여하는 일이 없음은 명확하고 겐코 또한 그러한 기대를 하고 있지 않다. 빈핍신의 경우도 무엇을 해도 제대로 풀리지 않는 상인과 더불어 등장하고 있고, 오이세사마 또한 이를 빙자해 하루하루를 먹고 살아가는 서민들의 묘사에 등장하고 있으며 오이세사마의 가미로서의 성역을 상대화하거나 회화화하는 측면은 드러나고 있지 않다. 이어지는 와카에비스에 관한 묘사도 같은 부류에 속한다고 볼 수 있을 것이다. 도시 소상인들의 어려운 경제상황 안에서 비유적으로 혹은 직접접인 묘사의 대상으로 등장하는 생활 속의 신불은 세속 안에서 자연스럽게 등장하고 있으나 그 자체가 철저하게 상대화되거나 부정 또는 회의의 대상으로 그려지고 있지 않음을 알 수 있다.

2-3(才覚を笠に着大黒)에는 다음 3개소의 용례가 등장한다.

부귀하게 이 세상을 살아가고자 염원하여 고조의 다리가 돌다리로 다시 놓여졌을 때 이 집 주인은 그 다리의 서쪽 끝에서 세 번째 판을 구입해 다이코쿠의 상을 새겨 두게 했다. 그런데 신심의 덕인지 점차 장사가 번창해

　　冨貴に世をわたる事を祈り、五條の橋切石に掛かはる時、西づめより三牧目の板をもとめ、是を大黒に刻ませ、信心に德あり、

次第に栄え

　　돈 버는 데 방해할 빈핍신은 없을 것이다. 어차피 빈핍신은 다리가
약할 테니까
　　かせぐに追着貧乏神は足よはき

　　노렌에 사초삿갓을 뒤집어 쓴 다이코쿠텐을 염색해 그려 넣었기에
사람들은 삿갓 다이코쿠야라고 불렀다
　　暖簾に、菅笠きたる大黒を染ければ、笠大黒屋といへり。

　　주인공을 다이코쿠[9]와 일체화시킴으로써 치부담의 흥미를 높이고자
하는 작가의 의도는 다이코쿠의 상을 새긴다거나 노렌에 다이코쿠텐을
염색하는 등의 주인공의 행동을 통해 일목요연하게 나타나고 있음을
알 수 있다. 다이코쿠는 다이코쿠텐 즉 천축의 신의 이름인 대흑천(大黑
天)을 말한다. 일본에서는 사원의 창고 뒤에 모시는 신왕(神王)의 형태로
숭앙받았다. 동시에 7복신의 하나로 민간에 전파되어 복덕과 재보를
가져다주는 신으로 인식되었음은 잘 알려져 있다. 전형적인 현세기복적
신이라고 할 수 있을 것이다. 작가는 다이코쿠야의 치부의 성공의 요인
을 다이코쿠상을 새겨두는 신심의 덕이라고 말하지 않고 "신심의 덕인
지" 정도로 애매하게 처리하고 있다. 은거 후에 자식이며 이 작품의

---

　9) 작가는 이 작품에서 주인공의 모델로서 1664년 교토에서 개업한 포목점 大黑屋
　　善兵衛를 의식하고 있다는 설이 있음은 주지의 사실이다. 『西鶴集下』(日本古
　　典文學大系 岩波書店) 補125 참조. 실존 인물을 의식하고 그 인물의 이름을
　　그대로 사용하고 있다고 하더라도 다이코쿠의 신으로서의 상징성은 작품 속에
　　서 그대로 유지되고 있다.

주인공 격인 신로쿠의 유흥으로 이 집이 기울게 되는 설정은 다이코쿠
텐의 세속지향적인 현세기복의 신앙이 형해화 되고 있음을 의미하는
것이다. 신로쿠(新六)의 유흥과 몰락 그리고 자신의 노력으로 재기하는
과정에 신불이 영험적으로 작용하는 요소는 등장하지 않는다. 해학적인
묘사이기는 하지만 돈 버는 데는 빈핍신도 방해할 수 없다는 묘사나
재기한 후 다시 다이코쿠텐을 모시는 방식은 세속 안의 존재로서의
신불이 세속 안에서 치부과정에서 원리적으로 존재할 수 없는 것임을
나타내 주고 있으며 신불의 세속화라는 현상이 수사법 안에서 주로
활용되고 있음에 주목해야 할 것이다.

2-4(天狗は家な風車)에는 다음의 3개소가 등장한다.

　　믿음이 있으면 덕이 있다는 속담대로 부처님을 믿고 신을 섬기는
일을 게을리 하지 않았는데 그 중에서도 니시노미야의 신사를 감사하게
여기며 예년 정월 10일에는 다른 사람들보다 빨리 참배했다
　　信あれば徳ありと、仏につかへ神を祭る事、おろかならず。
　　中にも西の宮を有がたく、例年正月十日には、人よりはやく參
詣けるに

　　도시오토코인 후쿠다유라는 부하가 걱정스러운 얼굴로 말하기를 최
근 20년 동안 아침에 에비스에 참배를 하셨는데 금년은 낮 시간에 하시게
됩니다. 주인님의 재산도 기울어져 초롱불 정도의 불이 될 것입니다
라고 재수 없는 농담을 지껄여댔다.
　　年男の福太夫といふ家來、子細らしき顔つきして申出せしは、
「二十年此來、朝ゑびすに參り給ふに、當年は日の入、旦那の身

袋も挑灯程な火がふらふ」と、思ひもよらぬあだ口

　아무리 신이 계신 곳이라고는 하지만 조금 화가 나서 말사도 대충 둘러보고 다시 배를 탄 뒤 하카마도 벗지 않고 벌렁 드러누워 어느 틈엔가 잠이 들어버렸다. 그러자 에비스님이 에보시 건이 풀린 것도 개의치 않고 어깨띠를 걸치고 소매를 걷어 붙인 채 한 쪽 다리를 들고 바위 끝에서 배로 올라오셨다.

　神の事ながら、少腹立て、大かたに廻りて、又、舟に取乗、袴も脱ず浪枕して、いつとなく寝入けるに、跡よりゑびす殿、ゑぼしのぬげるもかまはず、玉襷して袖まくり、片足あげて、岩の鼻から船に乗移らせ給ひ

　이 작품의 주인공 덴구 겐나이는 고래잡이의 명인으로 자신의 실력만으로 성공한 어민이지만 늘 신불을 섬기는 것을 게을리 하지 않아 다른 사람들보다 한발 먼저 신사를 참배하는 신앙심 깊은 남자로 묘사되고 있다. 어떤 해 예년과는 달리 늦잠을 자는 바람에 참배시간이 늦어지자 주위에서 신의 복이 달아날 것이라는 놀림을 받으면서도 참배를 하는 내용이 주요 대목이라고 할 수 있다. 주인공이 부를 축적할 수 있었던 것은 본인의 실력과 노력의 산물임이 제시되고 있고 신불을 섬기는 것은 오로지 신앙심에 의한 것임이 명확히 드러나고 있다. 자주 참배하는 니노미야 신사 사람들이 금전에만 관심을 보이는 행태에 화를 내지만 신불 그 자체에 관한 부정적 시각이 드러나고 있지 않으며 오히려 새로운 치부방법[10]을 계시하는 에비스신을 꿈에서 만나게 되는

---

10) 활어조에 있는 도미를 장시간 살려 두는 방법을 계시하는 내용으로 되어 있다.

설정으로 되어 있다. 자신의 노력으로 이미 상당 수준의 부를 축적한 주인공이 다시 에비스의 계시로 더 많은 재산을 모으게 된다는 점에서 에비스 즉 신불이 치부를 거든다는 것이 중심내용으로 되어 있지만, 에비스의 의인화라는 소재를 치부담이라는 모티브로 활용하는 창작방법 자체에서 신불의 세속화를 주제화하려는 의도는 찾아보기 어렵다. 주인공이 주로 해왔던 포경업에서 고급어종의 운송으로 사업의 다각화를 꾀하는 치부방식에 주목하고자 하는 작가의 묘사에는 사원에 종사하는 이들의 세속적 행태에 관한 인식은 드러나고 있으나 신불 그 자체의 세속화를 작품의 주제로 설정하려고 하는 의도는 드러나고 있지 않다.

4. 권3에서의 신불묘사

권3에서는 모두 7개소에서 신불관련 묘사가 등장하고 있고. 먼저 권3-3(世はぬき取の觀音の眼)에는 다음 4개소에서 신불의 용어가 등장한다.

바로 근처의 고센화상의 절에도 참배하지 않고 마쓰리 때도 고코노미

즉 도미의 부레가 파열되어 죽기 전에 도미의 배에 침을 놓아 그것을 파열시켜 살리는 방법을 말한다. 그런데 이 방법은 『本朝食鑑』8(平凡社 東洋文庫 1976) 등에도 소개되어 있지만, 과연 이 주인공이 처음으로 착안한 것인지는 밝혀져 있지 않고 이 지방에서 시작된 것임은 앞의 문헌의 기록에서 알 수 있다.

야를 참배하지 않는 등 신사나 절의 기원은 전혀 생각하지 않는 남자였다.

足もとなる高泉和尚の寺にまいらず、祭にも五香の宮に參詣せ
ず、神仏の願ひ、いかないかな思ひ出しもせざる男

그런데 무슨 연유에서인지 멀리 떨어진 하쓰세의 관음을 믿기 시작해
갑자기 발걸음을 하였기에 사람의 마음이 저토록 바뀔 수도 있구나
하면서 세간에 크게 소문이 났다.

遠ひ初瀬の觀音を信心し、俄にあゆみをはこぶを、人の気もあ
のごとくかはる物かと、世間にて是ざたぞかし。

그 뒤 기쿠야는 이 낡은 도쵸를 주시면 교토의 33개소의 관음님에게
걸어주고 싶다고 말하니 절에서는 어렵지 않은 부탁입니다라고 말씀해
주시기에 그것을 남기지 않고 몽땅 받아서 돌아왔다.

そのゝち菊屋申は、「此ふるき戸帳を申うけ、京の三十三所の
觀音へかけたき」といへば、安き事とてつかはしけるを、殘らず取
てかへる。

상당한 돈을 벌어 더욱 집이 번창해 5백관의 재산이라고 세상에서
말들을 했는데 그것은 맞는 말이었다. 애초에 관음신앙 때문에 한 것이
아니라 돈 버는 수단이었던 것을 생각하면 정말 빈틈없는 남자였던
것이다.

金銀とりて家栄へ、五百貫目と脇から指圖違ひなし。觀音信仰
にはあらず、是をすべき手だて、さてもすかぬ男

영세한 전당포 업자인 주인공 기쿠야가 신심을 가장해 사원에 접근하
고 환심을 산 후 불전 앞의 장막을 빼내 고가에 팔아넘기는 수법으로
큰 돈을 챙기는 치부담이 중심내용이다. 신심이 없는 기쿠야가 여러

번의 개장(開帳) 헌금을 통해 사원의 신뢰를 받는 과정에서 드러나는 사원의 세속적 장면은 사실적인 묘사라고 할 수 있으며, 신심을 빙자해 치부에 성공하는 주인공에게 세속적 신심의 의도를 읽을 수 없음은 자명하다. 앞의 4개소의 용례에서도 신불의 세속화라는 시대상황 안에서도 신심 그 자체를 회의하고 부정하는 민중들의 모습은 발견할 수 없다. 현세기복적 민중의 신심과 신심 그 자체의 부정과는 다른 차원의 것이라고 말하지 않을 수 없을 것이다.

3-4(高野山借錢塚の施主)에서는 2개소의 용례가 등장한다.

아주 똑똑하지만 가난한 생활을 하는 사람이 있는가 하면 어리석으면서도 부귀를 누리는 사람이 있다. 이 빈부 두 가지는 삼면이 다이코쿠텐이라고 해도 마음대로 되지 않는다.

隨分かしこき人の貧なるに、愚なる人の富貴。此有無の二つは、三面の大黒殿のまゝにもならず

구라마의 비샤몬텐의 가르침을 지키고 그 사자라고 하는 지네와 같이 몸을 움직여 일해야 하고 그래도 재산을 만들지 못하는 것은 어쩔 수 없다.

鞍馬の多門天のをしへに任せ、百足のごとく身を働て、其上に身袋のならぬ、是非もなし

두 부분의 언설은 작가의 상식적인 언설이 그대로 드러나고 있는 대목이라고 할 수 있다. 인간의 부귀라고 하는 것은 똑똑하고 어리석다는 세속적 잣대로 판단될 수 있는 문제가 아니며 다이코쿠텐과 같은 신불이 관장할 수 있는 문제가 아니라고 언설하고 있다. 비샤몬텐의 가르침을 지키는 것은 어디까지나 신심의 문제이고 세속에서의 치부와 직접 관련을 맺을 수 없다는 인식이 표명되고 있는 것이다. 이어지는 묘사에서 작가는 신심과는 무관하게 자신의 일은 소홀히 하고, 주택을 호화롭게 꾸미고 조석으로 주연과 미식을 즐기는 사치행위가 세속적 실패를 가져온다는 언설을 덧붙임으로써 치부 그 자체는 세속적 행위일 뿐이며 세속의 합리적 질서에 의해 결정되는 것이라는 인식을 표명하고 있다. 이 작품의 말미에서 파산 후에 재기에 성공한 이즈야라는 상인이 이미 세상을 떠난 채권자들을 위해 차전총을 세우고 명복을 빌었던 행위 또한 치부라는 세속적 질서와 신심과의 간극을 간명하게 풍자하는 것이라고 할 수 있다. 다이코쿠텐과 비샤몬텐과 같은 신불의 상징들이 치부담 안에서 신불의 세속화의 시대적 흐름 안에서 친근한 존재로서 제시되고 있으면서도 세속 그 자체의 원리에 직접 개입하고 있지 않음에 주목할 필요가 있다.

3-5(紙子身袋の破れ時)에는 다음 1개소에 신불 용어가 등장한다

　　　물살이 자주 바뀌는 오이가와 급류를 건너 사요의 나카야마에 자리 잡고 계신 미네노관음을 참배하고 후세가 어떻게 되던 간에 현세의 행복을 빌며 어느 시대엔가 파묻어버렸다고 하는 무간의 종이 있는 곳을 찾아내 일심을 담아 저를 일생에 한번만 더 장자로 만들어 주십시오. 자식 대에서는 거지가 되도 상관없으니 단지 지금의 저를 구해 주십시오라고 그 일념이 나락의 밑바닥까지 울릴 정도로 종을 쳐댔다.

　瀨にかはる大井川をわたりて、佐夜の中山に立せ給ふ岑の觀音
に参り、後世はともあれ、現世を祈りて、いつの世には埋みし無
間の鐘の有所を尋て、骨髄抛て、「我一代、今一たびは長者にな
し給へ。子共が代には乞食になる共、只今たすけ給へ」と、心入
ならく迄も通じて、突にける。

　내세와 자식들의 세상에 연연치 않고 오로지 자신의 현세에서의
세속적 성취 즉 개인적 치부를 미노네관음에게 기원하는 주인공의
모습이 해학적으로 묘사되고 있는 대목이다. 현세기복의 전형적 유형이
라고 할 수 있는데 물론 관음은 이 주인공의 기원에 대해 아무런 반응을
하지 않는다. 내세에 대한 불확실한 믿음보다 세속에서의 현실적 안락
을 추구하는 주인공의 행위는 무간의 종을 침으로써 구체화되지만
이 행위에 대한 세속에서의 결말은 제시되지 않는다. 오히려 후대의
불행에도 연연하지 않겠다고 했던 무간의 종에서의 기원과는 반대로
수려한 외모에 효성이 지극한 딸이 부자 집에 출가함으로써 가난을
벗어나는 계기가 되는 것이다. 주인공의 치부와 몰락 그리고 딸의 출가
로 이어지는 소설적 전개는 세속에서의 치부와 신심의 관련성과는
무관하게 세속의 논리에 의해 성립되고 있는 것이다. 신심의 역발상을
행한 주인공에게 응보적 현실이 주어지지 않고 있고 딸의 출가는 본인
의 수려한 용모와 노력의 덕분임이 명확하게 제시되고 있기 때문이다.
그럼에도 불구하고 자신의 세속적 안락을 위하여 무간의 종을 치면서
내세에의 믿음을 버리려고 하는 주인공의 행위에 관해, "그런데 이 종을
치고 나서 부자가 된다면 지금 세상 사람들은 내세에서 뱀이 되어도

상관치 않을 것이다"[11]라는 작가의 언설에는 신심 그 자체를 회의하거나 부정하려는 의도는 전혀 나타나고 있지 않다.

5. 권4에서의 신불묘사

4-1(祈る印の神の折敷)에서는 다음 5개소에서 신불관련 용어가 등장하고 있다.

모두가 욕심으로 가득 찬 세상이므로 사람들은 이 이야기를 듣고는 와카에비스, 다이코쿠텐, 비샤몬텐, 벤자이텐에게 참배해 금령 줄을 주이 잡고 장사밀천을 얻고 싶다고 기원하지만
人皆欲の世なれば、若惠比須・大黒殿・毘沙門・弁才天に頼みをかけ、鉦の緒に取付、元手をねがひしに

세간에서는 모두 부귀의 신불을 모시는 것이 보통이도다.
世はみな冨貴の神仏を祭る事、人のならはせなり。

나는 사람들이 싫어하는 빈꿉신을 모셔야겠다고 하면서 이상한 모양의 짚 인형을 만들어 남루한 홑옷에 머리에 종이두건을 씌우고 손에는 찢겨진 부채를 쥐게한 다음 그 초라한 모습을 마쓰카자리 가운데 안치해 놓고 정월 초하루부터 나나쿠사 날까지 정성껏 모셨다.

---

11) 현세를 우선시하려고 하는 주인공의 행위에 대한 비평이라고 볼 수 있을 것이다. 주인공의 심정이나 행위에 독자를 공명, 감응시키지 않고 객관적으로 주시하며 웃음을 자아나게 하는 사이카쿠의 전형적인 수사법이라고 할 수 있다.

我は又、人の嫌へる貧乏神をまつらん」と、おかしげなる藁人形
を作りなして、身に澁帷子を着せ、頭に紙子頭巾を被せ、手に破
れ團をもたせ、見ぐるしき有様を、松飾りの中になをして、元日
より七種迄、心に有程のもてなし

이 빈핍신은 너무도 기쁜 나머지 나나쿠사 날 밤 부부의 베개 맡에
어슬렁어슬렁 나타나서 말하기를 나는 오랜 세월 동안 가난한 집을
돌아다니는 것이 일이었도다. 몸을 숨기고 여러 가지 슬픈 일이 많은
집의 빌려온 돈 꾸러미 안에 들어가 있자니 장난치는 아이들을 야단칠
때도 빈핍신 같은 놈이라고 나를 빗대어 욕들을 하곤 한다. 그렇다고
부자 집에 가게 되면 늘 은화를 저울에 달고 있는 소리가 귀에 쨍쨍
울려대 그만 짜증이 벌컥 나
　此神うれしき餘に、其夜枕元にゆるぎ出、「我年月貧家をめぐ
る役にて、身を隱し、樣々かなしき宿の借錢の中に埋れ、惡さす
る子共を罵るに、「貧乏神め」とあて言をいはれながら、分限なる
家に不斷丁銀かける音耳にひゞき、積の虫がおこれり

이번 봄에 그대가 신경을 써서 이 빈핍신을 모셔 주었고 그 덕에
이렇게 밥상을 마주 보고 음식을 먹게 되었으니 이는 처음 있는 일이다.

　此春、其方心にかけて、貧乏神を祭られ、折敷に居て物喰
事、前代是がはじめなり。

빈핍신을 섬겨 천관의 재산을 만들어낸 주인공의 치부과정을 묘사한
대목들에서 등장하는 신불관련 용어의 예들이다. 상인들이 통상 부귀의
신불을 섬기게 되지만 주인공 기쿄야는 빈핍신을 모시겠다는 발상을
하게 된다. 그는 천직을 소중히 여기고 오로지 정직하게 살려고 노력했

고 잠시도 쉬지 않고 일을 했지만 벌이가 시원치 않아 매년 정월준비를 할 수 없을 정도로 가난에서 벗어나지 못하는 상인으로 등장한다. 권두 서문 일절에 제시되는 바람직한 상인상은 "현실성이 없는 바람은 버리고 구체적이고 현실적인 방법으로 각자의 가업에 힘써야 할 것이다. 복덕, 즉 행운을 얻기 위해서는 건강해야 하므로 방심하지 않도록 늘 조심해야 한다. 특히 이 부세의 인의를 기본으로 하고 신불을 잘 섬겨야 한다. 이것이 화국의 풍속인 것이다"라고 작가가 언설하고 있음을 상기해 보면 이 주인공은 바람직한 상인상에 가까운 생활을 하고 있는 것으로 그려지고 있다. 주인공이 빈핍신을 섬기게 되는 것은 바로 이 점에 있었다고 볼 수 있다. 와카에비스, 다이코쿠텐, 비샤몬텐, 벤자이텐 등 칠복신을 참배하는 것이 통상 신불을 섬기는 것으로 인식되고 있었고 주인공 또한 그렇게 행동했지만 치부에 성공할 수 없었는데, 작가는 욕심에 가득 찬 사람들이 신사에서 장사밑천을 얻고자 하는 기원은 이루어질리 없다고 언설하고 있는 것이다. 신불을 섬긴다는 신앙적 행위는 바로 세속에서의 치부로 이어질 것을 바라는 현세기복적 동기와는 구별되어야 함을 인식하고 있는 것이다. 그렇기에 주인공이 좌절 끝에 빈핍신을 섬겨 치부에 성공한다는 중심내용은 상인들에게 신불이 지니는 의미를 역설적으로 제시하고 있는 것이다. 빈핍신의 등장에 해학적 구조를 통해 작품 스토리에 흥미를 부가하려는 작가의 의도가 드러나고 있음은 물론이겠지만, 이 외에도 빈핍신이 주인공에게 치부를 위해 계시한 영몽 그 자체가 바로 치부로 이어지고 있지 않고 있음을 주목해 볼 필요가 있다. 단지 "버들은 녹색, 꽃은 주홍색"이라는 빈핍신

의 메시지가 치부의 동기가 될 수 없음은 이어지는 주인공의 치부과정
에 관한 사실적인[12] 묘사에서 잘 드러나고 있다.

4-2(心を疊込古筆屏風)에서는 다음의 3 용례에서 신불 관련 용어가
등장한다.

　　　정직하면 신께서도 머릿속에 깃들고
　　　正直なれば神明も頭に宿り、

　　　청렴결백하면 부처께서도 마음을 비추어 주신다.
　　　貞廉なれば仏陀も心を照す

　　　갑자기 어디에도 기댈 데도 없고 파도소리를 듣는 것조차 무서워져
　　　손자 대까지 배를 태우는 일은 시키지 말아야 하겠다고 스미요시다이묘
　　　진에게 마음속으로 기원했다.
　　　俄に何に取付嶋もなく、なみの音さへ恐しく、孫子に傳て舟に
　　　は乗まじきと、住吉大明神を心誓言に立。

　정직과 청렴결백한 상인들에게 신불의 가호가 있다는 언설을 하면서

---

12) 염색세공에 관한 작가의 묘사는 거의 전문적인 수준이라고 할 수 있을 정도로
　　사실적이다. 당시 교토에서 고베니야라는 인물이 염색세공 분야에서 주도권을
　　쥐고 있음을 밝히고 있고, 사탕염색이라는 새로운 염색법도 소개되고 있다.
　　주인공이 새롭게 개발한 염색세공은 다목나무 껍질로 밑 염색을 하고 그 위를
　　초로 다시 쪄 내게 되면 원래의 주홍색이 조금도 변하지 않는다는 사실을
　　알아내는 과정에 관한 묘사는 치밀한 작가의 사전 지식이 있었음을 의미한다.
　　권4-1 작품 내용 참조.

치부는 하늘에 맡겨야 한다는 언설이 등장하면서 바로 주인공 가나야에 관한 치부담이 시작되는 대목이다. 하카타에서 나가사키 무역을 행하고 있던 가나야는 여러 번 폭풍을 만나는 불운을 겪고 사업에 실패하면서도 스미요시다이묘진을 참배함으로써 신불을 섬기는 삶의 행태를 보인다. 그가 재기에 성공하는 동기는 거미가 거센 바람 속에서도 집을 완성해 가는 모습을 통해 강력한 재기의 의욕을 굳힌 것이었고, 우연히 알게 된 유녀로부터 값 비싼 고필 명품을 수중에 넣고 이를 고가에 팔아 재기할 수 있는 자본금을 확보할 수 있었던 것이었다. 유녀에게 접근해 고필을 수중에 넣는 과정은 정직과 청렴결백이라는 도덕적 자세와는 거리가 먼 것이었지만 고필 명품을 알아볼 수 있는 식견을 지녔기에 주인공의 치부가 가능했음은 물론이다. 유녀에 대한 보답으로 유곽에서 빼내주고 결혼까지 시켜주는 주인공에 대해 세간 사람들은 "처음에는 유녀를 속였다고는 하지만 이렇게까지 유녀에게 신경을 쓰는 것을 보니 나쁘다고 할 수만은 없다. 고필을 보는 눈이 있고 사업에도 빈틈이 없는 사람"이라고 칭찬했다고 작가는 말한다. 가나야의 치부에 신불이 현세기복적인 가호를 제공한 것이 아님은 이미 작품 전개에서 명확히 드러나고 있는 것이다. 그럼에도 주인공은 사업에 실패한 후에도 신불을 섬기는 자세를 견지했고 또한 신불에게 구체적인 치부의 바람 없이 치부에 성공하고 있는 것이다. 주인공의 신불에 관한 의식과 치부와의 스탠스를 성공적으로 묘사하고 있는 부분이라고 할 수 있을 것이다.

4-3(仕合の種を蒔錢)에서는 다음 2 용례에서 신불 관련 용어를 확인할
수 있다.

이세의 신궁에는 120개의 말사가 있는데 그 신체는 경망스럽게도
종이표구로 된 족자로 되어 있어 생각해보면 초라한 느낌도 들지만
아무런 가식이 없는 신의 마음은 그곳 거울에 잘 비추어져 있기에 사람들
도 의심 없이 너무도 감사히 모시는 것이며 이 일본에 사는 사람들도
참배하는 것이다.

百二十末社紙表具の神躰、思へば淺猿なる事なれ共、何の偽
りなき心を鏡に懸て人も曇らず、殊勝に有がたく、此秋津洲に住
者步をはこびぬ。

참으로 야박한 인심이라고 여유로운 복의 신께서도 이것을 보고 웃으
실 것이다.

扨もせちがしこき人心、豐なる福の神是を笑ひ給ふべし。

정직을 근본으로 하는 이세지방의 전통을 이야기하면서 그것은 바로
정직을 내세우는 신의 뜻이 베풀어져 있기 때문이라고 언설하는 작품의
도입부이다. 또한 이어지는 묘사에서 새전용 납 동전의 사기 상술[13]을
복의 신의 입장이 되어 비웃는 작가의 언설이 등장하고 있다. 신궁

---

13) 당시는 통화를 새전용으로 사용하는 것이 금지되어 있었다. 따라서 이곳 묘사에
서도 이세신궁에서의 참배에서 새전용으로 비둘기 눈이라고 하는 납 동전을
사용하고 있는 것으로 나타나고 있다. 백개 묶음이라고 하면서 실제로는 육
십 개만 꿰어 팔고 있는 상술을 묘사하고 있는데 비둘기 눈 동전 60개가
100문의 가치로 대용되고 있음을 의미한다. 『西鶴集下』(岩波書店) 121p 頭
註 참조.

참배라는 경건해야할 현장에서 자연스러운 사기 상술의 일종이 세속에서의 치부의 행위로 제시되고 있고, 이를 야박한 인심이라고 묘사되고 있는 것이다. 수단 방법을 가리지 않고 돈벌이에 골몰하는 근세적 세태를 사실적으로 그리면서도 이를 바라보는 세속 속의 인심 또한 긍정적이지만은 아님이 드러나고 있는 대목이다. 복의 신은 세속의 인간에게 치부의 상징적 근원으로서 존재하면서도 동시에 금전의 본질을 되묻고 그 의미를 생각하게 하는 보다 근원적인 계기를 만들어 주고 있음을 시사하고 있는 것이다. 이 작품의 주인공 격인 분도야(分銅屋)는 소규모 환전상으로 사업을 시작하면서 천칭저울의 눈금을 속이는 수법으로 적지 않은 이익을 남겨 큰 재산가가 된 인물[14]로 그려지고 있다. 이 부자를 가리켜 작가는 "녹나무처럼 그 뿌리가 흔들리는 일이 없다"라고 객관적인 치부의 현황만을 언급할 뿐이지만 그 치부과정에 관해서 사실적 묘사를 함으로써 결코 이 주인공의 치부를 긍정적으로 바라보거나 신의 가호와 연결시키는 자세를 보이지 않고 있음에 주목해야 한다.

4-4(茶の十德も一度に皆)에는 다음 1 용례가 등장한다.

에보시를 우스꽝스럽게 뒤집어 쓴 채 남들보다 일찍 시장에 나와 '에비스의 아침의 차'라고 하면서 팔러 다니니 운수가 좋아질 거라는

---

14) 이름으로 보아 저울 등을 파는 사람 정도로 이해될 수 있지만 현재로서는 미상으로 되어있다. 모델소설이라고 할 수 있는『日本永代藏』의 작품 성격상 실존인물일 가능성이 높고, 따라서 이 소설을 읽었던 당대의 독자들은 이 주인공의 존재를 실감했을 가능성이 높다.

생각에 목이 마르지 않은 사람들까지도 이 차를 마시며 에비스님에게
새전이라도 바치는 기분으로 대개는 12문 씩 건네 주었다.

> 烏帽子おかしげに被き、人よりはやく市町に出、「ゑびすの朝
> 茶」といへば、商人の移り気、咽のかはかぬ人迄も此茶を呑て、
> 大かた十二文づゝなげ入られ、日毎の仕合。

　주인공 고바시노리스케(小橋の利助)의 치부담의 과정을 묘사하고 있
는 대목이다. 에비스 신을 빗댄 상법이 효험을 발휘하게 되는 것은
이 에비스 신을 내세운 차를 마시면 "운수가 좋아질 거라는 생각에
목이 마르지 않은 사람들까지도 이 차를 마시며"[15]라는 내목에서도
알 수 있듯이 소박한 현세기복적 신앙에 의거한 것이라고 할 수 있다.
이와 같은 상법으로 큰 밑천을 마련해 상인으로서 크게 성공하지만
끝없는 욕심으로 도리에 맞지 않는 사기 상술을 벌이게 되고 결국
정신이상으로 전락하는 과정에서 나타나는 주인공의 신심은 에비스신
과 전혀 무관한 것임이 드러나고 있다. 주인공은 치부과정에서 신심을
빙자한 것에 불과하고 그의 치부과정에 주인공의 신심이 개재되고
있는 묘사는 전혀 찾아볼 수 없다. 작가는 작품 말미에서 사기 상법에
관해 "아무리 먹고살기 위한 것이지만 사람이 할 짓이 아니며 우연히
이 세상에 생명을 받고나와 살아갈 보람이 없는 것이다. 무슨 일이라도
그것에 몸을 담게 되면 어떤 나쁜 일이라도 그것을 분별하지 못하게
되는 법이다. 그렇게 되어서는 정말 서글픈 것이기에 인간이라면 세간

---

15) 동 작품 중의 묘사. 차 값으로 지불한 12문은 통상 차 값보다 비싼 금액으로
에비스에게지불하는 새전 값까지 포함한 가격이라고 볼 수 있다.

의 보통 삶을 살아가야 하는 것이다"라고 언설함으로써 주인공이 치부 과정에서 에비스 신을 빙자한 상행위의 기만성을 지적하고 있음을 알 수 있다.

　4-5(伊勢ゑびの高買)에서는 다음 2 용례가 등장한다.

　　　　봉래를 장식하는 것은 신대 이래의 풍습이기는 하지만 비싼 것을 사들여 이것을 장식해 봐도 아무런 이익이 될 수 없다. 아마테라스 오미카미도 나무라시지는 않을거야 라면서 이세새우 대신 보리새우

　　　　蓬莱は、神代此かたのならはしなればとて、高直なる物を買調て、是をかざる事何の益なし。天照太神もとがめさせ給ふまじ」と、伊勢ゑびの代に車ゑび

　　　　젊었을 때 성심껏 일에 열중하고 노후에 즐거움을 빨리 깨우치는 것이 좋다는 것은 거짓말을 하지 않는 다이코쿠님의 계시이다.
　　　　若時心をくだき身を働き、老の樂みはやく知べし」と、うそつかぬ大黒殿の御詫宣なり

　작가는 사카이 사람들의 검소함을 대표하는 주인공 히노구치야의 정월 준비 모습을 그리면서 살아가는데 빈틈이 없고 일생 쓸 데 없는 낭비를 한 적이 없었다고 언설한다. 주인공이 아마테라스 오미카미를 섬기는 행위에 치부라는 세속적 기원이 개재되지 않고 있음을 말하는 것이다. 주인공에 관해 작가는 사카이 사람들의 전형으로서 "몸가짐이 차분하고 주판을 꿈속에서도 잊지 않으며 살림살이는 검소하지만 항상

깔끔하게 보이도록 신경을 쓰고 만사에 도리를 잘 지키면서도 상당히 풍류가 있는" 인물로 그리면서, 이는 다이후쿠님의 계시와도 일맥상통 하다고 지적하고 있다. 주인공의 치부는 세속 안에서의 도리에 충실한 결과임을 강조하고 있는 것이다. 그리고 아마테라스나 다이후쿠와 같은 신들의 존재에 관한 묘사는 이야기 전개에 흥미를 이끌어내려고 하는 작가의 수사법임은 물론이지만, 치부를 위한 세속의 합리적 방법과 논리에 영향을 미치는 존재가 아님을 동시에 그려내고 있는 것이다.

6. 권5에서의 신불묘사

5-2(世渡りには淀鯉のはたらき)에는 다음 1 용례가 나타나고 있다.

> 이 집의 복신은 먼지 속에 먼지 속에 묻혀 살고 계셨는데 대나무 빗자루 소리가 무서워 나가버리셨는지, 점차 가업이 기울어가 매년 돈의 잔고가 줄어들어 저절로 망치와 절구소리가 들리지 않게 되었고 어느 틈에 등유도 떨어질 정도가 되었다.
> 　此家の福の神は塵にまじはり給ひしに、竹箒に恐て出させ給ふ にや、次第に淋しくなりて、毎年銀高へりて、自ら槌・碓の音も 聞ぬやうに、いつとなくともし油も絶ぬ

복신을 의인화함으로써 복신이 세속과 친밀성을 지니는 존재임을 부각시키고 있는 묘사이다. 그럼에도 불구하고 이 치부담의 주인공 야마자키야(山崎屋)[16]이 무일푼의 신세로 전락하게 된 동기는 "가업인 기름을 짜는 망치소리를 싫어하고 장사에 소용없는 깨끗한 것만 좋아했던" 것에 있었음을 작가는 밝히고 있다. 복신의 존재는 허구적 흥미를 위한 스토리 구성에 활용되고 있을 뿐이다. 근처에 있는 다카미데라(寶寺)[17] 에 갑자기 참배해서 사원의 이름처럼 다시 부자가 되게 해달라고 빌었지만 살아갈 방도를 찾지 못하는 주인공이 다시 치부에 성공하게 되는 것은 잉어와 붕어의 소매 유통방식과 판매 방식을 개선했기 때문이었다. 신불의 존재와 치부의 동기와의 스탠스는 일관되게 유지되고 있음을 알 수 있다.

5-4(朝の塩竈夕の油桶)에는 다음 2 용례가 나타나고 있다.

> 이번에 여기서 실례하게 되었군요. 가시마다이묘진님의 신탁 중에 사람의 살림살이는 "움직이지만 설마 뽑히겠나요 가나메이시 장사의 신이 계셔주기만 한다면"이라는 와카에서도 읊어지고 있는데 이것은 장사의 신이 지켜주시는 한 사람의 살림살이는 흔들리는 일이 없을 것이라는 뜻으로 결국 생업의 길은 돈 버는데 쫓아올 가난 없다는 것이다 "라고 가시마의 고토부레가 말하고 돌아다니는데 이것을 순순히 귀담아 듣고 한 푼의 돈이라도 헛되이 써서는 안된다
> 是やこなたへ、御免なりましよ。鹿嶋大明神さまの御詑宣に、

---

16) 야마자키는 기름 생산으로 유명한 지역이었기 때문에 주인공의 이름을 야마자키야라고 붙였을 가능성이 있고, 이 인물이 실제 존재했는지의 여부는 밝혀져 있지 않다.

17) 지금의 교토부 오토구니군 오야마자키쵸에 있는 寶積寺를 말한다. 이 절의 이름이 치부와 연관성을 지니는 만큼 이 절을 주인공이 참배하는 설정을 하는 작가의 수사법은 뛰어나다고 할 수 있다.

人の身袋は、「動ともよもやぬけじの要石、商神のあらんかぎり
は」との御詠哥の心は、惣じて産業の道、かせぐに追付貧乏なし」
と、言觸がいふてまはりしに、正直の耳にはさみて、壱文の錢を
もあだにする事なかれ。

　불도를 깊이 믿고 몸 여기저기를 물어뜯는 벼룩을 죽이지 못하고
발밑에 있는 지렁이를 밟지 않았으며 속마음은 아주 순수했지만 외모가
험악했다.
　佛の道にかしこく、身をせゝる蚤を殺さず、足下の蚓を踏ず、
正直の頭ばかりは恐ろし。

　이 작품의 도입부에서 가시마다이묘진의 신탁[18]의 효용성을 상대화
하고 있는 묘사를 하고 있음은 주목할 만하다. 가시마다이묘진은 천재
지변이나 역병 따위를 예고하여 사람들에게 주의를 주는 신으로 알려져
있었고 이와 더불어 살림살이를 지켜주는 신으로 믿어져 왔던 습속을
소개하면서 이의 허망함을 언설하고 있는 것이다. 살림살이를 지키는
것은 이러한 습속을 믿고 방심하는 것 보다 한 푼의 돈이라도 절약하는
것이 중요하다는 세속의 합리적 질서를 직설적으로 언설하고 있는
부분이다.

　또한 취직자리를 얻지 못하고 빈민으로 전락한 낭인들에 관한 묘사
에서도 각 낭인들의 개성 있는 성격과 생활을 흥미롭게 소개하면서
불도를 깊이 믿고 있는 낭인이 가난을 벗어나고 있지 못하고 있음을

---

18) 해마다 봄에 가시마의 예언자라고 하는 사람들이 가시마묘진의 신탁이라고
　　해서 그 해의 농사의 길흉을 알리며 전국을 돌아다니면서 읊었던 문구이다.

사실적으로 그리고 있다. 이들 낭인들이 잡기에 빠져 곤궁한 상황에서 벗어나지 못하는 상황을 해학적으로 묘사하면서도, 치부에 관한 이들의 비합리적 자세에 문제가 있음을 지적하고 있는 것이다. 결국 작품 말미에서 작가는 "이렇게 보면 사람들은 각자의 가업을 소홀히 하면서 여러 잡기에 깊이 빠져들어서는 안 되는 것임을 알 수 있다"라고 언설함으로써 치부를 이루는 데 있어 불도마저도 타 낭인들의 잡기에 빠져 치부에 어려움을 겪는 것과 같은 이치임을 제시하고 있는 것이다.

5-5(三匁五分曙のかね)에서는 다음 2 용례가 등장한다.

오랜 동안 이 집에 살아왔던 금은의 미움을 받아 안 창고의 복신도 나가버리시게 되자 겨우 유흥의 꿈에서 깨어나더니

久敷此家に住なれし金銀に憎まれ、內藏の福の神お留主なりし時、やうやう夢覚て驚き

이미 새벽 4시의 종이 울렸다. 이제는 땡전 한 푼 남아있지 않다. 와카에비스를 파는 사람을 불러들이기는 했지만 살 돈이 없어서 에보시를 쓰지 않은 에비스가 있으면 사겠다면서 돌려보냈다.

用仕舞ば七つの鐘の鳴時。いかないかな、ちやんが一文なくて、若ゑびす賣呼込たれ共、「ゑぼしきぬ夷ならば買」とて戻ける

당대에 치부에 성공했던 요로즈야[19]의 대를 이은 양아들 부부의

---

19) 요로즈야의 치부과정에 관해서 다음과 같이 그려지고 있다. "낭비를 하지 않고 가옥도 보통 사람 이상으로 짓지 않았으며, −중략− 요시타로라는 외아들이 있었는데 아들이 13세때 코 푸는 종이로 고급 종이인 스기하라가미를 쓰고

몰락담을 묘사하고 있는 대목이다. 아들의 호색과 부인의 사치로 인해 부친이 일구어냈던 재산을 탕진하는 과정이 사실적이고 흥미롭게 그려지고 있고 작가의 사실적 창작방법이 잘 제시되고 있는 부분이라고 할 수 있다. 이들의 몰락과정에서 등장하는 복신과 에비스[20] 등의 신들의 존재는 몰락과정과 아무런 연관성을 지니지 못하고 몰락담의 세속적 소재로서 사용되고 있음에 불과하다.

7. 권6에서의 신불묘사

6-2(見立て養子が利發)에는 다음 4 용례가 등장한다.

간다의 묘진 앞에 가문의 내력이 아주 훌륭한 낭인이 은둔생활을 하고 있었다. 나이도 어느덧 50세정도 되어 다시 무사생활을 할 마음도 없었고

神田の明神の前に、俗性歴々の浪人身を隠して、年も家に杖つく比なれば、さのみ主どりの望みもなく、

1년 중에 상인이 꾸며댄 거짓 서문을 10월 20일의 에비스제에서

_____

있는 것을 보고 의절을 한 뒤" 라고 묘사되고 있다. 이 주인공의 치부는 오로지 검약과 노력만으로 이루어진 것임을 다소 과장되게 묘사되고 있다.

20) 에비스를 살 돈이 없기 때문에 판매상을 돌려 보내기 위하여 단 구실에 불과함은 당시 독자들도 쉽게 이해할 수 있는 묘사이다. 에보시를 쓰고 있지 않은 에비스 신은 상상할 수 없는 것으로 복신의 습속을 상대화 시킴으로써 독자들의 웃음을 유발하려고 하는 작가의 창작방법의 하나라고 할 수 있다.

깨끗이 없애버리는 풍습이 있다.

　年中の誓文を、十月廿日のゑびすかうに、さらりとしまふ事あり

　이 에비스제 날에는 어느 집이나 앞 다투어 생선을 사들이는데 마침 이 무렵은 바다날씨가 거친 때라서 보통 때보다 생선이 빨리 동이 난다. 이렇게 되면 특히 도미 같은 경우 한 마리가 1량 2분씩이나 나가게 된다.

　けふのゑびす講は、万人肴を買はやらかし、自然と海も荒て、常より生物をきらし、殊に鯛の事、壱牧の代金壱両弐歩づゝ。し

　보통 때는 절약을 우선으로 하는 사람이었지만 그날은 1량 2분의 도미를 사들여 에비스제의 축하선물로 한 조각씩 나누어 주었다.

　日來はし末第一の人なれど、一兩弐歩の鯛を調て、ゑびすの祝義をわたしけるに

첫 번째 묘사에서 등장하는 낭인이 살고 있는 곳이 간다신사 앞임을 밝히고 있지만 신사라는 세속의 성역과 낭인의 무능력한 장사행위와의 관련은 전혀 나타나고 있지 않다. 세간의 이목만을 의식해서 시작한 행상일 뿐 치부에 대한 의지와 요령이 전혀 없는 사람으로 묘사되고 있을 뿐이다. 실제로 존재했을 법한 탈계급적 상황에 몰린 낭인 무사들에 대한 사실적 회화화가 드러나고 있는 대목이라고 볼 수 있다. 신사와 상행위와의 연관성은 없음을 알 수 있다.

이어지는 10월 20일의 에비스제의 습속에 묘사 중에서 상인이 1년간 꾸며낸 거짓 서문[21]을 에비스 신에게 고해 면죄 받는 행위 자체에

---

21) 1년간 고객에게 거짓 서문을 꾸며댄 사실에 대해 신에게 제사를 지내 그 죄와

신불에 관한 신앙심의 동기를 찾아볼 수 없다. 화제의 중심은 에비스제를 둘러싼 호쾌한 소비행위를 사실적으로 그리는 데 있음을 알 수 있다. 에비스라는 신과 이를 제사 모시는 상인들과의 사이에 치부와 신불이라는 세속과 신앙의 접점이 지니는 긴장감이 전혀 나타나고 있지 않다. 에비스는 습속적, 관습적 용어로서 등장하고 있을 뿐이다. 주인공인 이세 요다 출신의 남자는 도오리마치 나카바시의 환전상의 양아들이 되어 여러 가지 수법으로 더 큰 규모의 환전상으로 성공하는 인물로 묘사되고 있다. 그의 부모에게 "우선 두 내외분께서는 오늘부터 매일 설법을 해 주는 절에 참배하신 뒤에 수납 중에게 가서서 새전[22]을 있는 만큼 다 사가지고 오십시오. 그렇게 하면 세대와 불법 모두에 도움이 될 것입니다"라고 말함으로써 새로운 치부수단을 강구하고 있다. 새전, 설법, 참배라는 행위가 자연스러운 치부과정의 단계로 제시되고 있는 것이다.

6-5(惠をはかる八十八の升搔)에서는 다음 1 용례가 등장한다.

　　농민들이 누구나 바라는 대로 소와 말이 있고 남녀 하인들이 옆 건물에서 나란히 살고 있었다. 연공미도 거의 없는 것과 다름없는 세상이기에 생활도 만사가 뜻대로 이루어졌고 신과 불을 잘 섬겼다. 그 때문에

부정 따위를 없애는 습속을 말한다. 10월 20일에 친족들을 불러 제사를 지내는 것이 보통이었다.

22) 새전을 교환하는 사례금으로서 절에는 약간의 돈을 더 주고 환전상은 이렇게 마련한 잔돈을 손님에게 교환해 주면서 수수료를 챙겨 돈을 벌곤 하였다.

점차 그 덕이 쌓여
　百姓の願ひのまゝに、田畠・牛馬、男女のめしつかひ者棟をならべ、作り取同前の世の中。萬を心にまかせ、神をまつり佛を信じんふかく、おのづから其德そなはりて、

『永代藏』의 가장 마지막 작품으로, 말미에 등장하는 교토의 기타야마의 화목하고 치부에 성공한 3대 가족에 관한 묘사 중에 등장하는 신불에 관한 언설이다. 이들이 치부에 성공한 과정에 관한 구체적인 묘사는 나타나고 있지 않으며 "만사가 뜻대로 이루어졌고 신불을 잘 섬겼음"을 말하고 있다. 권두일절에서 상인의 덕목 중의 하나로서 제시되는 "신불을 섬길 것, 그것이 일본의 풍습이다"라는 부분과 궤를 같이 하고 있는 것이다.

8. 51개소의 신불묘사와 치부

이상 살펴본 바와 같이 『永代藏』권1에서는 9개소, 권2에서는 12개소, 권3에서는 7개소, 권4에서는 13개소, 권5에서는 5개소, 권6에서는 5개소 등 모두 51개소의 신불 관련 묘사를 대상으로 그 의미와 구조를 살펴보았다.

당대인들의 신앙의 기본 틀인 신불과 관련을 맺는 51개소의 묘사 안에서 관음이나 보살 혹은 재물을 둘러싼 여러 신들의 존재가 다양한 방식으로 등장하고 있으며, 이들은 중세 이래의 설화적 전통을 수용하는 방식으로 이야기 전개에 중요한 역할을 차지하고 있음을 알 수 있다. 근세 신불의 세속화라는 시대의 큰 흐름 안에서 신불이 치부라는 현세적 기원을 성취하기 위한 조력자로서 또는 상인들의 모범적 치부의 방식으로서 제시되고 있지만, 신불 그 자체를 회화화하거나 존재방식의 의미를 회의 또는 부정하는 묘사나 작가의 언설은 등장하지 않는다. 신불의 의인화는 치부의 동기나 전개방식에 흥미를 이끌어내려고 하는 작가의 창작방법으로 사용되고 있으나 치부라는 세속적 행위가 신불의 세속화로 이어지고 있다는 작가의 인식은 거의 찾아볼 수 없는 것이다.

이 세상에서 절대적인 질서를 찾아내어 그 질서에 의거해서 살아가는 것이 보람 있는 일이라고 여기는 인생관 즉 치부와 금전에 절대적인 삶의 기준을 두고자 하는 상인들의 세속적 신불관은 신불을 치부라고 하는 세속적 지향방식으로 상대화하는 단계에 도달했다고는 볼 수 없는 것이다. 치부 즉 금전을 지향하고 축적하는 행위는 세속적 합리성에 의거하여 이루어지는 것이고 신불은 이러한 세속적 가치에 의해 그 신앙이라는 측면에서의 절실함이 약화되는 경향을 보이기는 하지만 신심 그 자체에 관한 회의나 부정이라는 방식을 수반하고 있지 않음을 알 수 있다.

『本朝二十不孝』에서의 神佛
2부6장

1. 불효담의 주제적 의미

　1686년에 江戸의 万谷精兵衛, 大阪의 岡田三郎右兵, 千種五兵衛에 의해 간행된『本朝二十不孝』는 작품명에서 알 수 있듯이 20명 불효자의 불효담을 묘사한 작품으로서 전 작품 (20章)을 하나의 테마로 통일시키는 방식은 이 작품 이후의 사이카쿠의 기본적인 창작방법이 되고 있다.『本朝二十不孝』라는 題名을 보면, 오토기조시(お伽草子)『二十四孝』를 일차적으로 의식해 패러디하고 있음은 새삼 설명할 필요가 없고, 그밖에도『孝経』,『孝行物語』,『大和二十四孝』,『本朝孝子伝』,『宇治拾遺物語』, 다수의『謡曲』등 많은 선행 작품들과 무관할 수 없음은 그간 무수하게 지적되어 왔던 전거론을 소개하지 않더라도 명확하다고 말할 수 있다. 즉, 제명을 통해서 볼 때 사이카쿠의 다른 작품보다도 명확하게 선행 작품을 떠올리게 하고 그 주제적 의미를 되새기게 하는 측면을 지니는 것이 바로『本朝二十不孝』라고 할 수 있을 것이다.

　불효담이라는 형태로 효를 테마로 하고 있는『本朝二十不孝』는 그 특유의 윤리성과 관념성으로 인해 사이카쿠의 많은 소설 중에서 특히 작자의 창작의도가 주요과제로 되어있는 작품이다. 이 소설의 명시적 주제라고 할 수 있는 효는 필경 세속 안의 윤리로서 의미를 지니는 것이며 당시 幕府의 주자학적 이데올로기에 입각한 효도장려 정책 속에서 발행된 수많은 효행서 발행에 편승한 창작이었음은 물론이다. 그럼에도 이 작품의 개제본이 『新因果物語』라는 서명으로 발행된 것은 이 불효담이 단순히 효라는 영역에서 머물고 있지 않음을 보여주고 있다. 이 작품에 등장하는 많은 불효담에는 당대인들에게 통념적 인식으로서 자리 잡고 있던 인과응보담이 여러 형태로 투영되고 있는 것이며 이 작품에 자주 등장하는 天 , 天命, 因果[1]등과 같은 용어들도 바로 이 작품이 儒敎라는 세속적 이데올로기의 심층에 佛의 영역이 개재되고 있음을 말해 주는 것이라 할 수 있다. 이 작품에 등장하는 대부분의 불효자들의 결말이 응보적 죽음으로 나타나고 있음이 바로 佛의 영역의 개재를 의미하는 것이라 할 수 있다.

　유교에서는, 보편적인 인간애라는 것을 설정하고 그것을 仁이라고 한다.[2] 이 보편적인 인간애는 인간만의 특수한 혈족애의 전개라고

---

1) 横山重・小野奨　校訂 『本朝二十不孝』(岩波文庫 1963)의 해설에서는 다음과 같이 지적하고 있다. "불효를 주제로 하는 이 작품에서 특히 현저하게 나타나고 있는 것이 인과 등의 불교사상이 근간이 된 용어이다. 무서운 불효의 결말이 그대로 부모에 대한 벌로 이어진다는 발상은 인과응보의 사상에 의한 것이다. 그리고 작가 사이카쿠는 효를 권장하는 방편으로 사용하고 있다. 이것이 유교의 입장에서 말하는 권징주의와 習合되어 이 작품의 사상적 기조를 이루고 있다."
2) 重沢俊郎 『原始儒家思想と経學』(岩波書店) 참조

보고 있다. 즉 인간애의 발로는 혈족간의 관계에서 보여지는 것이다. 육친간의 애정은 인간애에 비해 생물학적이며 본능적이라는 것이 인의 기본이다. 이러한 육친간의 애정의 대표가 孝임은 말할 나위도 없다. 육친간의 애정에는 부모에 대한 자식의 애정-효, 자식에 대한 부모의 애정-慈가 있으며 효와 慈 모두 생물학적, 본능적인 것으로 간주하고 있는 것이다.

그러나, 이 중 부모에 대한 자식의 효를 본능적인 애정이라고 단정할 수 있는 것인가? 생물학적으로 동물의 생태를 보면 새끼가 자립해서 바로 집을 짓게 되면 어미와는 무연의 관계가 된다. 어미는 과거의 존재로 되어 버리며, 이성이나 새끼에 대한 감정이 미래로 향하게 되는 것이 일반적인 현상이다.[3] 인간 역시 생물인 이상 이 카테고리에 들어가지 않을 수 없겠으나 유사 이래로 동물 중에서 유일하게 인간만이 부모와 무연의 관계가 될 수 없었던 것 또한 엄연한 사실이다. 즉, 동서고금을 불문하고 늘 「불효」의 현실을 목도할 수 있으면서도 「불효」를 인간의 본성이라고 할 수 없는 소이가 이 점에 있는 것이며, 여기에는 인간의 세속적 理性으로서는 설명하기 어려운 숙명적인 측면이 내재하고 있어 「불효」의 동기와 결말에 불교적 因果가 개재되는 구조를 지니게 된다고 볼 수 있다.

『二十不孝』에서 사이카쿠가 묘사하려고 하는 「불효」라는 테마는, 상술한 바와 같은 효가 지니는 특성을 생각한다면 「転合書」라는 포즈

---

3) 加地伸行 『儒教とは何か』(中公新書) 참조

나 발상으로서는 대처하기 어려운 과제였다고 말할 수 있을 것이다. 사이카쿠가『本朝二十不孝』에는 나타나고 있지 않은「笑い」의 세계를「불효담」이라는 역설적인 수법으로 만들어 내려고 하고 있음은 확실하다. 그러나 독자는「불효담」의 내용을 戱作的 발상에 의해 웃어 넘겨 버릴 수는 있었다고 해도 대부분의 주인공들이 그 불효의 대가로서 죽음에 도달하는 결말까지 戱作的 발상으로 받아들일 수 있었는지는 의문이라 할 수 있다. 이 점이 바로『新因果物語』라는 별도의 題名에서 제기되는 문제이고 이 작품이 바로 佛의 영역과 무관할 수 없음을 나타내는 소이라고 할 수 있으며, 창작의도 또한 바로 이점과 크게 관여되지 않을 수 없는 것이다.

주지하고 있는 바와 같이 일본 근세의 불교는 전체적으로 보아 초월적이고 자기부정적인 종교성을 상실해가면서 무기력하면서 세속화하는 경향을 강하게 내재하고 있다. 대부분의 불교사원은 追善供養의 행사의 형식적 활동을 중심으로 세속화의 경향을 보였던 바, 이는 도쿠가와의 종교정책의 소산이기도 했다.

이상 언급한 바와 같이 본고에서는 근세적 불교의 전개양상 속에서 불효라는 주제로 통일된『本朝二十不孝』의 각 불효담에 투영된 佛의 개재양상의 제 측면을 살펴보기로 한다. 이를 위해 이 작품의 서문 창작의도에 나타나고 있는 효와 佛의 관련양상을 다루고 이어서 각 개별 작품에 나타나고 있는 佛의 개재양상을 살펴보기로 한다. 이의 분석을 통해 이 작품이 단순한 불효담에 그치지 않고 세속의 因果譚으로서 제시되는 의미와 창작의도와의 관련성을 고찰하고 아울러 당시의

世俗 안에서 불효의 현실을 직시하고 관찰했던 작가 사이카쿠의 佛에의 인식문제 등도 다루어보고자 한다.

2. 서문 창작의도에 나타나고 있는 孝와 神佛

다음 인용의 작품의 서문에는 사이카쿠의 창작의도가 난해하면서도 압축적으로 제시되고 있으며 이를 둘러싸고 많은 논의가 이루어져 왔음은 주지의 사실이다. 여기서는 효와 佛의 관련성을 중심으로 살펴보기로 한다.

> 雪中의 죽순은 야채가게에 있고 잉어는 생선가게에 있도다. 세상에 天性 외에는 기도하지 않더라도 각자 가업을 충실히 해 그 수입으로 모든 것을 장만하고 효를 다하는 것이 보통이다. 그런데 이런 보통 사람은 드물고 악인이 많아 효의 길을 모르니 천벌을 벗어날 수가 없도다. 그 예는 여러 지방에서 나타나는 바, 불효의 인간들이 그 죄를 드러내고 있으니 이것을 책으로 해서 효도에 일조가 되기를 바라는 것이다. 4)

> 雪中の芛、八百屋にあり、鯉魚は魚屋の生船にあり、世に天性の外、祈らずとも、夫々の家業をなし、禄を以て万物を調べ、孝を尽せる人、常也。此常の人稀にして惡人多し、生としいける輩、孝なる道をしらずんば、天の咎を遁べからず、其例は、諸國見聞するに、不孝の輩、眼前に其罪を顕はす、是を梓にちりばめ孝にすすむる一助ならんかし。

---

4) 暉峻康隆 外 『本朝二十不孝』(中央公論社 1949) 巻頭序

天이 감동할 정도의 효행으로 기적이 일어나 효행을 이룰 수 있었다
는 서문에서 제시되는 기적적 효행담5)은 기실 근세 일본에 있어 현실성
이 희박하며 그보다는 가업의 충실을 통해 획득한 세속의 경제력으로
얼마든지 효행이 가능하다는 언설을 작가는 행한다. 그럼에도 가업을
충실히 수행하지 못해 불효를 저지르게 되는 수많은 현실 속에서 이들
은 당대에 이미 하늘의 벌(天の咎)을 받게 된다고 작가는 말한다. 효행의
강조와 불효의 응징에서 제시되는 天은 유교적 개념이라고 볼 수 있으나
유교적 天에서 因果的 가르침은 거의 존재하지 않는다. 오히려 輪廻의
원리를 설파했던 佛에서의 天의 개념이 因果應報의 세속적 인식을
형성시켰다고 볼 수 있다. 죄를 진 불효자가 당대에 벌을 받게 된다는(不
孝の輩、眼前に其罪を顕はす)는 발상은 佛에 대한 당대인들의 現世祈福
的 신앙과 佛의 세속화와 表裏의 관계에 있다고 볼 수 있다. 가업을
이어가는 것이 효의 우선적 과제(世に天性の外、祈らずとも、夫々の家業
をなし、禄を以て万物を調べ、孝を尽せる人、常也)라고 서문에서 말하고
있으므로 가업전념과 효의 관련6), 불효나 악행을 꾀하는 주인공에
대한 작자의 묘사, 주인공의 불효나 악행의 응보로서의 결말을 살펴볼
필요가 있다. 지면 사정 상 이 고찰에서 개개의 작품내용을 소개인용하
는 것은 불가능하므로 최소한 작품번호를 열거하는 것으로 논을 전개하

---

5) "雪中の芋、八百屋にあり、鯉魚は魚屋の生船にあり"에서 제시된 효행담
   은 『二十四孝』나 『蒙九』 등에서 나오고 있는 孟宗의 고사를 말함은 물론이다.
6) 졸고「『本朝二十不孝』における「孝」の主題的 意味 －作者の創作意圖と
   關聯して－」 (筑波大學平家部會論集 第6集 筑波大學平家部會 1997)
   참조

고자 한다.

우선 가업전념과 효의 관련을 다룬 작품군을 보면,

- ·가업에 전념하지 않는 불효담의 설정
  - ─ 9話 (「卷1-1」, 「卷1-2」, 「卷1-4」, 「卷2-1」, 「卷2-3」, 「卷3-2」, 「卷4-1」, 「卷5-3」)
- ·주인공이 딸로 설정되어 가업과 관련을 맺지 않는 작품
  - ─ 4話 (「卷1-3」, 「卷2-2」, 「卷3-1」, 「卷5-1」)
- ·가업전념과 관련이 없는 작품
  - ─ 7話 (「卷2-4」, 「卷3-3」, 「卷3-4」, 「卷4-2」, 「卷4-3」, 「卷4-4」, 「卷5-4」)

등으로 되어 있다.

전 20 작품의 반에 가까운 9話에서 가업에 전념하지 않고 악행을 저지르는 불효담이 묘사되고 있다. 또한 「卷1-3」의 小鶴, 「卷2-2」의 小吟, 「卷3-1」의 乙女(5女), 「卷5-1」의 小さん의 경우는 대를 이을 수 없는 딸이기 때문에 가업의 책임이 없는 여주인공들의 불효담인데, 딸의 기행이나 악행이 집의 몰락을 초래하게 되므로 앞 9話의 불효담의 구조와 다를 것이 없다. 그 밖의 7話는, 「卷2-4」에서와 같이 유산분배를 둘러싼 자식들 간의 다툼을 그린 작품, 「卷3-3」과 같이 부정적인 수단으로 가업을 행한 주인공의 몰락을 그리고 있는 작품 등으로 되어 있음을 알 수 있다. 즉 서문에서 가업을 제대로 행하지 않음으로써 초래하는 불효담을 다룰 것을 표명했지만 실제 작품 안에서는 20 작품 중 11 작품이 가업계승과는 무관한 내용으로 되어 있으며 나머지 9

작품은 일단 가업을 제대로 행하지 않은 형태로 묘사되고 있지만 실제 내용은 앞에서 검토해 본 바와 같이 가업의 책임이 없는 여주인공의 불효담이나 유산분배 분쟁 등이 중심내용이 되어 있어 가업의 성실한 계승이라는 효의 과제와는 벗어난 불효담이라고 할 수 있다. 다시 말해 주인공의 불효에 내실은 가업계승과는 관련이 없음을 보여주는 불효담이 대부분이라고 할 수 있다. 이는 작가가 이 작품의 주제를 단순히 불효와 그 동기를 유형화하려는 데 두고 있지 않음을 말하는 것으로서 불효에 불가측의 因果가 내재하고 있음을 시사하는 것으로 볼 수 있다.

다음으로 불효나 악행을 꾀하는 주인공의 조형에 관해 보기로 하자.

· 불효에 이르는 과정의 묘사는 없고 처음부터 철저하게 악인으로 설정되어 있는 작품
 － 13話
· 악행을 저지르는 것은 아니나 가업에 전념하지 않는 불효의 예
 － 1話 (「卷1-4」)
· 기타
 － 6話 (「卷2-4」, 「卷3-1」, 「卷4-2」, 「卷4-4」, 「卷5-3」, 「卷5-4」)

등으로 되어 있다. 주인공의 처음부터 악인으로 설정되어 있는 불효담이 13작품이라는 것 또한 이 작품을 상인의 가업계승이라는 과제와 관련시켜불효를 지탄하려는 의도가 작가에게 찾아보기 어렵다는 것을 의미한다. 또한 악행을 저지르지 않고 가업을 충실히 이행하지 못하는 주인공들의 조형이 7작품이나 존재하는 바, 이 점에서도 주인공들의 불효의 동기와 그 응보는 거의 因果에 가까운 것임을 알 수

있다.

다음으로 주인공의 불효나 악행의 응보로서의 결말을 보면 다음과
같다.

- 주인공이나 가족의 괴기적이고 비현실적인 죽음
  - 8話 (「卷1-1」, 「卷1-2」, 「卷1-3」, 「卷2-3」, 「卷3-1」, 「卷3-3」, 「卷
    3-4」, 「卷4-3」)
- 불효나 악행에 대해 세속에서의 응보로서의 죽음(파멸)
  - 9話 (「卷1-4」, 「卷2-1」, 「卷2-2」, 「卷2-4」, 「卷3-2」, 「卷4-1」, 「卷
    4-2」, 「卷5-1」, 「卷5-3」)
- 기타 -
  - 2話 (「卷4-4」, 「卷5-4」)

등으로 되어 있다. 불효의 응보로서 괴기적이고 비현실적인 죽음을
맞거나 그 악행에 대해 속세에서 응보의 결말을 맞는 설정에서 리얼리
티를 찾아보기 어려우며 오히려 이는 불교의 輪廻사상에 대한 세속적
인식의 표명이라고 할 수 있을 것이다.

작가는 서문에서 효의 전제조건으로 가업수행의 중요성을 강조하고
이를 행하지 못하는 불효담에서 그 응보의 묘사를 하겠다고 말하고
있다. 그러나 실제 개별의 작품에서는 가업수행의 불이행으로 인한
불효의 실상이 그려지는 예는 거의 찾아보기 어렵고 동기를 알 수
없는 불효자들이 그 불효로 인해 비현실적인 죽음을 결말을 맞는 작품
이 대부분이라고 할 수 있다. 불효를 묘사하는 역설적 효행담인 이

작품에는 효라는 주제 외에 세속적 인식에 투영된 불교의 因果觀이 자리 잡고 있으며, 진정한 불효의 동기가 서문에서 말하는 가업을 성실하게 수행하지 못한 점에 있었다기 보다는 부세에서의 인간사의 예측하기 어려운 다양한 행위와 사건에 있었음을 알 수 있다. 이는 이 작품이 불효담을 다루고 있지만 단순한 규범의 영역을 넘어 佛의 영역이 개재되고 있음을 의미하는 것이다. 다음 장에서는 이러한 佛의 개재양상을 구체적으로 살펴보기로 한다.

3. 각 작품에 나타나고 있는 神佛과의 관련양상

권 1-1(今の都も世は借り物)은 『本朝二十不孝』의 첫 번째 작품으로서 권두서문에서 불효를 행하는 자에게는 현실에서 그 응보가 나타난다는 언설(生としいける輩、孝なる道をしらずんば、天の咎を遁べからず、其例は、諸國見聞するに、不孝の輩、眼前に其罪を顕はす)[7]을 가장 잘 표현하고 있는 불효담이라고 할 수 있다.

교토 부호의 아들로 태어나 가업을 이어가지 않고 방탕한 생활을 한 끝에 당대에서 몰락을 하는 전형적 당대몰락담의 주인공 사사로쿠(篠六)가 추구했던 환락적 삶은 속세에서의 세속적 가치기준의 중요한 척도가 되는 금전이 없으면 성립될 수 없는 것이었다. 방대한 유산의

---

7) 앞 장의 작품 서문 내용의 말미부분에 해당함.

탕진 후에도 유곽에서의 쾌락적 유흥에 탐닉하는 주인공의 불효적 행태묘사가 이 작품의 주제라고 할 수 있는 불효담의 근본설정이라고 할 수 있으나, 유교의 우선적 생활규범이고 과제인 孝의 정신적 영역만으로는 감당하기 어려운 측면이 이 불효담에 내재하고 있음을 간과할 수 없다.

대부분의 상속재산을 탕진한 후 은거 중인 부모의 남은 재산마저 손에 넣기 위해 부친의 독살을 기도하는 주인공의 행위8)와 그 결말은 다음의 묘사에서 명확하게 제시되고 있다.

결국 부친의 무사함을 한탄하고 江州多賢明神을 참배해 부친의 목숨이 빨리 끊어지기를 기원했지만 잘못 들었던 것인지 이 신은 수명의 신이기에 더욱 건강하게 사는 것을 원망하며 여러 신과 부처를 찾아다니며 7일 안에 죽게 해 달라는 저주의 기원을 했다. 그 기원이 효과가 있었는지 부친은 그제야 현기증이 나는 증상을 보였다. 모두 달려와 소란스러운 가운데 신이 난 듯 사사로쿠는 미리 준비해 두었던 독약을 꺼내 여기 치료약이 있다고 하며 온수에 담군 뒤 자신의 입에 머금었다가 부친에게 먹이려고 했으나 그만 자신이 약을 삼키고 말아 순식간에 죽고 말았다. 여러 가지로 처치를 했으나 효과가 없었고 악행의 업보는 순식간에 찾아와 떠진 눈에는 핏줄이 솟았고 머리카락은 쪼그라들었으며 시신은 보통 때의 다섯 배로 부풀어들어 사람들은 참으로 기이한

---

8) 이 불효담의 소재적 흥미는 이 부분의 주인공의 '毒の試し'에 있음은 물론이다. 선행 효행담에 자주 등장하는 전형적인 효자들의 '毒の試し'라는 행위에 관한 작가의 패러디가 당시의 독자들에게 단순히 惡子의 행위를 흥미의 소재로서 받아들여졌는지 아니면 불효의 응보적 결말로 받아들여져 효를 강조하는 묘사로 인식되었는지가 작가의 창작의도를 해명하는 핵심적 과제라고 할 수 있을 것이다.

모습을 보게 되었다.

　いよいよ親仁の無事を歎き、江州多賢明神に参り、親の命を短く祈れど、何をか聞し、此神は壽命神なれば、なを長生を恨み、諸神・諸仏をたたきまはし、「七日がうちに」と調伏すれば、願ひに任せ、親仁眩暝心にて、各々走つけしに、笹六うれしき片手に、年比拵へ置し毒薬取出し、「是気付あり」と、素湯取よせ、嚙砕き、覺えず毒の試して、忽ち空しくなりぬ。

　さまざま口をあかすに甲斐なく、酬立所をさらず、見出す眼に血筋引、髮縮みあがり、骸体　常見し五つ嵩程になりて、人々奇異の思ひをなしける。

　금전을 위해 부친의 독살을 기도하는 주인공의 불효의 행각에 諸神과 더불어 諸佛이 등장하는 점에 주목하지 않을 수 없다. 인간의 長壽를 지켜주는 江州多賢明神에게 수명의 단축을 기원하는 주인공의 奇行의 발상이 佛의 영역으로 확대되는 점은 佛의 존재방식에 입각하면 원천적으로 무의미하다고 할 수 있으나 이러한 묘사는 바로 당대의 佛의 세속화와 무관하지 않다. 앞의 불효담이 근세 상업자본주의 시스템 안에서의 고리대금의 실상과 폐해를 적나라하게 드러내고 있고 이에 관한 작가의 사실적 묘사는 浮世에서의 근세인들에게 있어 금전이 지니는 실존적 의미를 여실히 부각시키고 있으며 이 불효담의 실상을 통해 당세의 경제적 현실에 관해 작가는 당시의 어떤 문헌보다도 的確하게 묘사하고 있음을 의미한다. 이 점이 이른바 작가 사이카쿠를 리얼리스트로 평하는 所以라고도 할 수 있을 것이다. 그런데 주인공에 관한 결말에서는 묘사의 리얼리티는 잘 드러나고 있으나 浮世的 현실의 사실성9)이 결여되어 있음을 알 수 있다. 선행 효행담10)에서 효자가 행하는 毒의 試飮 행위의 해학적 수용 다시 말해 작자 특유의 효행담의 逆設定이라는 창작수법이 동원되고 있으나 치밀한 독살계획을 세웠던 자식이 스스로 독을 마시는 부주의로 죽음을 초래하는 현실성이 결여된 설정은 이 작품 전체에서 나타나고 있는 작자의 사실적 묘사와 큰 間隙을 드러내고 있다. 주인공의 죽음을 佛의 因果的 교훈 안에서의 業 이라고 한다면 이는 근세불교의 세속적 인과관에 근거한 것이라고 볼 수 있고 근본적인 佛의 영역11)이라고 볼 수 없다. 또한 주인공의 죽음에 관한 묘사는 다시 극히 사실적으로 묘사되고 있어 이러한 業報的 결과를 戱畵化하는 측면이 두드러지고 있음은 상기 인용의 묘사문에서 명백하게 드러나고 있다. 단순히 효행담의 역설정으로서의 불효담을 그리려고 했다면 현실세계 안에서의 주인공의 죽음은 현실적 윤리도덕인 유교의 영역에서는 당위적 결과이지 필연적인 도리라고는 말할 수 없다. 부친을 살해하는 패륜 행위에 대해 그 자리에서 天의 응보적 결과가 나타난다는 것은 중세 불교설화담12)의 근세적 투영이 드러나고

---

9) 주6)의 같은 논문 참조.

10) 『二十四孝』『漢武帝』의 다음의 묘사가 이 불효담에서 毒의 試飮을 하는 전형적 효자의 패러디로 사용되고 있음은 주지의 사실이다.
　　漢廷事賢母、湯薬必親嘗 漢の文帝は、漢の高祖の御子なり。いとけなき御名をば、恒とぞ申し侍りき。母薄太后に孝行なり。万の食事参らせらるる時は、まづみづからきこしめし試み給へり。

11) 불교의 因果는 문자 그대로 원인과 결과를 뜻하는 것으로 일체의 현상의 원인과 결과의 법칙을 말하는 것이 보통이다. 불교에서는 六因과 四緣 五果로서 一切의 인과관계를 설명하고 있다. 그렇지만 이 작품의 경우처럼 세속 안에서 因果의 모든 결말이 지어지는 사례는 근세불교의 세속화 과정에서 등장하는 근세적 불교이해라고 할 수 있다.

있음을 말하는 것이며 이 작품이 단순히 효의 가치를 묻는 영역을 넘어 불효라는 인간의 실존적 행위를 佛의 영역에서 되묻고 있는 것임을 확인할 수 있다. 佛의 세속화는 근세불교 설화 가운데서 업보적 결말의 형태로서 구현되고 있는 것이며 실제 이 주인공이 당대의 특정 인물의 모델[13]이었다고 한다면 주인공이 이 소설의 내용처럼 죽음을 맞이했을 가능성은 거의 없다고 봐야 할 것이다. 바로 이 점이 주인공의 이름을 替名(假名)으로 처리하고 부친의 죽음이 빨리 다가오기를 바라며 諸神과 더불어 諸佛을 찾게 했던 所以이다.

권1-4(慰改へてはなしの点取)의 주인공 父子의 경우 佛에 대한 세속적 인식이 불효의 계기로서 작용하는 역설적 불효담의 주체가 되고 있다. 작가는 이 작품에서도 주인공 부친의 이름을 大坂의 도매상 塩屋某라고 해서 역시 某라고 隱蔽 처리하고 있다. 자식이 없어 걱정하던 중 늦게나마 얻게 된 아들이 성장하여 혼담이 성사된 직후에 당시 유행하고 있던 놀이에 빠져 결국 이것이 계기가 되어 出家를 하는 불효를 저지르는 것이 중심내용이다. 가업을 잇지 않고 출가를 함으로써 상인

---

12) 益田勝美・松田修編 「仏教說話の終焉」(冨士昭雄)(『日本の說話 5 近世』 東京美術1975) pp.143-144

13) 사이카쿠의 작품 중에 실제로 존재했던 인물을 대상으로 하고 있는 모델 소설적 작품이 다수 포함되어 있는 것은 주지의 사실이다. 谷脇理史는 사이카쿠의 창작방법 중의 하나로서 당시의 출판금령 등을 의식한 작가의 자주규제의식을 들고 있다. 실제 모델이 존재했더라고 하더라도 출판금령의 저촉을 피해가기 위한 방식으로 실명의 은폐 내지는 변형을 시도하는 전략을 택했다는 것이다. 주인공 부자의 몰락담을 모델로 삼고 있는 작가로서는 자연스러운 창작방식이라고 할 수 있을 것이다. 「自主規制とカムフラージュ」(『研究調査報告』18 號 國文學研究資料館文獻資料部 1997.6) 참조.

의 자식으로서 의무를 이행하지 못하는 불효담의 유형은 『日本永代藏』[14])과 같은 이 작가의 町人物에 다수 등장하는 치부몰락담의 자연스러운 주제설정이라고 할 수 있다. 불효라는 행위 자체가 유교의 세속적, 실천적 윤리의 영역에 속하므로 기본적으로 佛의 영역은 이와 같은 차원에서 논의될 수 없음은 자명하지만 동시에 佛 자체가 세속을 그 일부로서 규정하고 있다는 점에서는 근세일본의 세속이라는 공간 안에서 두 영역은 상호보완과 모순, 충돌, 갈등의 접점을 지닐 수밖에 없다.

아들이 하나시(ハナシ)를 짓는 놀이에 빠져 출가하게 되는 장면의 묘사를 살펴보자.

> 이 浮世의 덧없음은 지금 이 순간조차도 어떻게 될지 모르는 것이라고 無常을 觀念하면서 그런가 하면 오늘 형편은 어떠했을까 太夫는 어떻게 지내고 있을까 신경을 쓰면서 마음이 이리저리 갈피를 잡을 수 없게 되어 안절부절 못하다가 비몽사몽의 경지에서 때는 10월 15일 새벽 浮世念仏 소리가 들려오는 것을 너무도 감사하게 느끼고 날이 새는 것을 차마 기다리지 못하고 출가한다는 글을 남기고 난바의 절에 들어가 버렸다.

---

14) 『日本永代藏』에 등장하는 몰락담의 대부분은 결국 상인으로서 가업을 제대로 이어가지 못한 내용이 중심을 이루고 있으며 그 몰락의 원인이 필연적인 인과관계에 있다기보다는 인간의 어쩔 수 없는 숙명적 측면에 있는 경우가 많다. 즉 치부를 지향하는 상인들에게 있어서 과연 富란 무엇인가를 되묻는 치부 내지는 몰락담이 상당수 존재한다는 것이다. 이 점에서 볼 때 이 작품 『本朝二十不孝』도 불효와 가업 그리고 치부 등은 불가분의 주제로서 자리 잡고 있으며 이 구조 안에서 神과 佛의 영역의 문제가 등장하는 것이다.

　　　今もしれずと、無常を觀じ、けふの首尾太夫はいかに暮らしけ
るぞと思ひ、様々に移気、魂我ながら定めかね、現に枕引きよ
せ、寝入りもやらぬ耳ぢかく、十月十五日の暁がたに、浮世念仏
のつれ声、艶しく殊勝に思い入り、明くるを待ち兼ね、出家の書
き置きして難波の寺に入るを

　　주인공이 출가를 하게 되는 동기는 세속에서의 시련 등에 의한 도피
행위가 아님을 알 수 있다. 세속적으로는 결코 불행하다고 할 수 없는
삶을 살아가고 있는 주인공에게 돌연 찾아온 출가행위라고 볼 수 있다.
주인공이 출가를 하게 된 10월 15일 새벽에 들려온 염불은 十夜念佛[15]
인데 이는 다름 아닌 淨土宗의 염불이다. 이 대목에서 특정 종파인
淨土宗의 염불이 묘사되고 있는 점에 주목하지 않을 수 없다. 주지하고
있는 바와 같이 일본 淨土宗은 호넨(法然)과 신란(親鸞)에 의해 창시된
專修念佛로 상징되는 종파이다. 호넨 이전의 불교에서는 聖者만이
難行, 苦行을 거쳐 생노병사로 대표되는 고통의 세계로부터 탈각해
자유자재의 경지에 도달할 수 있는 것으로 간주되었으나 호넨은 이러한
성자는 극히 예외적인 존재일 뿐이며 누구나 專修念佛[16]을 통해 부처
가 될 수 있음을 설파했다. 다시 말해 호넨과 신란에게 있어 불교란
專修念佛을 통해 누구나 부처가 될 수 있는 종교를 의미했다. 종래의
至難했던 수행은 전혀 의미를 지니지 않으며 오로지 아미타불의 이름

---

15) 十夜念佛는 일본의 淨土宗에서 十夜法要를 행할 때 낭송되는 염불을 말한다.
　　보통 음력 10월 5일에서 15일까지 행해졌다.
16) 立川武藏『日本仏教の思想』(講談社現代新書 1995) pp.119-122 참조

을 부르고 염불을 함으로써 부처의 영역에 도달할 수 있음을 말한다. 淨土宗의 불교는 자신이 凡夫라는 인식을 전제로 해서 그 凡夫가 구원받기 위해서는 아미타불의 誓願이 유일한 길임을 깨닫는 것을 가르침으로 내세우는 것이며 결국 南無阿彌陀佛을 염불할 것을 최종적으로 제시하는 것이다. 이러한 專修念佛은 중세 이래 일본 민중들 사이에서 유력한 불교종파의 포교방식으로서 자리 잡아 왔으며, 세속적 현실 안에서 佛 의 신앙적 영역에 관해 경외심을 느끼면서도 당세의 현실을 부정하고 초월하려는 기존의 佛의 가르침에 다가가기 힘들었던 이른바 무종교적[17] 심성의 수많은 당대인들에게 관심의 대상이었다. 그리고 이 점에 있어 당대의 다양한 현실을 직시하는 작가 사이카쿠 또한 淨土宗에 관해 당대인들이 지녔던 평균적 이상의 인식을 지니고 있었을 것임에 틀림없다. 이 작품에서 주인공에게 출가를 행하게 했던 동기는 앞 묘사에서 나타나도 있는 바와 같이 속세를 떠날 수밖에 없는 현실적 제약 등은 전혀 없으며 오로지 무상을 느끼고(無常を觀じ) 淨土宗 사찰의 專修念佛(浮世念仏のつれ声) 소리에 있었음을 알 수 있다. 그리고 이 아들이 다시 환속을 했지만 제대로 가업을 이어가지 못하는 불효자로 설정된 것은 바로 무종교적 심성의 종교상황에서 당대를 살아가는 무수한 당대인들의 전형적인 群像의 형상화라고 할 수 있을 것이다. 이 작품의 도입부에서 작가는 다음과 같이 언설한다.

「南無阿彌陀仏,南無阿彌陀仏」이라고 외치기만 하면 아무것도 필

---

17) 阿満利麿 『無宗教からの歎異抄読解』(ちくま新書 2005) pp.9－11 참조

요가 없게 되는 이 세상이라고는 하지만 하루라도 식사를 하지 않으면 견디기 힘든 것이 현실이다. 사람은 도둑 불은 소실이라고 舞舞의 又太夫가 말하고 있지만 이 세상의 승려들 기질처럼 웃기는 것이 없다.
　「南無阿彌陀仏々」、何もいらぬ浮世とは思へ共、一日も喰ねば爲飢し。「人は盗人、火は燒亡」と舞まいの又太夫が言葉のする丶、去程に、今時の出家形気程、おかしきはなし。

　바로 淨土宗의 專修念佛의 구절을 제시하면서 당대 승려들의 세속적이고 안일한 생활모습을 活寫하고 있음을 알 수 있다. 이러한 도입부가 주인공이 이러한 근세적 불교현실의 토양 안에서 난행과 고행 없이 佛의 영역에 도달할 수 있다는 淨土宗의 가르침을 극히 자기 편의적으로 받아들이게 됨으로써 이 작품의 결말은 예정되어 있다고 볼 수 있다. 가업을 잇지 않았다는 불효의 행위가 당대의 세속적 佛의 영역에서 불효담으로 제시되고 있는 것이다. 이 불효담에서 드러나는 專修念佛에 관한 작가의 묘사는 근세민중들의 佛에 대한 세속적 인식을 사실적으로 대변하고 있는 것이라 볼 수 있을 것이다. 專修念佛로 상징되는 淨土宗에 관해 작가의 묘사와 관심이 구체화되고 있는 점은 특히 흥미롭다고 할 수 있다. 이 점에 관해서는 별도의 고찰이 필요할 것으로 판단된다.

　권2-2(旅行の暮の僧にて候)의 주인공 고긴(小吟)은 9세의 나이에 부모를 꼬드겨 여행 중인 승려를 살해하고 금전을 강탈한다. 자기 모습을 과시하기 좋아하면서도 행실은 좋지 않아 부모들조차 감당하기 어려운 딸이었다. 와카야마(和歌山)의 武家에 奉公을 나가 주인을 유혹하다

들키게 되었고 결국 마님을 원망한 끝에 살해하고 도주. 대신 부모가
사형될 것이라고 해도 고긴은 나타나지 않았고 부모가 사형을 당한
다음 날 나타난 고긴은 교수형에 처해지는 전형적인 악녀의 유형담이라
고 할 수 있다. 이 유형담은 일견 고긴의 악행이 중심이 되고 있으나
그 이면에 존재하는 부모의 추악한 속물적 물욕이 간과될 수 없다.
딸의 꼬드김이라고는 하나 "뜻하지 않은 욕심이 생겨(思はざる欲心おこ
り)" 승려를 살해한 것은 부모였기 때문이다. 악마적인 지혜를 발휘한
소녀가 성인이 되어 미모를 내세우며 남편을 자신이 선택하려 하고
문란한 몸가심을 통해 부모의 소시민적, 소지주적 속물성[18]에 대립하고
있는 면, 무사 주인에게 유혹을 한 점이 부정적으로 그려지고 있으나
"고긴의 사랑은 끝없이 불타올라 집안의 질서를 흐트러트릴 정도가
되었기에(小吟、募って、この恋止めず、家も乱るる程になれば)" 살인도
자신의 파멸도 개의치 않는 것이라 할 수 있으며 이는 자신의 본능적
삶에 충실하면서 속물적 일상성과 대립하는 것이라 할 수 있다. 이
작품의 구성은 외형적으로 고긴의 충격적인 악행이 불효담의 주요
내용을 이루고 있지만 9세의 어린 딸의 꼬드김을 받아들여 살인을
하는 부모의 본원적 악행이 내재적 모티프를 이루고 있다고 할 수
있다. 이 부모와 고긴의 업보적 결말을 처리하고 있는 작품 말미의
묘사를 보면 다음과 같다.

이 사람은 출가한 승려를 살해한 인과를 말하고 마침 7년째가 되는

18) 松田修 『井原西鶴集2』(小學館 1973) p.192 頭註

올 해, 달도 날도 딱 내일이 됩니다. 사형 당하는 것은 당연하다고 체념하고 있는 모습, 악인이라고 해도 모두 애처럽게 생각했다. 결국 피할 수 없는 상황이므로 사형이 집행되었고 다음날 고긴은 부모의 소식을 듣고 자수해 왔다. 고긴도 결국 사형이 되었다. 어느 지방까지 도망갔다고 해도 한번은 반드시 붙잡히게 될 몸을 숨겼던 것인데 자신이 출두하면 별 문제가 없었을 부모를 무참히 죽게 한 유례를 보기 어려운 악녀라고 증오하지 않는 사람들이 없었다.

　此者、出家を殺せし因果の程をかたりて、「七年目にめぐり、月も日もあすに當れり。此筈」と思ひさだめ、觀念したる有様、惡は惡人にして、今此心ざしを、皆々あはれに感じける。とても遁れぬ道をいそがせ、首打ての明の日、親の様子を聞て、隱れし身をあらはし出けるを、其まま是もうたれける。何國までか、一度はさがさるる身をかくしぬ。「おのれ出れば、子細なくたす駆る親を、是ためしもなき女なり」と、憎ざるはなかりけり。

　결말의 내용은 고긴의 악행의 업보가 죽음으로 처리되고 부모는 억울한 죽음을 당한 것으로 묘사되고 있으나 이 말미의 앞부분에서 이미 승려를 살해한 죄를 인정하는 부모의 묘사와 이들의 죽음이 인과라고 언설되고 있는 이상, 이 불효담의 악행의 주역은 오히려 부모라고 할 수 있다. 불효라는 주제를 다양한 화제를 통해 유형화시켜야 하는 작가로서 고긴의 죽음의 설정은 불가피한 것이고 이들 부모와 딸의 죽음이 불교적 인과로서 초래된 것이 아님은 명확하게 드러나고 있다. 이들의 악행은 인간의 본원적 실존을 둘러싼 불교적 업보와는 거리가 있는 세속적 죄라고 볼 수 있으며 이들의 죽음은 당세의 현실에서 피할 수 없는(とても遁れぬ道) 현실이었다.

불경에도 목숨은 물거품처럼 허망하다고 말한다. 파도는 바람에 의해 일어나고 사람은 친구 때문에 마음이 혼란해 지는 것이다.

御經にも、「命は水上の泡のごとし」と有。浪は風のたたせ、人は友のさはがしぬ。

쌀은 남아 있었지만 물이 다 떨어져버렸기 때문에 목이 마를 때는 쌓아두고 왔던 伊丹・鴻之池의 四斗의 술을 같이 마시면서, 이런 와중에서도 술이 취해 있을 때만은 그럭저럭 괴로움을 잊고 鹿 卷筆의 小哥를 흥얼거리는 사람이 있는가 하면 관음경을 외우는 사람도 있고, 개중에는 六字南無右衛門節의 조루리를 흥얼거리는 사람도 있다.

米はあれ共、水をきらし、咽かはけば伊丹・鴻之池の四斗入を扱かはし、此中にても醉にうきを忘れ。鹿の卷筆のこ小哥唄は、觀音經讀も有、六字南無右衛門節の淨るりを語るも有。

앞의 묘사는 권2-3(人はしれぬ國の土仏)에 등장하고 있는 것으로 『本朝二十不孝』의 단편 중에서 유일하게 작품 제목 중에 佛이라는 용어가 사용된 불효담이다. 불경에 관한 기본적인 인식이 제시되면서도 세속에서의 집착과 고뇌를 벗어나지 못하는 근세인들의 모습 쪽에 묘사의 중심이 있음을 알 수 있다.

연을 맺을 때는 상대의 종파를 잘 살펴 같은 종파를 구하는 것이 도리에 맞는 일이다. 淨土宗에서는 매달 28일에는 세간과 마찬가지로 축일이라고 해서 생선과 닭고기 등을 먹기도 하지만 門徒는 精進일로 되어 있다. 지금 세상은 신앙심이 다소 쇠퇴하는 느낌이지만 그래도 서방에 극락정토가 있다는 것은 고마운 일이다.

縁付にあらためて、同じ宗門を願ふこそ、理りなれ。淨土は二

十八日を祝ふに、門徒は精進日といへり。今の世は、後生の昼に
さがり、西は極楽寺ぞ、有難し。

이 남자는 금전을 모아 의외로 경제적으로 여유가 있었기에 木工右衛
門의 딸에게 데릴사위로 하자고 권하는 사람이 있어서 만사 형편이
좋게 혼사를 진행시켰다. 베게를 나란히 하면서 부부가 된 뒤, 이 딸이
매일 持仏堂을 열고 등불을 밝히는 것을 보고 그 남자는 도대체 왜
이 이런 짓을 하느냐고 말하고 불전을 부수어 버렸다. 아무리 종파가
다르다고 해도 후세를 바라는 마음에 차이가 있을 리 없습니다. 저와
부부가 되었으니 저의 부모는 당신의 부모와 같은 것입니다. 그 위패를
부순 것은 너무도 말이 안 되는 짓입니다. 자식이 없었다면 몸을 던져
죽고 말았을 것을 뜻 같지 않은 浮世입니다 라고 말하고 세월을 보내고
있자니 자식이 3세가 되었다.

此男、小判を溜めて、人の思いはくの外なる内證なれば、木工
右衛門が娘のかたへ、入婿取持、首尾殘る所なし。枕をならべ、
親しくなりて後、此娘毎日持仏堂を明て、御燒を揚るを見て、彼
男、「是は何の爲ぞ」と、散々仏前をあらしぬ。女心に悲しく、「
いかに宗旨違へばとて、後世に隔の有べきや。自に添給へば、我
親もそなたの親同前。其位牌を、うち碎き給ふはつらし。子のな
い中ならば、身を抛はつべき物を、ままならぬ浮世」と、日數ふり
て、此子三才に成りぬ。

앞의 묘사는 권3-4(当社の案内申程おかし)에 등장하고 있다. 淨土宗
에 관한 구체적인 묘사가 제시되고 있으며 근세불교의 세속화에 따라
근세인들의 신앙심이 퇴조하고 있다(今の世は、後生の昼にさがり)고 말
하는 작가의 언설은 주목할만 하다. 뒤이어 극락정토의 존재를 믿는
언설에 내재하는 작가의 진정성은 그대로 당세인들의 佛에 대한 인식의

한 측면이라고 할 수 있다. 이어지는 묘사에서는 종파가 다른 부부사이에 일어나는 갈등이 사실적으로 그려지면서 佛의 본질에서 쉽게 벗어나는 당세인들의 세속적 삶의 행태의 모순성이 제시되고 있다.

이상, 佛이 개재되고 있는 대표적인 유형의 불효담으로서 권 1-1(今の都も世は借り物), 권1-4(慰改へてはなしの点取), 권1-4(慰改へてはなしの点取)의 3 작품을 중심으로 살펴보았고 그 외에 권2-3(人はしれぬ國の土仏), 권3-4(当社の案内申程おかし)의 예에 등장하는 佛에 관한 작가의 언설과 그와 관련된 작품묘사에서 제 양상을 제시해 보았다. 작가는 이러한 양상묘사를 통해 즉,『本朝二十不孝』라는 불효담을 통해 근세 민중들의 佛에의 인식을 다양한 형태로 造形해내고 있다. 근세 전반기 일본불교의 세속화라는 시대적 흐름 안에서 민중들의 佛이라는 신앙에 관한 진정성은 갈등과 모순 그 자체일 수밖에 없음을 작품세계에서 여실히 드러내고 있다. 신앙심의 퇴조를 말하고 專修念佛로 상징되는 淨土宗에 관심을 표명하는 작가의 언설은 개별 작품에서 불효를 행한 주인공들의 비현실적, 괴기적 죽음이라는 인과담으로 나타나고 있으나 이는 불효를 행한 자에 대한 응벌이라는 효행담의 역발상적 수용이라는 측면에서 이해될 수 있다. 서문에서 제시된 가업불이행과 불효라는 당위적 언설이 개별 작품에서는 佛의 인과담의 형식에서 다루어지고 있고 불효의 동기는 오히려 이러한 佛의 인과의 문제에서 다루어지고 있음을 이상의 개별적 고찰에서 드러나고 있다.

4. 孝와 佛의 주제로서의 의미

도쿠가와 막부의 충효정책에 편승해 창작된『本朝二十不孝』는 효
행담의 역발상이라는 작가의 기발한 전략에 의한 창작이었다. 그리고
이러한 창작전략과 의도는 서문에서 구체적으로 표명된다. 고전에서
존재하는 지난한 효행은 지금 세상에서는 가업을 제대로 이행하고
금전을 획득함으로써 가능해졌고 그럼에도 이를 행하지 못하는 불효자
들이 많아 그들은 그 죄과를 당대에서 받게 되며 그러한 예를 제시함으
로써 효행의 중요성을 강조하고자 하는 것이 서문에서의 작가의 언설이
다. 그러나 개별 작품에서 불효의 주인공들이 가업에 충실하지 않아
몰락을 자초하는 동기와 원인이 사실적으로 묘사되지 않고 있음은
앞의 고찰에서 지적한대로 이다. 17세기 중반 이후의 일본의 경제현실
에서 가업에 충실함으로써 부를 축적한다는 것이 결코 쉽지 않았음은
이 작가의 치부담『日本永代藏』에서 다양한 형태로 묘사되고 있다.
앞의 고찰에서 지적한 바와 같이 효의 중요성을 언설하고 그 반면교사
의 예로서 불효담이 제시되는 이 작품에서 가업을 이행하지 못하는
주인공들의 불효의 동기와 원인이 인간의 원천적 불가해성 및 예측
불가능한 浮世의 다양한 현실에 존재한다고 한다면『本朝二十不孝』
의 주제는 효의 문제를 넘어 佛의 영역으로 확장될 수밖에 없음을
의미한다. 작품의 도처에서 佛과 因果와 관련된 용어들이 다수 등장하
는 것도 바로 이 점과 관련되는 것이라 할 수 있다.『本朝二十不孝』의
창작의도와 방법이 단순히 효라는 영역에서만 파악될 수 없는 소이이

다. 일본 근세불교의 세속화의 흐름은 신앙심의 퇴조를 의미했고 이는 인간실존의 문제와 본원적으로 대면하는 것을 기피하는 세속적 신앙의 세태였다. 작가는 불효담을 통해 효의 문제를 佛의 영역으로 확대시킴으로써, 효를 둘러싼 당대인들의 세계관이 본원적 불안과 내재적 모순 속에 다양한 형태로 세속의 현실 속에서 나타나고 있음을 작품 중의 여러 佛의 관련 묘사를 통해 제시하고 있는 것이다.

일본근세소설 연구와
일본문화론의 시좌

일본근세문학에 나타난 성의식 고찰

3부1장

1. 일본문학과 성의식

　일본인의 성의식을 역사적으로 고찰하기 위한 자료로서 일본의 문학작품은 큰 의미를 지닌다. 만요시대(万葉時代) 이후의 이른 시기에 그들의 문자를 가질 수 있었던 일본인들은 다른 어떤 수단보다 먼저 문학작품을 통해 성과 사랑에 대한 일본인 특유의 감각과 정서를 끊임없이 표현해왔기 때문이다. 또한 신화시대나 고대 이래 문학작품만큼 제도나 이데올로기를 뛰어넘어 생생하게 일본인의 성의식을 전하는 경우가 없을뿐더러 세계문학 중 작품의 주제로서 일본문학만큼 남녀간의 성과 사랑을 다루고 있는 예도 흔치 않기 때문이다.

　일본 문학작품을 기본 텍스트로 삼아 일본인의 성의식을 통사적으로 고찰하기 위한 연구의 일환으로서 본고에서는 일본의 근세문학, 특히 일본근세소설사에서 가장 대표적인 작가라고 할 수 있는 이하라 사이카쿠의 우키요조시를 주 대상으로 삼아 근세 일본인의 성의식을 고찰하고자 한다. 이 고찰의 문제제기의 이면에는 일본인의 성의식이 상대적으로 한국인보다 개방적이라고 보는 우리의 일반적인 시각이 존재하고 있으며 동시에 그렇다고 해서 우리의 성의식이 원천적으로 일본인에 비해 보수적인 것은 아닐 것이라는 이중적 판단이 개재되고 있음은 물론이다. 그리고 성에 대한 표현의 자제를 엄격히 요구해 왔던, 아니 그보다는 성에 대해 위선적 태도를 견지해왔던 경향이 농후했던 근세조선의 지식인 중심의 성문화와 상대적으로 자유분방한 성문화를 만들어 왔던 일본근세의 상인중심의 성의식 사이에는 유교와 불교에 대한 인식의 차이, 성의 본연적 의미를 긍정하는 일본신도의 현세적 속성 등이 자리 잡고 있음을 문학텍스트의 분석 이전에 기존의 여러 연구성과[1] 등을 통해 추정해 볼 수 있다.

주지하고 있는 바와 같이 일본사에서 가장 견고한 무사정권이 등장한 근세에는 유교가 지배이데올로기로 채택되고, 이에(家)가 가부장의 권위를 절대시하는 형태로 제도화되었으며, 막부의 법령과 출판규제법령[2]이 강화됨으써 근세민중의 성생활에 대한 규제가 다른 어느 시대보다 심하게 전개되었다. 그러나 이러한 규제는 유교적이고 공익적인 명분에 입각한 획일적인 지침으로 작용함으로써 근세사회 전반에 걸쳐 신분계층과 생활영역에 따라 근세인들이 지니게 되는 성의식에 일정의

---

1) 유교와 불교, 신도에 있어서의 인간의 본연으로서의 성의 문제를 다룬 기존의 연구들은 다양하게 이루어져 왔으나 문학 텍스트를 통해 성의식을 다룬 연구는 거의 없다고 해도 과언이 아니다. 본고의 과제는 바로 문학텍스트를 통한 일본인의 성의식 고찰에 있다. 따라서 성의 문제를 종교와 사상사적 측면에서 다루고 있는 선행연구에 관해서는 이 머리말에서는 개별적으로는 언급하지 않고 본론에서 문학텍스트와 함께 다루기로 한다.
2) 이는 주로 法度라는 형태로 이루어졌고 <武家諸法度>나 <禁中 並 公家諸法度> 등이 이에 해당된다. 자세한 내용은 『日本の近世』(3)支配のしくみ (中央公論社 1991) 등을 참고로 할 수 있다.

모순과 괴리를 만들어내게 되었다, 무사계급과 피지배계급인 상인이나 농민들에게 있어 주자학적 생활규범이 지니는 의미는 차별적일 수밖에 없었으나 전통적인 신불습합적 생활규범은 여전히 강력한 전통적 양식으로 존재하고 있었다[3]. 따라서 공익적 당위성과 주자학적 명분을 내세우는 법령 등의 자료나 막부나 무사들에 의한 기록과 같은 공적인 기록들 안에서 근세 일본인의 성의식을 도출한다는 것은 거의 무의미한 작업에 가깝다고 할 수 있다. 그리고 근세의 문학작품을 통해 당대인들의 성의식을 도출한다는 의의도 바로 이러한 공적 자료가 지니는 공익적 명분의 작위성과 맹점에 있다고 볼 수 있다. 공익을 내세우는 지배층의 규제 장치는 이른바 사농공상의 모든 계층에 일정한 영향을 미쳤지만 그것이 각 계층에 동일하게 작용했다고는 볼 수 없을 것이다. 지배층이 내세운 유교적 질서는 결혼제도에 있어서도 차별적이었던 점에서 쉽게 유추될 수 있다. 천황이나 장군 그리고 무사계급들은 그 신분의 고하에 따라 여러 부인들을 둘 수 있었던 것은 바로 지배자들의 계급적 사명, 즉 이에(家)의 단절을 방지한다는 명분이었으며 이는 같은 시기의 중국, 조선의 결혼제도와 유사한 것이었다. 이것은 근세일본의 대표적 유학계몽서인 『翁問答』[4]에서 신분에 따른 처첩의 의미와 서민에 있어서의 부인의 존재의의를 다음과 같이 규정하고 있는 점에서 극명하게 드러난다.

---

3) 이 점에 관해서는 졸고 「西鶴의 소설에 있어서의 佛과 儒」(『日本文化學報』 第12輯 韓國日本文化學會 2002)에서 다룬 바 있음.
4) 『中江藤樹』(日本思想大系29 岩波書店 1974)

　　しかれども礼は天徳の亨にして人間恭敬樽節の神理、天下の故
に通じて上宗廟朝廷より下民間に至まで、人倫の交・冠昏・喪
祭・飲食・軍陣等万事の天理儀則をこなふ主宰なれば、不邪婬
一色を礼なりと云ば、一勺の水を大海なりと云がごとし。その
上、いましむるところの邪婬、天理の真にかなひがたし。子細
は、その妻一人の外をおしなべて邪婬とするは、死法と云てかた
つまりたることなり。儒道の法には、庶人ばかり妻一人の定な
り。天子より士までは、その位位分分相応によつて后・夫人・世
婦・妻・妾の員数、自然の天則ありて妻一人の定にあらず。子細
は、根本、子孫相続の道なれば、婦人に子のなきものある故な
り。

　　射充日、庶民の孝行はいかが。師日、農工商いづれも、その所
作をよくつとめ、おこたらず、財穀をたくはへ、むざとつかひ費さ
ず、身もち心だてよくつつしみ、公儀をおそれて法度にそむがず、
我身妻子のことは第二とし、父母の衣服食物を第一におもひ入、
心力をつくして、をよばぬきはをも調へて、父母のうけよろこばる
る様にもてなし、よくやしなふは、庶民の孝行なり。

　天子를 정점으로 하는 지배계급의 처첩은 그들의 대를 보존하기
위함이고 이것은 바로 나라를 위한 길이라는 것이다. 이에 비해 서민에
게 있어 처자의 존재의의는 부모의 효를 위함이고 이것이 바로 서민의
효행의 근본이라는『孝經』의 일본적 해석을 행하고 있음을 쉽게 알
수 있다. 다시 말해 이에의 단절을 방지하기 위해 처자가 존재한다는
무가계급의 처자관과 부모의 일상의 영위를 위해 존재하는 농공상의
처자의 존재의의는 이처럼 차별적이라고 할 수 있다. 이러한 차별적
처자관을 통해 결국 지배계급과 피지배계급의 성의식에 다양한 층위가

형성되었음을 어렵지 않게 추측할 수 있다.

본고에서는 앞에서 기술한 근세일본인들의 성의식의 여러 측면들을 크게 두 흐름으로 파악하고 이를 지배계층의 공익적, 명분적 성의식과 규율성의 면에 중점이 두어지는 흐름과 본연의 성의 의미와 의의를 무의식적으로 받아들여왔거나 긍정적으로 보려고 하는 또 하나의 흐름으로 상정하고자 한다. 그리고 이를 체계적으로 파악하기 위해 두 흐름을 상징하는 사상적 저술인 『女大學集』과 『艶道通鑑』, 安藤昌益 등의 저술 내용을 검토하고 이의 구체적인 분석을 위해 근세의 현실을 가장 사실적으로 묘사한 소설작가라고 할 수 있는 사이카쿠의 우키요조시 『好色一代男』과 『新可笑記』의 작품에 나타난 근세일본인의 성의식의 양상을 고찰하기로 한다.

2. 『女大學集』과 『艶道通鑑』

17세기 초 도쿠가와 이에야스(德川家康)가 에도막부를 열고 중앙집권적 봉건제도를 출발시킨 근세일본은 비현실적인 불교를 배척하고 새롭게 도입한 현실적인 사회질서를 주장하는 유교도덕과 철저한 사농공상 제도를 지향하는 사회조직을 확립함으로써 새로운 유교적 질서를 맞이하게 되었다. 일본인의 정신생활이 16세기까지의 관념적인 종교일변도의 시대에서 현실적인 도덕을 우선적으로 하고 종교를 그 다음으로 생각하는 이중구조의 시대로 옮겨 가게 된 것이다. 유교가 지니는 현실

적 도덕성은 앞에서도 지적한 바와 같이 어디까지나 계층에 따라 그 적용의 범주가 달라질 수밖에 없었고, 결혼제도나 성의 영위에서도 예외일 수 없었다. 특히 부녀자들에게 요구되었던 결혼의 의미와 성의 역할은 유교적 이에(家)제의 기본을 이루었다고 할 수 있다. 이와 같은 가부장적 가족제도를 유지하기 위한 부녀자용 교훈계몽서의 대표적인 저술로 『女大學集』5)을 들 수 있다. 貝原益軒 『和俗童子訓』巻 五 「敎女子法」의 내용을 답습해 만들진 이 책의 「女子を敎ゆる法」에는 다음과 같은 기술이 보인다.

> 女の德は、和・順の二をまもるべし。和らぐとは、心を本とし
> て、かたち・ことばもにこやかに、うららかなるを云う。順うと
> は、人にしたがいてそむかざるを云う。女德のなくて和順ならざる
> は、はらきたなく、人をいかり罵りて、心たけく、氣色けうと
> く、面はげしく、まなこおそろしく見いだし、人をながしけ(皮肉
> な目つき)に見、ことばあららかに、物いいさがなく(下品に)口きき
> て、人にさきだちて賢しらし、人をうらみかこち、わが身にほこ
> り、人をそしれわらい、われ人にまさり顔なるは、すべておぞまし
> く(おろかしく)憎し。是れ皆、女德にそむけり。ここあを似て、女
> は、ただ和順にして貞信に、なさけぶかく、かいひそめて(ひっそ
> りと)、しずかなる心おもむきならんこそ、あらまほしけれ。
> 婦人は、人につかうるもの也。家に居ては父母につかえ、人に
> 嫁しては舅姑・夫につかうるゆえに、つつしみてそむかざるを道と
> す。もろこしの曾大賈がことばにも、「敬順の道は婦人の大禮なり
> 」といえり。然れば、女は、敬順の二つをつねに守るべし。敬とは

5) 石川松太郎 編 『女大學集』(東洋文庫 平凡社 1977)

つつしむ也。順はしたがう也。つつしむとは、おそれてほしいまま
ならざるを云う。つつしみにあらざれば、和順の道も行ないがた
し。およそ女の道は、順をたっとぶ。順のおこなわるるは、ひとえ
につつしむよりおこれり。『詩經』に、「戰々とつつしみ、競々とお
それて、深き淵にのぞむが如く、薄き氷をふむが如し」といえる
は、おそれつつしむ心をかたどりていえり。

이 책 전체적으로는 여자교육의 필요성과 이념(여자는 다른 집으로
시집감으로 교육이 특히 중요하고 얼굴보다는 마음가짐이 중요함), 남녀구별의
인식, 저로서의 마음가짐(두 남편을 섬길 수 없고 삼종칠거의 법을 지킴) 등이
강조되고 있는 데, 특히 상기 인용문의 내용은 근세여성의 성의식의
근간을 이에 제도의 틀에 맞추고 있음을 알 수 있고 이 내용은 기본적으
로 근대일본까지 계속되는 큰 흐름이었다.

여자의 덕은 和와 順을 지키는 것으로 和라는 것은 마음을 근본으로
용모와 말씨도 부드럽고 소담스럽게 하는 것을 말하며 順은 사람을
따르고 거역하지 않는 것을 말한다는 것이다.

이 중에서도 <ただ和順にして貞信に、なさけぶかく、かいひそ
めて(ひっそりと)、しずかなる心おもむきならんこそ、あらまほし
けれ>라고 말하고 있는 대목은 주목할만하다. 여성으로서 和順하면서
貞信할 것을 강조하는 점은 근본적인 여성성의 부정이라기보다는 남편
에게 여성으로 존재하면서 和順과 貞信을 지키고 그 외의 모든 구성원
들에게는 和順의 자세를 보여야한다는 것이다. 즉 남성과 다른 여성성
으로서의 역할과 존재의미를, 여성의 성 그 자체의 본연성에서 찾는

것이 아니라 가족 안에서의 원만한 영위의 매개체로서의 파악 안에서 자리매김하고 있는 것이다. 이 책과 같은 이른바 女訓書들로서는 같은 시기에 『女大學寶箱』, 『女訓』6) 등이 출간되고 있는 데 거의 비슷한 내용을 담고 있음은 일관된 근세봉건시대의 教化思想이라고 할 수 있다. 이 여훈서들이 주 대상으로 상정하고 있었던 것은 무가여성이었다고 볼 수 있으나 주 내용은 가정에 있어서의 여성의 자세를 폭 넓게 규정하고 교화하고 있다는 점에서 그 영향은 무사만이 아닌 농공상의 모든 계층에 미치고 있으며 이는 당시의 지배적인 성의식의 일단을 형성했다고 볼 수 있다. 여성의 덕목으로서 부부유별과 칠거삼종이 제시된 것은 결국 이에(家)제로 상징되는 봉건적 가족제도로의 여성성의 馴致를 뜻하는 것이다.

한편 이 시대에는 앞의 『女大學集』과는 달리 성역할의 면에서 남녀나 부부의 관련양상을 상대적으로 대등하게 바라보려는 시각이 존재했는데 그 사상의 흐름을 대표하는 것으로 18세기 초의 神道家 增穗殘口7)의 저술인 『艶道通鑑』을 들 수 있다. 이 책의 중심내용은 남녀친화의 관점을 중심으로 하는 국체론(國體論)이라고 할 수 있는데 이는 古道再歸와 神道思想復興으로 요약된다. 구체적으로는 古事記, 日

---

6) 5)의 앞의 책 所收
7) ますほざんこう. 에도시대의 신도가. 본성은 竹中씨. 신도승려에서 환속하여 『艶道通鑑』(1715)을 저술하였고 이 저서를 기본으로 각지에서 神道講釋을 행해 큰 인기를 모았다. 이후 7종의 저술을 더해 殘口八部書를 완성했다. 통렬하면서도 골계적인 문체로 불법을 매도하고 당시 일본의 상황에 맞는 법으로서 신도의 중요성을 갈파했다. 이에 대한 비판자도 많았으나 근세봉건의 일본적 현실을 신도에서 찾음으로써 일반민중에게 미친 영향은 주목할만 하다.

本書紀, 萬葉集으로부터 각종 모노가타리나 전설 등과 같은 일본의 고전을 소재로 해서 내용을 극히 평이하게 기술하고 자신의 평을 다는 방식으로 전개된다. 神代의 고이모노가타리(恋物語)로부터 당대의 유녀의 사랑에 이르기까지 논평을 하는 형식은 이른바 남녀의 愛憎의 관점에서 집필된 일종의 史論으로서, 중국의 『自治通鑑』을 빗댄 艶道의 통감이라고 할 수 있을 것이다. 이중 당대의 풍속의 논평을 주로 하고 있는 「雜之恋」편이 당대인의 성의식을 파악할 수 있는 많은 자료를 남기고 있다. 冒頭 제1장 「つらつら思ひ量るに」의 단은 전체의 총론이라고 할 수 있으며 殘口의 주장이 집중적으로 전개되고 있다. 또한 주목할만한 점은 다름 아닌 본고의 주 고찰 대상인 사이카쿠의 문체를 적극적으로 수용하고 있다는 점이다.

凡人の道の起りは、夫婦よりぞ始まる。夫本覚の仏は形なく、法性の神に姿なし。則真如実相・陰陽不測にして、またみな天地の間に形あるものは、此神此仏の姿なり。今世に拝み敬ふ神仏は、父母ありて生れ出させ給ふなれば、始成の仏・有覚の神と申奉る。すれば男女・夫婦の情を離れ給ふ事なし。易の序の卦の云に日、「天地あつて、然後男女あり。男女あつて而夫婦あり」と。其後神も仏も聖人も出給ふ事ぞ。男女の形出来るまでは造化の妙にして、交合の情は人の作業に成れば、人道立ての仏法・神道、老・孔・荘・列なり。然らば夫婦ぞ世の根源と知れたる歟。その夫婦和せずして、一日も道あるべからず。道なければ誠なし。誠なければ世界は立ず。件根本たる夫婦の事の疎かに成行ば、道も誠もなゝなりて、後は孝も矢せ忠も絶なんずらんと悲しゝ。[8]

인간사의 기본은 부부로 시작된다고 보는 殘口는 일본적 천지창조는 神佛에 의해 이루어져 왔으며 그것의 또 다른 具顯이 바로 부부라는 것이다 주역에서 말하는 내용을 神國 일본의 입장에서 재조명하면서 남녀 부부가 있고나서 神이나 부처, 聖人도 생겨났고 바로 이것은 남녀의 <交合の情>이라는 작업을 통해 이루어졌음을 강조하고 있다. 이것을 殘口는 人道라고 파악하고 불법, 신도, 노자, 공자, 장자 등도 결국 이 원리에 따르고 있다고 주장한다. 그리고 그 근원에는 부부가 있으며 요체는 부부의 화합에 있으며 이 화합의 전제는 남녀의 대등한 性的 존재와 결합이라는 것이다. 결국 殘口는 음양남녀화합이라는 개념에서 남녀대등의 주장을 전개하는 것이다. 그리고 이러한 주장은 남녀가 하나의 궤를 이루고 있는 것이며 高下의 尊卑의 차이는 없다고 함으로써 부부유별, 칠거삼종이라는 당시의 유교적 지배이데올로기에 관해서는 작위적인 중국의 창조품(人作の支那物語)로서 神國의 천지창조 원리에 반한다고 말한다. 결국 殘口의 론을 감안해보면 남녀의 성을 파악하는 근세일본의 큰 사상적 흐름은 <男女一雙, 神化, 日本>과 <夫婦有別, 人作, 지나, 中國>이라는 두 계열의 대립이라는 도식적[9] 체계가 설정되는 것이다. 이러한 殘口의 남녀대등의 주장의 이면에는 <國神の化>로서의 일본의 신도제사의 전통적 사고가 개재되어 있음은 물론이며, 그의 성의식은 당시의 민중적인 부부상에 입각

---

8)『近世色道論』(日本思想大系60 岩波書店 所收『艶道通鑑』) p210

9) 倉地克直「生活思想における性意識」(『日本女性生活史3 近世』東京大學 出版會 1990) p206

한 것으로서 유교적 교화사상에 나타나고 있는 지배적인 여성관을 비판하고 있는 것이라고 볼 수 있다. 노마 고신(野間光辰)이 殘口의 저술에 관해 신도적 자유연애론[10]이라고 평한 것도 같은 맥락이라고 할 수 있을 것이다.

　이상과 같은 남녀대등론의 　殘口 외에 자유연애론적 발상으로 주목할만 근세의 지식인은 安藤昌益이다.

　　　　不測ノ神及ビ日ク、「一陰・一陽、之ヲ道ト日フ、陰陽測ラレ
　　ズ、之ヲ神ト曰フ」ト。易學者、之易中ノ眼ト為スト云ヘリ。是
　　レ此ノ眼ニ己レ等ガ心眼ヲ潰スナリ。陰モ道、陽モ道ト言フナレ
　　ドモ、一陰・一陽ト句ヲ限ル故ニ、陰陽ハ二別ト聞ユ。天陽ハ高
　　ク貴ク、地陰ハ卑ク賎シト、古聖ノ易ニ初文ト為ル。故ニ繋辞ニ
　　モ、一陰・一陽トケテ云フナリ。此ノ故ニ、學者凡テ陰陽ハ二別
　　ト了シテ、総ベテ文書ヲ綴ルニ陰陽ヲ別ケテ二気ト為シ、物ヲ二
　　物ト為シ、転定ヲモ二ツト為シ、男女ヲ二人ト為ルコト、悉ク失
　　リナリ。陰陽ト云フハ、一気ノ進退スル異號ニシテ、二気・二
　　物・二別ニ非ズ。故ニ「一陰・一陽道」ト云ふは失れり。陰陽ハ
　　一気、是レ道ナリ。陰陽ト云ヘバ遠クニノ如シ。[11]

　상기 인용문에서 밝히고 있듯이 安藤昌益 또한 殘口의 주장에 가까

----

10) 『近世色道論』(日本思想大系 60 岩波書店) 의 해설에서 노마는 무가도시
　　에도를 배경으로 했던 吉原에서의 色道를 무사들의 성의식의 중요한 요소로
　　파악하고 있으며 衆道論으로서『心友記』를, 神道的 自由戀愛論으로서『艶
　　道通鑑』를 들고 있다.
11) 「稿本自然眞營道」(日本思想大系　45『安藤昌益　佐藤信淵』　岩波書店)
　　p180

운 형태로 천지음양의 尊卑貴賤을 부정한다. 그는 음양이라는 개념
자체를 부정하고 그 대신 進退라는 氣의 운동을 나타내는 개념을
내세운다. 또한 <小転定>인 남녀도 당연히 二人이 아닌 一人이고
一人이기 때문에 상하관계가 될 수 없다고 하는 담론을 전개한다.
그것을 安藤昌益는 <転定一體>라고 표현하면서 남녀의 차별을 부
정하고 그 一對性과 상보성을 주장하는 것이다. <小転定>으로서의
인간은 <転定>과 함께 하는 개체적 삶이며 그 삶은 <自感> 즉
저절로 느껴지는 자연의 이치 안에 있다고 파악한다. 이 <自感>의
구체적인 예에 관해 < 食ヲ思フ>는 <妻交ヲ思フ>, 즉 음식을 생각
하는 것과 처를 생각하는 것은 같은 경지라고 설명하고 있다.

앞의 인용문을 통해 나타난 安藤昌益의 성의식[12]은 남녀의 화합이
농경적 풍요를 만들어낸다는 음양화합의 민속적 심성에 의거하면서도
최종적으로는 음양이라는 차별적, 계층적 파악에 빠지지 않고 남녀의
진정한 대등성을 담보하는 <互性>이라는 개념을 통해 상징적으로
드러나고 있음을 알 수 있다.

이상, 근세시대의 성의식에 관한 사상사적인 두 가지 큰 흐름을

---

12) 같은 저술에서 다음과 같은 내용을 통해 安藤昌益의 성의식은 좀 더 구체화되
고 있다. 又、人ハ小転定ナリ。男ノ氣血、陰陽能ク調ヒ、女ノ經水・
氣分、陰陽能ク調ヒ、夫婦・進退。陰陽。和合スル則ハ子ヲ生ズ。若
シ女、經水・氣分調フト雖モ、男ノ氣分、虛シテ、命門火ノ陽氣調ハ
ザル則ハ、交ハルハ不順ナルハ、交ハリテモ又子ヲ生ズルコト無シ。是
レ男女。進退・退進ノ四行、中土、就革シテ五行ノ、一行ノ氣モ欠ク
ル則ハ、男女。二陽・一陰、又、二陰・一陽對合シテ三陰・三陽ナル
故ニ、子ヲ生ズルコト能ハズ。是レ此ノ三陰・三陽、轉定ニ在リテハ萬
物ヲ生ゼズ、男女ニ在リテハ子ヲ生ゼザル。(p116)

검토해 보았다. 하나는 『女大學集』으로 대표되는 부녀자용 교훈계몽
서에서 나타나는 성의식으로서 주자학적 유교체제와 가부장적 가족제
도를 확립시키려는 막부의 의도와 궤를 같이 하여 공익적, 도덕적 측면
이 전면에 드러나는 형태를 갖추고 있고, 또 하나의 흐름은 일본의
전통적 신불관에 의거하는 형태의 성의식이라고 할 수 있으며 본연의
성을 긍정하고 이를 남녀대등의 개념으로 파악함으로써 공익적 성의식
과 대립하는 형태를 보이고 있음을 神道家 增穗殘口와 安藤昌益의
저술을 통해 확인될 수 있다.

3. 『好色一代男』과 性

  일본 근세소설사에서의 사이카쿠 우키요조시는 근세문학사에 그치
지 않고 전체 일본문학사의 흐름 안에서 『源氏物語』와 비견될 정도의
문학사적 의의와 위상을 지니고 있음은 새삼 언급할 필요가 없을 것이
다. 상업자본주의적 도시공간에서 상인출신 작가로서 본격적 소설을
지향했다는 점, 근세적 사실주의를 확립했다는 점, 근세적 성의 담론을
본격적으로 제출했다는 점, 등등 많은 소설적 성과를 열거할 수 있겠으
나 본고에서 주목하고자 하는 것은 사이카쿠가 그의 소설 구조 안에서
교훈과 희작성이라는 대립적 묘사를 통해 제시한 성의 담론이다.
  그는 그의 우키요조시 첫 작품인 『好色一代男』에서 <好色>이라
는 키워드를 통해 근세인에 있어서의 性의 여러 측면을 권두작품에서부

터 戲作的인 제스처로 제출하였고 다른 여러 작품을 통해서 때로는 함축적으로 때로는 구체적으로 묘사하였다. 그 대상은 주로 상인계층이 었지만 무사나 유녀 등 거의 모든 계층의 성의 문제를 주 관심대상으로 삼았다.

당시의 독자들에게 있어 『好色一代男』이라는 서명은 결코 尋常할 수 없었다. 『好色』과 『一代男』으로 이루어지는 서명이 "好色によって、自分一代きりで後嗣のない男"(호색에 의해 자신 한대로 끝나버리고 후사가 없는 남자) 또는 "好色によって家業を相続しない男"(호색에 의해 가업을 상속하지 않은 남자)로 읽혀지는 한 「好色」, 「一代男」의 속어적 어휘가 자아내는 이른바 '희작적 발상'13)만을 담고 있다고 볼 수 없을 것이다. 반사회적, 반윤리적, 도발적 분위기를 자아내는 서명이 '희작적 의도'만을 나타내고 있지 않다면 그것은 「好色」 즉 「性」에 대한 주제 의식이 원리적인 형태로서 내포될 수밖에 없고 그 내용은 작품 안에서 구체화될 것이므로 우선 『一代男』의 서두작품인 「卷1-1」(けした所が恋いはじめ、腰元に心ある事)을 검토해 보기로 한다.

「卷1-1」을 읽기 전에 卷1의 목록을 볼 수 있게 되어 있는 데 내용을 암시하는 제목과 부제에는 "けした所が恋はじめ", "こしもとに心ある書", "人には見せぬところ", "ぎやうずいよりぬれの事", "たづねてきくほどちぎり", "ぼんのうの垢かき"와 같이 「性」의 육체성을 환기시키는 어구가 의도적으로 배열되어 있음을 알 수 있다. 사이카쿠는

---

13) 졸서 『西鶴浮世草子研究』(보고사 2004) p58

이 소설의 화두로서의 「好色」, 「恋」 등의 용어에 육체성의 이미지를 부가함으로써 『一代男』에서의 원리적인 주제성을 부각시키고 「卷1-1」의 卷頭 묘사를 준비한다.

<桜もちるに嘆き。月はかぎりありて入佐山>로 시작되는 권두 일절에서 작자는 주인공의 부친 「夢介」와 주인공 「世之介」에 대한 소개와 존재양태의 규정을 다음과 같이 행하고 있다.

> かねほる里の辺に、浮世の事を外になして、色道ふたつに寝ても覚めても…

花・鳥・風・月을 주 소재로 다루는 전통적 시가의 세계를 연상시키는 작품 서두문 "桜もちるに嘆き~入佐山"에 이어지는 상기 인용 부분은 고전표현의 단절적 수용 등 다소 난해한 레트릭이 이루어지고 있는데, 이에 대해 "자연미보다도 인간적인 애욕을 중시하는 반중세적인 인간주의선언(自然美よりも人間的な愛欲こそという、反中世的な人間主義宣言)"(暉峻康隆)[14]이라고 보는 근대주의적인 해석은 주목할만한 지적이다. 자연미의 표현에 문학의 우선적 가치를 두어왔던 기존의 고전적 발상에 인간적인 애욕을 대비시키는 작가의 의도는 인간에 있어 애욕이라는 성의 문제를 현실적 과제로 제출하는데 있는 것이며, 이는 바로 유교적 이데올로기를 강요하는 지배계급에 대한 간접적 비판이기도 하며 기존의 고전문학에서 거의 찾아볼 수 없는 애욕적

---

14) 『井原西鶴集』(1)(日本古典文學全集 小學館 1971) 頭注 참조

묘사나 성의식의 표현은 고전문학과 지배계급의 위선성을 시사하는 것이기도 하다.

"浮世の事を外になして"라는 전제는 주인공이 浮世(현실)의 차원과 가치를 초월할 수 있음을 의미하는 것으로, 『好色一代男』의 주제성과 희작의식을 고찰하는 데 시사적이라고 할 수 있다. 즉 애욕(性)을 자유롭게 주제화할 수 있는 화두로 설정하면서 성의 문제를 일단 현실적 질서 안에서 분리시킴으로써 자요로운 표현의 공간을 확보하게 된 것이다.

주인공 요노스케(世之介)의 부친은 도쿠가와 근세무인정권의 어용상인으로서 거대한 부를 축적한 町人이다. 그의 아들은 상인의 아들로 태어나 가업을 충실히 이어가는 것이 그의 의무이며 도리였지만 작품명대로 일생을 유곽 등에서 호색으로 일관하며 천문학적인 재산을 탕진함으로써 국가에는 상인 의 본분을 망각한 불충을, 집안에 대해서는 가업을 이어가지 못했던 불효를 행한 셈이 된다.[15] 이점은 자칫하면 유교적 지배체제에 대한 비판으로 이어지게 되므로 작가는 이 호색의 문제를 바로 희작적 제스처로 표현할 수밖에 없었으며 성의 문제는 본연의 성에 대한 논리적 담론보다는 성의 일탈적 묘사를 통해 반고전적, 반어법적으로 제시되고 있는 것이다.

그러면 권두의 "桜もちるに嘆き、月はかぎりありて 入佐山"이후의 반고전적 수사법의 양상을 살펴보기로 하자.

---

15) 졸고 「근세상인의 호색일대기」(『모노가타리에서 하이쿠까지』글로세움 2003) p264

　　　　"色道ふたつに寝ても覚めても夢介"
　　　　"名古屋三左・加賀の八などと、七つ紋の菱にくみして身は酒
　　　にひたし"
　　　　"ひそかに住みなして、契りかさなりて"
　　　　"このうちの腹より生まれて世之介"
　　　　"恋は闇といふことをしらずや"
　　　　"腎水をかへほして"

　　이상 「卷1-1」의 용례에서 두드러지는 것은 육체적 성을 상징하는
속어 사용의 수사법이다. 주인공의 탄생과 성장을 묘사하는 「卷1-1」
에서 사용되고 있는 반고전적인 수사법은 다름 아닌 『源氏物語』(桐壷)
의 고전세계와 光源氏의 패러디의 성격을 가늠해 주고 있다고 볼
수 있다. 고전세계에 대한 비속어의 대비는 희작적 요소임에 틀림없으
나 패러디의 구조 여하에 따라 작자의 창작의도는 희작성과 더불어
강렬한 주제의식을 제시할 수 있기 때문이다.

　　光源氏의 탄생과 총명한 유아시절(『好色一代男』의 世之介와 같은 七
歲)을 묘사하는 「桐壷」[16]의 해당부분은 다음과 같다.

　　　　いづれの御時にか、女御更衣あまたさぶらひたまひける中に、
　　　いとやむごとなき際にはあらぬが、すぐれて時めきたまふありけ
　　　り。～(中略)～　前の世にも御契りや深かりけん、世になくきよら
　　　なる玉の男皇子さへ生まれたまひぬ～(中略)～七つになりたまへ
　　　ば、讀書始めなどせさせたまひて世に知らず聰うかしこくおはすれ

---

16) 『源氏物語』一(日本古典文學全集　小學館)에서 인용

ばあまり恐ろしきまで御覧ず

『一代男』「卷1-1」과 「桐壷」의 대비는 다음과 같은 俗과 雅의 대립
구조를 만들어 내고 있다.

遊女ー女御更衣
世之介ー光源氏
恋は闇といふ事をしらずやー讀書始めなどせさせたまひて
まだ本の事さだまらずしてー はや御こころざしは通ひ侍べると
つつまず奥様に申して御よろこびのはじめなるべし ー 世に知ら
ず聡うかしくおはすればあまり恐ろしきまで御覧ず

앞 예의 대립구조에서 확연히 드러나는 것은 「性」의 표현방식이다.
"전세에서도 남녀의 연이 깊었던 것이리라(前の世にもお契りや深かりけ
ん)"의 예에서와 같이 『源氏物語』에서의 묘사는 극히 절제된 애욕적
표현과 우아함을 견지하고 있음에 비해 『好色一代男』에서는 앞의
인용묘사의 예에서 나타나고 있는 바와 같이 본원적 성의 긍정과 적극
적이고 애욕적인 표현이 두드러지고 있다. 그리고 여기서 주목해야
할 것은 『好色一代男』에서 사용되고 있는 속적 표현구조가 빠지기
쉬운 卑俗의 형태를 취하지 않고 『源氏物語』의 고전적 우아함의 세계
를 그대로 유지하고 있다는 것이다. 이것은 『一代男』의 등장인물들의
대우표현·경어법 등에서 잘 나타나고 있다. 즉, 浮世의 논리나 윤리가
가치를 인정하지 않는 반가치적인 주인공의 행위에 우아한 고전적
취향을 병립시킴으로써 희작적 수사법 안에서도 『源氏物語』와 동일

수준에서 「性」에의 주제의식을 표출하는 효과를 만들어 내고 있는 것이다. 다음과 같은 묘사문이 그 전형적인 예라고 할 수 있다.

> ふたりの寵愛、てうちてうち
> かな釘のかしらも御こころもとなく
> その火けして近くへと仰せられける
> 御あしもと大事がりてかく奉るを
> 御言葉をかへし申せば、うちうなづかせ給ひ
> 息ふき懸けて御のぞみになしたてまつれば
> はや御こころざしは通ひ侍ると、つつまず奥様に申して、御よ
> ろこびのはじめなるべし

　漢語와 속어・속담과 片言등이 고전적 표현방식에 따라 혼재하면서 주인공의 행위와 언설에 최고급의 경어표현이 사용됨으로써 반가치적 대상인 「好色」의 세계가 雅의 고전적 세계로 상징되는 『源氏物語』와 동일차원으로 전화되고 『源氏物語』와 상대화되는 구조를 획득하게 되는 것이다. 여기서 원리적인 형태로서의 「性」의 주제화가 제기되고 창작의도의 일측면이 명확히 顯在化하는 것이다.

　이상과 같은 분석을 통해 알 수 있듯이 일대로 끝나면서 이에의 영속성을 단절시키는 결과를 만들어내는 주인공의 호색적 삶은 유교적 질서의 범주를 벗어나는 일탈이라고 할 수 있겠으나 그러한 호색적 삶의 의의와 의미를 명확히 제시하고 있다는 면에서 상인계층의 성의식을 상징적으로 제시하고 있는 것이다. 그리고 희작적 레트릭을 통해 『源氏物語』에서 나타나고 있는 성의식의 위선적 일단을 드러내 보이

고 있는 것은 바로 당대의 무사계급의 유교적 지배논리에 대한 비판이
기도 한 것이다. 지배체제의 공익을 우선시하는 유교적 논리는 현실
그 자체의 분석보다는 현실의 안정적 유지를 목적으로 하기 때문에
성 그 자체에 대한 본격적인 담론은 유보될 수밖에 없다는 것이 지배층
의 논리인 것이며 이는 성의 일탈을 방지하고 단속하는 형태로 나타나
기 마련이다. 이에 대해 오랜 전통적 神佛 신앙의 時空 안에서 살아왔
던 일본의 민중들은 본연의 성에 관해 논리 이전의 심정의 세계에서
소박한 성의식을 지니고 있음을 작가는 그려내고 있는 것이다.

사이카쿠는 우키요조시라는 근세적 소설 양식을 통해 교훈적이면서
도 희작성을 추구하는 대립적이면서도 상호보완적인 창작의도를 통해
성의 일탈을 방지하려는 지배층의 유교적이고 공익적인 명분을 내걸면
서 동시에 성의 본연의 의미를 천착하는 창작방법과 내용을 제시하고
있는 것이며 바로 이점을 통해 근세 일본인들의 성의식의 일단을 확인
할 수 있다.

4. 『新可笑記』와 性

앞장의 작품에서는 상인층의 성의식의 일단을 살펴보았는데 이번
장에서는 이들 상인들의 지배계급인 무사들을 소재로 한 사이카쿠의
작품을 대상으로 해서 이들의 성의식의 일단을 살펴보기로 한다,
간통한 남녀를 그 자리에서 처벌할 권한이 있는 무사들에 있어 규율

대로 손상된 체면을 그 자리에서 해결하는 것을 메가타키우치(女敵打ち)
라고 했는데 이에 관한 기록이 최초로 보이는 것은 무로마치시대 후기
의 무가기록인 『長興宿禰記』[17]이라고 되어 있다[18]. 이는 무로마치
막부의 요직인 야마나(山名)씨의 가신이 처와 밀통한 아카마쓰(赤松)씨
의 家人을 아내와 함께 그 자리에서 처단한 것을 막부가 정당하다고
인정한 사건이다. 이러한 규율을 도쿠가와 막부가 계승했다고 하더라도
전쟁에서의 승리만을 목표로 삼던 전국시대의 무사들과는 달리 천하통
일 후 천하태평의 시대를 맞아 농, 공, 상에 종사하는 서민들의 지배자가
된 무사계급에게는 이데올로기에 변화가 올 수 밖에 없었다. 다시 말해
막부가 국민도덕으로 채택한 유교와 연계될 수 있는 이지적이고 이념적
인 무사도로 변질되어가게 되는 것이다. 앞장에서도 지적한 바와 같이
무엇보다 무사의 결혼은 자손을 만들기 위한 것이므로 부모와 主君의
일방적인 결정으로 이루어지며 이른바 근대적 의미의 애정이 매개가
된 결혼은 존재하기 어려웠고 특히 參勤交代制 하에서 장기출장이
빈번했던 지배층의 무가에서 의외로 밀통사건이 적지 않았음은 여러

---

17) ながおきすくねき. 무로마치시대 후기 官務左大史를 지낸 大宮長興의 일기
   로 1475년에서 1487년 사이의 10개년의 기록이 남아 있다. 난중, 난후의 公武
   의 동정과 洛中의 양상 등에 관해 소상한 기록을 남기고 있으며 무로마치
   막부의 요직인 야마나(山名)씨의 가신이 처와 밀통한 아카마쓰(赤松)씨의 家
   人을 아내와 함께 현장에서 메가타키우치의 형태로 처단한 일과 이를 정당한
   무사의 행위였다고 판정을 내린 막부의 재판상황을 소상하게 기록하고 있다.
   이 시기의 정치경제 및 사회사의 근본사료의 하나로서 원본은 남아있지 않고
   轉寫本이 남아 있다. 刊本은 『(改正)史籍集覽 』24에 실려 있다. 『國史大辭
   典』10 吉川弘文館 참조.
18) 暉峻康隆 『日本人の愛と性』(岩波新書 1989) p116

기록을 통해 알 수 있다. 그리고 이런 일이 표면화되면 무사의 명예와
가장으로서의 책임 등이 문제가 되어 문책을 면하기 어려워진다. 무사
로서의 손상된 체면으로는 당연히 침소현장에서의 해결이라는 규율이
요구되지만 동시에 그것은 해당무사 집안의 몰락을 의미하는 것이기도
했다. 이러한 이율배반의 정황이 빈발했다는 것은 바로 당대인들의
성모럴과 성의식의 계층적 양상을 시사하는 것으로서, 당시의 유교적
계층질서의 면에서 보면 상대적으로 성모럴에서 구속적 제한이 적은
농, 공, 상 계층의 성의식 실태는 무사들의 의식과 비교해 더 자유분방했
을 것으로 추정할 수 있을 것이다.

이러한 무사들의 정황이 바로 사이카쿠의 무가설화집 『新可笑記』[19]
의 권3-1(女敵身に替り狐)[20] 에서 생생하게 그려지고 있다.

가와치(河内)지방의 지방장관의 중신을 역임하고 가문의 존경을 받던
무사가 50세가 되어 아들에게 가장의 자리를 물려주고 산골마을에
은거한다. 어느날 내로라하는 무사가 이 은거무사를 찾아와 이 집안이
온전한 것은 아드님이 아버님 이상으로 법도를 지키는 분이기 때문이라
고 칭찬을 하자 그 말에 동의를 표하며 즉흥적으로 한 말이 "내 아들이
기는 하지만 메가타키우치를 감행할 정도로 어리석지는 않소이다"고

---

19) 5권 5책의 사이카쿠의 대표적인 무가설화집. 1688년 1월에 간행되었다. 형식적
    으로는 무가의 교훈서의 체재를 갖추고 있으나 내용적으로는 무가세계의 기담
    이나 珍談을 다루면서 무사들의 공적 측면에서는 나타나지 않는 裏面의 모습
    을 그려내고 있다. 武家의 다양한 삶의 양상, 처세, 심정과 행위 등에 관한
    작가의 지적이나 감개, 감상 등이 은연중에 드러나는 묘사가 많다. 인용예시문
    에서 다루어지고 있는 밀통사건도 그 대표적인 예라고 할 수 있다.
20) 구체적인 내용은 『新可笑記』(對譯西鶴全集九 明治書院)에서 인용.

답한다. 그 무사는 그 노인의 대답을 인상적으로 듣게 되고 얼마 후 상처를 하게 되어 젊고 아름다운 후처를 맞게 되는데 수년이 흘러도 부부 사이가 원만치 않던 중 이 집을 드나들던 떠돌이무사와 밀통을 갖게 된다. 이 사실을 소문을 통해 알게 된 무사는 앞의 노인의 말대로 바로 메카타키우치를 실행하지 않고, 이 소문의 진상은 여우가 부인으로 둔갑해 떠돌이무사와 밀통을 했던 것이라고 하고 여우를 산에서 잡아와서 이 집에서 죽임으로써 일단 사건을 수습시킨다. 모든 것이 늙은 여우의 소행인 것으로 해 놓은 뒤, 한참 세월이 흐른 뒤 후처는 조용히 친정으로 보내고 그 상대인 떠돌이 사무라이는 은밀하게 처단을 하는 것이 중심내용이다. 메가타키우치라는 틀에 박힌 무사계급의 명분적 처형의 방식을 피하면서 처의 간통사건을 이지적으로 처리한 주인공에 심리에 대한 작가의 창작인식은 다음과 같은 묘사를 통해 나타나고 있다.

　一切の女、其夫の心ざしひとつをたのみにして、國里萬里をへだてゝもありつく物ぞかし。其男につらく當られなば、女の身にしては世にかなしき事、是より外はあらじ。此内方にかぎらず、男情なき時は、かならず惡心さしはさみ、一命おはる事をいとはぬ族は女ごゝろなり。あるひは子の有中は是にひかれ、親のなき人は入まへ案じ、是非なき堪忍、是ぞ女たしなみといへり。(이하 중략)
　惣じて武家の内證かたへは、從弟までの出入尤の掟なり。とかくは他の心やすきより不義も發る事なり。此人賴もしき浪人四、五人も出入させ、身上取持給へり。いづれも御厚恩にあづかり、奥迄も出入、年月町家ずまひにて送りぬ。

　　此中に何の何がしとかやいへる浪人、色好み過て、是より身の
　　難儀をせしに、それにもこりずして作り眼して、めしつかひの女な
　　どにやさしい言葉をかけ、(이하 중략)

상기 인용문을 요약하면 다음과 같다.

모든 여자는 남편 하나만 믿고 먼 곳에서 시집을 오는 것이다. 남편이 제대로 해 주지 않으면 여자는 슬플 수밖에 없다. 처만이 아니고 대개 남녀 관계에 있어 남자에게 애정이 없을 경우에는 악심을 일으켜 목숨을 잃기까지 하는 것이 여자이다.

무가의 부인의 공간에는 사촌 정도까지만 출입이 허가되는 것이 규율인데 그 외의 사람들이 드나들기 때문에 불의가 저질러지는 것이다. 이 무사는 믿을만한 부하들 4-5명은 드나들게 했는데 이 중 한 무사는 자주 호색적인 몸가짐을 보이곤 했었고 바로 이 무사와 문제가 생긴 것이다.

이상의 묘사에서 드러나고 있는 것은 밀통을 한 부인의 처지와 심정에 대한 작가의 이해와 동정이라고 할 수 있다. 남자에게 애정이 없었기에 남편과 이성 간의 관계가 결여된 부인으로서는 목숨을 잃게 되더라도 밀통에 나서게 되는 경우도 있다는 것이다. 또한 부인의 공간에 외갓 남자들을 들이지 않는 것이 이른바 남녀칠세부동석의 유교적 예방조치에 따른 무가들의 규율이었지만 실은 이는 현실적으로 지켜지기 어려웠고 이런 상황에 호색적 상대방이 등장하여 밀통사건이 일어났다는 것이 작가의 인식이다. 이 사건에 대한 작가의 시각은 결국 부인에 대한 남편의 애정부재, 그리고 유교적 규율의 비현실성 등을 직시하고 있으며 주인공 무사 또한 이러한 점을 일면에서 수긍하고 있었기에 상대방 무사만을 은밀히 처형하고 부인은 친정으로 돌려보내는 방법을 택하고 있는 것이다. 밀통을 일으킨 호색적 무사에 대한 처형은 성의 일탈을 방지하기 위한 공익적 명분이 명확히 제시된 것이며 무가가 내세운 유교적 질서의 준수를 작품세계 안에서도 확인되고 있지만 한편으로 한쪽 상대방이었던 부인을 처형하지 않은 점은 크게 주목해야만 할 것이다. 남편의 애정이 없는 곳에서 나타나는 여성의 본연의 성에 관한 이해와 인식이 작가의 묘사와 남편무사의 행동에서 명확하게 읽혀지고 있음을 확인할 수 있을 것이다. 이 설화는 결국 간통의 소문을 늙은 여우의 소행이라는 기담적 소재를 통해 성의 일탈을 방지하고 계몽하려는 유교적 교훈성을 제시하면서도, 한편으로 본연의 성을 인정하려고 하는 소극적 성의 담론을 흥미로운 기담과 더불어 희작성이라는 제스처를 통해 중층적으로 제출하고자 하는 작가의 창작의도가 명확히 드러난 작품이라고 할 수 있을 것이다.

5. 마무리 글

이상 고찰한 바와 같이 근세일본인의 성의식에는 크게 두 가지 흐름이 나타나고 있다. 하나는 『女大學集』과 같은 부녀자용 교훈 계몽서에서 나타나는 성의식으로서 성의 일탈을 방지하려는 공익적, 도덕적 측면이 전면에 드러나는 형태이고, 또 하나의 흐름은 일본의 신도적 자연관에 입각한 형태의 성의식이라고 할 수 있는데 이는 본연의 성을 긍정하고 이를 남녀대등의 개념으로 파악함으로써 공익적 성의식과 대립하는 형태를 보이고 있다. 이러한 성의식은 神道家 增穗殘口와 安藤昌益의 저술을 통해 이론적 형태를 갖추었다고 볼 수 있다. 즉 두 흐름은 전래사상인 유교의 전통적 성의식과 토착사상인 신도적 성의식으로 상징되며 이 두 흐름은 외형상 지배층과 피지배층의 양분된 의식으로 나타나고 있지만 실제로는 상호 공존하고 보완되는 성격을 지니고 있음을 알 수 있다. 명분을 앞세우는 무사층의 경우에도 공적인 자료나 문헌에서는 유교의 전통적 성의식을 표출하지만 실제의 근세적 현실 안에서는 신도적 삶의 행태를 보이는 경우가 적지 않았음을 문학 작품 등의 자료를 통해 확인할 수 있다. 특히 이러한 양 흐름을 작품 안에 다양한 형태로 내재시키고 있는 것은 다름 아닌 본 고찰에서 주로 다루고 있는 이하라 사이카쿠의 소설이라고 할 수 있다.

부유한 상인을 주인공으로 하고 있는『好色一代男』에서는 반가치적 대상인「好色」의 세계가 雅의 고전적 세계로 상징되는『源氏物語』와 동일차원으로 전화되고『源氏物語』와 상대화되는 구조를 획득하게 됨으로써 원리적인 형태로서의「性」의 주제화가 제기되고 창작의도의 일 측면이 명확히 顯在化하는 것이다. 사이카쿠는 우키요조시라는 근세적 소설 양식을 활용해 교훈적이면서도 희작성을 추구하는 대립적이면서도 상호보완적인 창작의도를 통해 성의 일탈을 방지하려는 지배층의 유교적이고 공익적인 명분을 내걸면서 동시에 성의 본연의 의미를 천착하는 창작방법과 내용을 제시하고 있음은 주목할만하다. 또한 근세의 지배층인 무사를 주인공으로 하고 있는 『新可笑記』에서는 처와 부하무사 간의 밀통문제 처리를 둘러싸고 주인공 무사는 메가타키우치라는 명분적 처형의 방식을 피함으로써 자신이 집안의 몰락을 방지하는 이지적 태도를 보임으로써 본연의 성에 대한 포용적 인식의 일단을 표명한다. 주인공의 심리에 대한 작가의 창작인식은 탈계급적인 경향을 보이고 있음을 알 수 있다. 성에 대한 공익적 규제와 본연의 성이 지니는 일탈적 측면은 교훈성과 희작성을 상호보완적인 요소로 다루고 있는 작가의 창작의도와 궤를 같이 하면서 근세 일본인의 성의식의 중층적 구조를 이루고 있는 것이다.

한국에 있어서의
일본 근세소설 연구의 성과와 과제
3부2장

1. 들어가는 말

필자는 한국일본학회 창립 20주년 기념 기획주제로서 <한국의 일본 연구 어디까지 왔는가>라는 특집 중, 「한국에 있어서의 일본문학연구의 성과와 과제」[1]를 발표한 바 있고 이 중, <1. 일본문학연구의 출발점>에서 다음과 같은 내용의 문제제기를 한 바 있으며 이를 간단히 요약하면 다음과 같다.[2]

일본문학연구의 대상을 평론을 포함하는 일본의 문학작품으로 규정한다면 우리의 일본문학 연구사는 적어도 일본 식민시대까지 거슬러 올라 갈 수 있다. 그러나 식민지 상황 하에서 이 시기의 일본문학연구를 우리의 외국문학연구라고 볼 수 없을 것이다. 일본문학연구가 외국문학연구이기 위해서는 우리의 주체적인 한국문학 연구의 정립을 전제로 하는데 식민지 시대의 우리문학 연구가 험난한 여건으로 인해 굳건한

---

1) 졸고 『일본학보』제 30집(1993. 5)
2) 1)의 앞의 논문 pp.127-129

토대를 내릴 수 없었음은 주지의 사실이다. 또한 당시의 시대 상황에서 일본문학을 연구대상으로 삼았던 당시의 극소수 연구자들에게 과연 일본문학이 외국문학일 수 있었겠는가 하는 정황론적 판단도 제기될 수 있을 것이다. 그렇다면 일본문학연구의 출발점은 해방 후로 잡아야 하겠으나 침략과 식민지지배로 얼룩진 근세 이래의 한일관계가 빚어낸 상흔은 현재까지도 여전히 불식되고 있지 않아, 일본문학 연구 또한 이러한 시대상황적 범주에 크게 영향을 받아온 분야라고 할 수 있다. 우리의 한국문학 연구가 해방 후 눈부신 발전을 거듭해 확고한 정립단계에 와 있는 만큼, 일본문학 연구 또한 이제 확고한 외국문학연구의 시각과 내용을 갖추어야 할 시기에 와 있다.

1960년 초 국내대학에 일본어문 관련학과가 설치되기 시작해 1990년 현재 47개교(독어독문 58개교, 불어불문 59개교)에 이르고 있고 일본문학 연구자의 수는 7-80년대를 거치면서 국내외 대학에서 많은 연구자들이 배출되어 상당수에 이르고 있다.

앞에서 지적한 여건, 즉 한국문학 연구의 정립, 일본문학 연구자의 저변확대 등을 감안한다면 본격적인 일본문학 연구의 출발은 1970년대 이후로 잡을 수 있겠으나 과연 이 시기를 일본문학 연구의 본격적 출발시기라고 하기에는 다소 망설임이 있음을 부정할 수 없다. 여전히 학계 일각에서 일본문학 연구자들에게 보내는 시선에는 편견이 담겨 있다. 일본문학 연구의 역사가 일천하여 납득할 수 있는 성과가 적었다는 점 외에 일본연구자들의 방법과 성과를 비판적 성찰 없이 수용함으로써 다분히 친일적인 학문경향을 보이고 있다는 은연중의 비판에

대해 과연 이를 억지라고 간단히 일축해 버릴 수 있는 지 생각해 볼
문제이다.

엄밀하게 따지고 보면 다른 외국문학도 크게 경우가 다르리라고는
보지 않지만 일본문학 연구의 경우는 한일관계의 특수상황과 맞물려
좀 더 진지한 자세를 요구받고 있다. 우리에게 있어 일본연구는, 일본문
학연구는 어떠한 의미를 지니는 가라는 원론적인 의문은 결국 우리의
주체적인 시야와 과학적인 방법과 내용을 통해 일본문학을 연구해야
한다는 극히 상식적인 결론으로 대치될 수 있다. 이러한 연구의 자세와
목적에 대한 책임은 일차적으로 일본문학 연구자들의 몫일 수밖에
없고 그런 의미에서 우리의 일본문학 연구는 여전히 출발점에 서 있다
고 볼 수 있을 것이다.

이상과 같은 문제제기와 더불어 필자는 본론의 내용에서는 <2. 연구
물 편수를 통한 연구현황>[3]과 분석을 통해, 60년대 연구논문이 쓰여지
기 시작하여 70년대 꾸준한 증가를 나타냈으며, 80년대 들어와 연평균
100여 편 이상의 논문이 나와 1989년까지의 누계 논문 수는 1016에
이르고 있으며 큰 특징으로서 70년도 중반까지 비교문학의 비중이
높았으나 이후로는 순수한 일본문학연구물이 크게 많아지고 있음을
지적했다.

<3. 시대물 연구물편수 현황>에서는 편의적인 시대구분[4]에 따른

---

3) 1945년에서 1989년까지의 학술논문, 학술번역, 저작물 등을 대상으로 삼았고,
   기초자료는 이한섭·황성규 편『한국일어일문학연구문헌서지1945-1988』(시
   사일본어사)와「한국일어일문학 관계 연구문헌목록(1988-1990)」(『일본학보』
   23,25집) 등에 의거하였다.

분석을 행하였는데, 근현대가 전체의 65%를 차지하고 있고 이러한 편중현상은 80년대에 들어와 70%로 더욱 두드러지고 있음을 지적하였다.

<4. 각 시대별 연구현황>에서는 각 시대별 연구자 현황을 제시하였고 이는 1기 62, 2기 65, 3기 64, 4기 56, 5와 6기 318, 기타 64로 나타나 역시 앞 <3. 시대물 연구물편수 현황>을 뒷받침하고 있는 것으로 나타났다.

그리고 본고의 주 고찰 대상인 근세(4기)의 현황은 다음과 같이 정리하였다.

4기의 연구물 총 편수는 73, 연구자 수는 56이다. 주요 연구대상은 바쇼(芭蕉), 사이카쿠(西鶴), 아키나리(秋成) 등의 작품들로서 총 편수 73중 상기 세 작가의 작품연구만으로 40편을 넘고 있다. 지카마쓰(近松), 바킨(馬琴), 무슨(蕪村) 등에 관한 연구물은 모두 합해 10편에도 못 미친다. 일본 근세문학에서의 이들 작가들의 비중을 감안한다면 적은 수치라고 할 수 있다. 그 밖의 분야로서 조선통신사를 통한 한일간의 한문학교류에 관한 논문이 10편미만으로 나타나고 있다. 4기의 주요작가인 바쇼(芭蕉)와 사이카쿠(西鶴) 등의 연구편수가 제각기 20편 내외라는 것은 근세기의 연구가 출발점에 있음을 의미한다고 할 수 있다. 이러한 점에 있어서는 고전시대에 해당하는 1-4기 모두가 비슷한

---

4) 1기(상대), 2기(중고), 3기(중세), 4기(근세), 5기(근대), 6기(현대, 1945년 이후)로 나누었고 어느 특정시기에 포함시킬 수 없는 개설적, 통사적 연구는 0기로 표시하였음.

양상임을 앞의 통계에서 알 수 있다. 따라서 이 시기의 연구경향을 개별적으로 논한다는 것은 시기상조이다. 오토기조시(御伽草子), 가나 조시(假名草子), 우키요조시(浮世草子), 요미혼(讀本), 기타 게사쿠(戱作) 작품 등 다양한 근세작품의 장르와 내용, 용어에 관한 재검토를 행하고 같은 시대의 한국, 중국의 산문작품과의 비교 검토를 통해 한, 중, 일의 소설개념정의[5]와 소설사의 전개양상을 밝히는 작업도 큰 의미를 지닐 것이다.

그리고 끝으로 이 작업의 마무리 글에서 다음과 같이 정리하였다.

현재 한국과 일본 간에는 여러 분야에서 인접국가로서 다양하고 밀접한 교류가 이루어지고 있음에도 불구하고 여전히 가깝고도 먼 나라라는 위상을 벗어나고 있지 못하다. 반일에서 극일 등으로 슬로우 건이 변화해 온 지도 오래 되었고 우리 스스로를 위해서도 언제까지나 피해의식에 사로 잡혀 있을 수 없다는 점에서 객관적이고 합리적으로 일본의 실상을 파악하고자 하는 냉정하고 균형 있는 자세가 필요하다는 논의도 식상할 정도로 이루어져 왔다. 그럼에도 일본에 대한 뿌리 깊은 피해의식과 반일감정이 여전히 자리 잡고 있으며 이것이 동시에 일본의 실상을 과학적으로 바라보는 데 있어 장애요소로 작용하고 있음은 사실일 것이다. 물론 이러한 현상의 주된 요인이 지난 역사에 대한 일본의 철저한 자기반성과 청산과정이 부족했다는 것에 있기는 하나 어쨌든 일본을 굴절된 시야로 바라볼 수밖에 없다는 점에서는 우리의

---

5) 이 점에 관해서는 조동일이 새롭게 문제제기를 한 바 있다. 『한국문학과 세계문학』제2판(지식산업사 1992)

딜레마이기도 한 것이다.

이러한 점에 있어 일본문학 연구도 예외는 아니다. 아니 더욱 민감한 분야라고 할 수 있다. 문학연구의 동기가 대상에 대한 흥미와 관심으로부터 비롯되는 것이라고 할 때 한국의 일본문학연구자는 연구의 동기가 순수하다고 해도 한일간의 역사적 상흔과 대처하는 일이 결코 수월한 일이 아니다. 즉, 일본문학을 바라보는 데 있어 그 내용과 질이 어떠하든 간에 "일본"의 문학이라는 점이 연구의 걸림돌이 되어왔던 풍토가 바로 그것이다. 일본문학이 엄연한 외국문학이며 우리의 주체적 시야에 의한 외국문학연구의 필요성이 인정되고 그러한 전제 위에서는 일본문학연구 또한 마찬가지라는 당위성을 모르는 연구자는 없을 터인데 "일본문학 혹은 문학의 일본적 요소들을 어떤 혐의사실로 몰아버릴 것이 아니라 외국문학들 가운데 하나로서 객관적 관점에서 살펴볼 필요가 있으며 일본문학 전체에 대한 거부는 역설적으로 말하면 아직 우리문학이 일본적 요소를 극복하지 못했다는 것을 의미한다"[6]라는 온당한 지적이 여전히 유효한 상황이라고 할 수 있다.

따라서 일본문학에 있어서의 이러한 석연치 못한 상황을 극복하는 길은 우리의 상황에 맞는 효과적인 일본문학연구의 방법론과 설득력 있는 문제의식의 도출일 것이다. 주지하고 있는 바와 같이 일본의 자국문학 연구의 역사는 수세기의 세월을 넘고 있고 그들 나름의 연구체계와 방법론은 확고하며 연구축적량 또한 방대하다. 이들의 문학연구방법

---

6) 김우창『외국문학』창간호 1984)

론, 문제의식 등에 관한 비판적 검증을 통해 올바른 연구 성과는 적극적
으로 수용하여 우리의 토대로 삼고 미진하고 석연치 않은 구석은 철저
히 밝혀내야 하는 至難의 작업이 요구되고 있는 시점이다.

이상과 같은 1993년의 발표내용은 端的으로 말해 우리의 일본문학
연구는 출발점에 서 있고 근세문학 연구 또한 같은 상황에 있다는
결론으로 귀착될 것이다.

그렇다면 약 11년이 지난 2004년 현 시점에서 우리의 일본 근세소설
연구의 상황과 그 내용의 진전은 어떠한가?

이번 일본학회의 기획의도에 맞추어, 본 고찰에서는 연구 성과물이
가장 많은 사이카쿠와 아키나리 작품의 연구성과를 중심으로 생각해
보고자 한다.

2. 한국에서의 일본근세문학 연구 현황

앞의 논문 발표 이후 약 11년이 지난 2004년 현재, 일본근세문학연구
의 저서, 역서, 논문 등의 편수 현황[7]은 다음과 같다.

---

7) 자료는 주로 1.이한섭 『韓國 日本文學關係研究文獻 一覽 』(고려대학교 출
   판부 2000년)에 의거하였고 1에 누락된 2000년에서 2004년까지의 내용은
   필자가 조사한 것임. (단 논문은 사이카쿠와 아키나리의 연구에 한함) 필자
   나름대로 누락 연구물을 조사해서 보충하였으나 미처 필자가 조사하지 못한
   연구물이 있을 가능성도 있으므로 양해를 구하고자 함.

저서 ; 9권(가나다 순)

강석원, 上田秋成の研究ー朝鮮をめぐる秋成國學の世界ー, 책
사랑, 서울, 2003, 204쪽

김태준, 임진왜란과 한국문학(대우학술총서), 민음사, 서울, 1993,
309쪽

유옥희, 바쇼 하이쿠의 세계, 보고사, 서울, 2002, 318쪽

이영구, 松尾芭蕉 研究, 중앙대학출판부, 서울, 1994, 301쪽

이현영, 加賀俳壇と蕉風の研究, 桂書房, 도쿄, 2002. 271쪽

정형, 西鶴 浮世草子 硏究, 보고사, 서울, 2004, 295쪽

최관, 文禄慶長の役 ; 文學に刻まれた戰爭, 講談社, 도쿄, 1994,
285쪽

한영환, 한, 중, 일 소설의 비교연구; 전등신화, 금오신화, 오도기보오
꼬를 중심으로, 정음사, 서울, 1985, 274쪽

황소연, 일본근세문학과 선서, 보고사, 서울, 2004, 426쪽

연구서는 9권으로 바쇼관련 3편, 사이카쿠 관련 1권, 아키나리 1권,
비교문학 4권으로 분포되어 있다. 특히 2000년대에 들어와 본격적인
연구서가 늘어나고 있고 특히 사이카쿠와 아키나리의 개별연구서가
간행되기 시작했음을 알 수 있다.

역서 ; 3권(이만희, 김정례, 유옥희)

김정례, 바쇼의 하이쿠 기행1, 바다출판사, 서울, 1998, 295쪽

유옥희, 마츠오 바쇼오의 하이쿠, 민음사, 서울, 1998,

이만희, 음유시인 바쇼의 동북일본기행, 학문사, 서울, 1994, 301쪽

역서는 모두 바쇼의 하이쿠 번역이다. 사이카쿠나 아키나리와 같은

소설작품의 본격적인 번역의 완성이 과제라고 할 수 있을 것이다.

　논문은 일반 21편, 국학과 유학 8편, 와카 1편, 한문학 2편, 하이카이 일반 7편, 바쇼 55편, 고바야시 잇사 2편, 요사 부손 2편, 하이쿠 기타 2편, 근세소설일반 6편, 가나조시 6편, 이하라 사이카쿠 62편, 우에다 아키나리 39편, 기타소설 6편, 극문학 40편, 통신사관계 20편, 비교문학 26편 등으로 되어 있고　총 논문 수는 305편[8])으로 1990년 73편과 비교하면 이후 약 3배 이상의 연구물이 증가되었음을 알 수 있다. 연구논문의 분포를 통한 경향을 보면 90년대까지는 바쇼 연구 혹은 통신사관계나 비교문학, 유학 등 한일 교류를 둘러싼 연구가 많았으나 최근에 들어와 사이카쿠나 아키나리와 같은 순수한 근세소설작가에 관한 연구논문이 늘어나고 있음을 알 수 있다. 이 중 본 고에서 주로 다루고자 하는 사이카쿠와 아키나리의 연구논문은 약 100여 편으로 집계되어 근세연구논문 전체의 30%를 넘고 있고 운문문학 분야인 와카, 하이쿠 등의 연구를 제외한 소설연구논문에 차지하는 비율은 과반을 크게 웃도는 수치로 되어 있다.

　본 고찰의 3과 4에서 주로 사이카쿠와 아키나리의 연구논문을 중점적으로 다루고자 했던 이유는 일본 근세소설에서 차지하는 두 작가의

---

8) 이 통계수치 또한 앞에서 인용한 『韓國 日本文學關係研究文獻 一覽 』에 실린 자료에 의거한 것으로 실제 논문 수는 몇 십 편 더 있을 것으로 추정됨. 특히 다음 3장과 4장에서 기술하는 사이카쿠와 아키나리 연구자들의 논문이 각자 몇 편씩 더 있으나 앞 자료 인용의 일관성을 위해 특별히 통계수치에는 포함시키지 않았음. 이 점 또한 양해를 구하고자 함.

비중 외에도 이상과 같은 통계수치의 의미가 작지 않았기 때문이다.

3. 사이카쿠의 개별연구

사이카쿠의 개별연구는 앞의 저술목록에서 제시한 바와 같이 연구서 1권과 연구논문 62편으로 나와 있다. 한국 일본문학관계연구문헌 일람에 실려 있는 집필자의 수는 10여명에 이르고 있지만 일관된 문제의식으로 논을 전개하면서 심사제가 있는 학술지에 여러 편의 논문을 게재하고 있는 연구자는 5명9) 전후로 이들의 논문 수는 40편 정도에 이르고 있다. 주요 연구자들의 연구경향10)을 살펴보면 다음과 같다.

김영철은
『椀久一世の物語』の夢と狂氣 「일어일문학연구」16집 한국일어일문학회 90. 7.
『西鶴諸國はなし』への一視點 「일본학보」28집 한국일본학회 92. 5.

등, 10여 편의 논문에서 사이카쿠의 여러 작품을 다루면서 선행 고전작

---

9) 연구의 질은 논문의 편수로 결정될 수 없음은 물론이다. 5명 내외라고 기술한 것은 현 상황에서의 대체적인 파악이라고 할 수 있다. 극히 최근에 이루어진 신진연구자들의 사이카쿠 관련 논문이 포함되지 않았을 가능성이 있으므로 이 점 또한 양해를 구하고자 한다.
10) 지면 사정 상 각 연구자들의 개별논문을 논할 여유가 없으므로 기본적인 연구경향만 언급한다. 다만 김영철, 정형, 황소연의 개별연구업적 리스트는 본인들에게 직접 2004년 현재까지의 업적을 확인한 것임.

품들의 소재론과 관련된 창작방법의 다양성과 의도를 고찰한 논문을 다수 집필하고 있음.

상기 논문 외에 다음과 같은 논문이 나와 있음.

『好色一代女』試論－二つの昌頭文からの接近－「爭友」1號 筑波大學 일본문학연구실 1988, 「일어일문학연구」16집 한국일어일문학회 1990, 『世間胸算用』の敎訓の性格「일본학보」32집 한국일본학회 1994, 『好色五人女』論－移り氣な人間模樣－「일본학연구논총」일본어뱅크 刊 1994, 『世間胸算用』の手立て－敎訓の二重構造－「한양일본학」3집 한양일본학회 1995, 『本朝二十不孝』論－世相風俗文の持つ意味－「일본학보」34집 한국일본학회 1995, 『武道傳來記』の二重構造－「平家」素材の利用方法から－「筑波大學平家部會論集」5輯 筑波大學平家部會 1995, 『日本永代藏』の二重構造－文學・實用と敎訓－「한양일본학」5집 한양일본학회 1997, 『嵐無常物語』考－際物のあり樣－「한양일본학」6집 한양일본학회 1998, 「사이카쿠(西鶴)의 일대기물과 풍속서」『일본어문학』7집 일본어문학회 1999, 사이카쿠(西鶴)의 창작방법시론－『一代女』의 경우－」『일본어문학』11집 일본어문학회 2000, 粹の理想と『一代男』の構成「일어일문학연구」41집 한국일어일문학회 2002. 西鶴の浮世草子と近代－大つごもりの場合－「文明」創刊號 東海大學文明研究所 2002.

정형은

『本朝二十不孝』考ー創作意圖の二元性を中心にー筑波大學平

家部會論集 6, 1997

西鶴 町人物에 있어서의 世俗과 佛ㅡ『日本永代藏』의 치부담을 중심으로 일본연구 21집, 2003 한국외대일본연구소
등, 10여 편의 논문을 통해 사이카쿠의 창작의도의 구조가 교훈성과 희작성의 상호보완적 측면으로 이루어지고 있음을 논하고 동시에 이 주제를 근세의 神佛의 영역으로 확대하여 근세의 사상사적 흐름 안에서의 사이카쿠문학의 의의를 고찰하는 논을 전개하고 있음.

상기 논문 외에 다음과 같은 논문이 있음.

西鶴 町人物에 있어서의 世俗과 佛, 일본연구, 한국외국어대학교 외국학종합센터 일본연구소, 47, 2003/ 西鶴 浮世草子에 있어서의 神과 佛,일어일문학연구, 한국일어일문학회, 12, 2002/ 西鶴의 小說에 있어서의 佛과 儒, 일본문화학보,한국일본문화학회, 39, 2001/ 일본근세문학에 있어서의 허구와 기억ㅡ사이카쿠 소설을 중심으로ㅡ, 일어일문연구, 한국일어일문학회, 33, 1998/「一代男」의 창작의도, 단국대논문집, 4, 1998/ 西鶴好色物의 창작의도(1)ㅡ好色一代男의 주제와 戱作意圖를 중심으로ㅡ, 한국일본문화학회, 6, 1997/「本朝二十不孝」考ㅡ창작의도의 이원성을 중심으로, 筑波大學平家部會論集, 筑波大學平家部會, 30, 1997/「本朝二十不孝」에 있어서의 '孝'의 주제적 의도: 작자의 창작의도와 관련해서, 일어일문학연구, 한국일어일문학회, 1997/「日本永代藏」의 창작의도, 기념논문, 이봉회교수정년퇴임기념간행위원회, 30, 1996/ 西鶴소설의 창작의도, 대학논문집, 단국대학교 출판부, 28, 1994/ 西鶴町人物 致富訓의 구조,대학논문집,

단국대학교출판부, 30, 1993/「日本永代藏」의 창작의도, 일본학보, 25, 1991/「日本永代藏」序說－창작의도를 중심으로－, 단국대논문집, 1990/「日本永代藏」小考, 日本文化硏究, 한국외국어대학교, 20, 1988/「本朝二十不孝」小考, 日本學報,한국일본학회

황소연은

사이카쿠 소설작품의 서반부(序盤部)기술과 창작방법「일본문화연구」제8집, 2003, 『세켄무네산요』(世間胸算用)의 성립과 사이카쿠의 변화「일어일문학」제15집, 2001

등, 여러 편의 논문에서 사이카쿠의 창작방법을 논하고 있고,『혼초니주후코』논고－참월설정을 중심으로－『일본근세문학과 선서』보고사, 니주후코의 교훈 요소와 선서(善書)와의 관련성을 고찰하고 있음.

상기논문 외에 다음과 같은 논문이 나와 있음.

『고쇼쿠이치다이오토코』의 창작기법－권 6의 3화「신주바코(心中箱)」의 설정을 중심으로－「일본문학연구」창간호, 1999, 오사카의 출판문화 전개와 사이카쿠(西鶴)「일본어문학」제9집, 2000,『혼초니주후코』논고－참월설정을 중심으로－, 호색일대남의 창작의식－삽화를 중심으로－「일본문화연구」제12집, 2004

이 외에 김규열[11], 김덕준, 박창기, 임중빈, 차진숙, 박무희, 박연숙,

---

11)「西鶴의 町人物 小考」(『日本語文學』제2집 한국일본어문학회 1996.12) 등의 논문에서 사이카쿠의 창작태도의 일관성에 관해 고찰하고 있음.

전창환, 정하미, 권만혁, 양선희, 양용길 등의 논문이 나와 있다.

이상 3인의 연구경향과 내용을 간단히 언급했다. 모두 제각기 다른 시각과 관심의 영역에서 연구를 행하고 있으며 상호간 논문을 인용하면서 논을 전개하는 단계에까지 도달하고 있지 않다. 일본 근세소설사에서 차지하는 사이카쿠문학의 위상과 내용을 생각하면 앞으로 더 많은 연구자들의 참여가 요청된다고 하겠다.

4. 아키나리의 개별연구

아키나리의 개별연구는 연구서 1권과 연구논문 39편 정도가 나와 있음. 한국 일본문학관계연구문헌 일람에 실려 있는 집필자의 수는 8명 정도이고 사이카쿠의 경우와 마찬가지로 일관된 문제의식으로 논을 전개하면서 심사제가 있는 학술지에 여러 편의 논문을 게재하고 있는 연구자는 3-4인 정도로 이들의 논문수를 합하면 20여 편에 달하고 있다. 주요 연구자들의 연구경향[12]을 살펴보면 다음과 같다.

강석원은

『癇癖談』をめぐって− その重層構造を中心に−,『待兼山論叢』第23號 文學篇, 大阪大學文學會, 1989, 秋成의 國學과 貞幹,『日語

---

12) 사이카쿠의 경우와 마찬가지로 지면 사정 상 각 연구자들의 개별논문을 논할 여유가 없으므로 기본적인 연구경향만 언급한다. 다만 강석원과 김옥희, 정순희의 개별연구업적 리스트는 본인들에게 직접 2004년 현재까지의 업적을 확인한 것임.

日文學硏究』第39輯〔文學·日本學篇〕, 韓國日語日文學會, 2001. 등, 10여 편의 논문을 통해서 秋成의 국학이 일본의 학계에서 宣長의 그것에 비해 부적절한 평가를 받고 있는 점에 의문을 가지고 그 원인 및 배경에 관한 일관된 고찰을 하고 있음.

상기 논문 외에 다음과 같은 논문이 있음.

きつねとゾンガラス-秋成文學の一つの背景-,『詞林』第六號, 大阪大學 古代中世文學硏究會, 1989, 秋成と朝鮮通信使-『胆大小心錄』六一段を讀む-,『讀本硏究』第八輯 上套,『讀本硏究』編集部, 溪水社, 1994,『鉗狂人上田秋成評同辯』小考,『日語日文學硏究』第26輯, 韓國日語日文學會, 1995, 秋成と崔天宗-『胆大小心錄』六二段を中心にして-,『讀本硏究』第十輯上套,『讀本硏究』編集部, 溪水社, 1996, 秋成의 人間學과 文學-「智」의 문제를 中心으로-,『日語日文學硏究』第30輯, 韓國日語日文學會, 1997, 秋成의 國學과 芳洲,『日語日文學硏究』第32輯, 韓國日語日文學會, 1998, 秋成의 國學과 秀吉,『日語日文學硏究』第35輯〔文學·日本學篇〕, 韓國日語日文學會, 1999,『衝口発』小考,『日語日文學硏究』第37輯〔文學·日本學篇〕, 韓國日語日文學會, 2000, 韓國日語日文學會, 2001. 11. 30, 秋成의 分度論,『日語日文學硏究』第46輯〔文學·日本學篇〕, 韓國日語日文學會, 2003

김옥희는

上田秋成의 역사인식에 관한 고찰(『日本思想』 2호, 2000년 10월), 박지

원과 우에다 아키나리의 문학관의 비교연구(『비교문학』26집, 2001년 2월)

18세기 한일 양국의 문학관의 비교연구－북학파 실학자와 일본의 국학자를 중심으로

등, 8편의 논문을 통해 아키나리의 문학연구의 전제로서 국학자로서의 업적과 역사관에 주목해야 한다는 문제의식을 제출하고 있으며 아키나리와 유사한 삶을 살았던 조선의 박지원의 문학과의 비교를 통해 아키나리와 박지원의 문학세계를 재조명하는 연구를 행하고 있음.

상기논문 외에 다음과 같은 논문이 있음.

＜源太騷動＞をめぐる三つの作品に關する考察－秋成の「死首のえがほ」を中心に, 『日本學報』33집, 1994,『春雨物語』에 나타난 우에다 아키나리(上田秋成)의 國學思想 －「目ひとつの神」를 중심으로, 『日本學報』42집, 1999, 上田秋成の晩年と『春雨物語』の世界, 『아세아문화연구』5집, 2001, 「호질」과 「외눈박이 신(目ひとつの神)」의 비교연구－인성물성론의 관점에서, 『비교문학』30집, 2003, 18세기 한일 양국의 문학관의 비교연구－북학파 실학자와 일본의 국학자를 중심으로『日本學報』57집2권, 2003, 18세기 일본 국학자의 세계관－모토오리 노리나가와 우에다 아키나리를 중심으로, 『한국체육대학교논문집』26집, 2003

정순희는

요미혼작가의 주제계승－아키나리와 데이쇼－문화학보 19, 2003 등의 논문을 통해 양 작가의 공통성과 차이점을 고찰하면서 아키나리가

데이쇼의 중국원작수용에 있어서의 미비점을 보완하고 있음을 실증적
으로 논하고 있음.

　이 외에 김인규, 이인화, 박무희, 박찬기, 서태순, 신두헌, 남철희
등의 논문이 나와 있다.

　아키나리의 연구자들도 앞의 사이카쿠의 경우와 마찬가지로 제각기
다른 관심영역과 방법론으로 개별연구를 행하고 있고, 상호간 논문을
인용하면서 논을 전개하고 있지 않음을 알 수 있다. 아키나리 연구
또한 좀 더 많은 연구자들의 참여가 필요하다고 보여진다.

5. 마무리 글

　이상, 1993년에 필자가 집필한 <한국에 있어서의 일본문학연구의
성과와 과제>에서의 주요 내용을 1.에서 간단히 요약, 소개하고 2,
3, 4에서 2004년 현 시점에서의 한국의 근세소설 연구의 현황과 과제를
살펴보았다.

　1.에서 다루어진 것은 일본문학 연구 전 시대에 걸친 성과와 과제였
지만 여기서 제기된 여러 과제들은 그대로 현재의 일본근세소설 연구에
도 해당됨을 앞의 고찰에서 알 수 있었다.

　일본에 대한 뿌리 깊은 피해의식과 반일감정, 미흡한 일본의 과거사
반성 등등의 굴절된 여건 속에서 일본문학연구가 시작된 이래, 이제는

본격적인 일본연구, 일본문학연구가 궤도에 올랐다고 할 수 있을 것이다. 일본문학을 바라보는 데 있어 그 내용과 질이 어떠하던 간에 '일본'의 문학이라는 점이 걸림돌이 되고 있던 한국적 일본연구 풍토가 완전히 불식되었다고는 할 수 없으나, 이제는 일본문학 혹은 문학의 일본적 요소들을 외국문학들 가운데 하나로서 객관적 관점에서 살펴볼 수 있는 역량과 문제의식을 대다수 일본연구자들이 갖추어 가고 있음은 새삼 언급할 필요가 없을 것이다. 이러한 상황의 극복은 개개의 연구자들이 다양한 방법과 시각에 의해 이루어지고 있으며 앞으로의 과제는 일본의 자국문학연구와 어떻게 우리의 일본문학연구를 차별화해 나갈 것인가에 달려 있다고 할 수 있을 것이다. 앞에서도 지적한 바와 같이 일본의 자국문학연구의 역사는 수세기의 세월을 넘고 있고 그들 나름의 연구체계와 방법론은 확고하며 연구축적량 또한 방대하다. 이들의 문학연구방법론, 문제의식 등에 관한 비판적 검증을 통해 그들의 올바른 연구 성과는 적극적으로 수용하여 우리의 토대로 삼고 미진하고 석연치 않은 구석은 철저히 비판하고 새로운 대안을 모색해 내는 것이 우리들의 기본적인 과제임은 새삼 강조할 필요가 없을 것이다.

　일본 근세소설의 대표적인 작가 사이카쿠와 아키나리의 경우 또한 마찬가지이다. 일본문학에 있어 근세문학은 상대적으로 연구자와 연구의 양이 적은 시대임은 주지의 사실이다. 그럼에도 불구하고 이 두 작가에 관한 연구의 질과 축적된 양은 우리의 상상을 크게 뛰어 넘고 있다.

　사이카쿠의 예를 보면 지금부터 8년 전인 1996년에 나온 『西鶴事

典』[13]의 연구문헌목록 일람에는 815쪽에서 1035쪽까지 약 200쪽의 지면에 걸쳐 1872년부터 1994년까지의 사이카쿠 연구업적 리스트가 집대성되어 있다. 논문과 평론들이 약 8000편에 달하고 있고 연구서나 전문잡지도 약 2000권, 연구자(집필, 편집, 주석 등) 들 또한 연인원 1000명에 가깝게 나타나고 있다.

이러한 일본에서의 연구 상황[14]과 우리의 연구 상황(연구자 10명 미만, 연구서 1-2권, 논문 7-80편)을 비교한다는 것은 별반 의미를 지니지 못한다. 그리고 이러한 상황은 앞으로도 변하지 않을 것이다. 우리가 나아가야 할 방향은 우리의 상황에 맞는 효과적인 일본문학연구의 방법론과 설득력 있는 문제의식의 도출일 것이다.

일본근세문학 연구의 주된 흐름이라고 할 수 있는 실증적 전거주의, 소재론 등의 연구 외에 텍스트의 구조를 철저하게 읽어낼 수 있는 방법론의 확립, 한중일의 소설양식의 객관적 유형화를 통한 일본근세소설의 장르 재음미, 일본연구자들이 지니기 어려운 비교문학적인 시야의 주제모색 등이 앞으로의 일본근세소설 연구 분야에서의 과제라고 할 수 있을 것이다. 7-80년대에 시작된 한국에서의 일본문학연구는 한일간의 역사적 상흔을 되새기면서 객관적이고 실증적인 외국문학연구의 영역으로 자리 잡아 가고 있으며, 그 일환으로서의 근세소설연구 또한 앞의 조사와 분석을 통해 일정의 성과를 구축해 왔음을 확인할 수

---

13) 江本裕・谷脇理史 編(おうふう) 研究文獻目錄 一覽
14) 아카나리의 전체적인 연구상황을 확인하지는 않았지만 사이카쿠의 경우와 큰 격차를 보이지는 않을 것이다.

있었다. 이를 토대로 해서 근세소설의 분야에서도 한국 연구자들에 의해 이루어져야만 하는 다양한 과제와 작업이 산적해 있음을 확인하는 것만으로도 이 고찰의 의의는 충분하다고 할 것이다.

저자후기 ▓▓▓

　이 책『일본근세문학과 神佛』은 서명에서 알 수 있듯이 일본근세문학과 神佛의 관련 양상에 관한 고찰이 중심을 이루고 있다. 이를 다시 세분해서 말하자면, 일본의 근세문학 안에서도 특히 근세의 대표적인 소설가 이하라 사이카쿠(井原西鶴)의 작품을 주요 연구대상으로 하고 있고, 神佛은 주지하고 있는 바와 같이 일본종교사의 가장 큰 흐름인 神佛習合의 주체로서 설정하고 양자의 관련양상을 살펴보는 것이다. 즉, 기존의 연구에서 잘 드러나지 않았던 일본 근세기의 종교(聖)와 현실(俗)이라는 두 영역의 실제적 一端을 밝혀냄과 동시에 기존의 사이카쿠의 작품연구에서 거의 찾아볼 수 없었던 神佛을 둘러싼 작가의 창작의도에 관한 고찰을 시도하고자 했다.

　총설에서도 언급하고 있는 바와 같이, 神佛과 신앙풍토의 세속화 그리고 무종교적 토양의 형성이라는 근세기의 종교현상은 이미 개설적인 내용이라고 볼 수 있지만, 이러한 개설적 언설이 한 시대의 흐름을 모두 내포하고 있다고는 볼 수 없다. 한 시대의 사상사적 흐름의 방향을 直觀的으로 인식하고 이를 계몽적으로 언설하는 당대의 이른바 지식인들의 담론과 세속을 실존적으로 호흡하며 살아가는 불특정 다수의 현실 사이에는 일정의 間隙이 존재할 수밖에 없다. 이러한 민중들의 실존적 현실에는 급진적 지식인들의 담론이 다 담아낼 수 없는 소박한 형태의 信心의 내실이 존재하고 있다. 그리고 이를 읽어내고 묘사했던 것은 근세기의 사이카쿠와 같은 도시출신의 寫實主義的 작가들이었다. 이 책에 실린 필자의 문제의식과 연구의 출발은 바로 이 점에 있다고 할 수 있다. 이 작업은 근세기 일본 민중들의 신앙의 내실을 밝히고자 하는 종교사 연구의 一端으로서, 그리고 근세기의 부세(浮世)를 사실적으로 묘사하려고 했던 작가 사이카쿠의 작품세계 연구의 새 영역으로서 의미를 지닐 수 있을 것이다.

목차를 간단히 소개하면 다음과 같다.

1부는 총설로서 앞에서 언급한 필자의 문제의식과 각론에 관한 설명이다.

2부는 아사이 료이의 가나조시(假名草子) 작품과 사이카쿠의 작품 안에서 나타나고 있는 神佛 관련 양상을 고찰한 내용이다. 필자가 새롭게 집필한 내용과 그간 논문의 형식으로 발표했던 내용을 가필, 수정, 보완한 것이 이 책의 본론에 해당한다.

3부는 주제인 神佛과는 직접 관련이 없는 내용이지만 일본근세소설 연구와 일본문화론의 視座라는 내용으로, 2부와 마찬가지로 그간 논문으로 발표해 왔던 일본 근세문학에 나타난 일본인의 성의식에 관한 고찰과 한국에서의 일본근세소설의 성과와 과제라는 두 논문을 부록의 형식으로 엮은 것이다.

이 책에서 행해진 일본근세문학과 神佛의 관련 양상에 관한 고찰은
방대한 근세문학 텍스트의 양으로 보면 극히 일부의 작품에 국한되고
있음은 물론이다. 앞으로의 과제로 삼고자 한다.

끝으로 동절기의 바쁜 출판일정에도 불구하고 이 책의 출간에 힘을
써 주신 도서출판 제이앤씨 여러분들께 감사의 마음을 전하고자 한다.

2008년 신년의 햇살이 가득 찬 연구실에서

鄭 濚

참고문헌 일본근세소설과 神佛

【1부】

家永三郎・赤松俊秀・圭室諦成監修『日本仏教史』三卷(法藏館 1967)

井上順子編『神道』(新曜社 1998)

小野泰博他編『日本宗教辞典(縮刷版)』(弘文堂 1994)

笠原一男編『日本宗教史』二卷(山川出版社 1977)

子安宣邦監修『日本思想史辞典』(ペリカン社 2001)

末木文美士『日本仏教史』(新潮文庫 1996)

高木昭作・末木文美士編著『日本文化史研究』(放送大學教育振興會 2005)

尾藤正英『日本文化の歴史』(岩波新書 2000)

村岡典嗣『神道史』(日本思想史研究 創文社 1956)

村上重良『日本宗教事典』(講談社學術文庫 1988)

柳田國男『先祖の話』(筑摩叢書 1975)

渡辺造『近世日本社會と宋學』(東京大學出版會 1985)

上山春平『神々の体系』(中公新書 1972)

鎌田東二『神道とは何か』(PHP新書 2000)

逵日出典『神仏習合』(六興出版 1986)

義江彰夫『神仏習合』(岩波新書 1996)

高取正男『神道の成立』(平凡社ライブラリー 1993)

平雅行『日本中世の社會と仏教』(塙書房、1992)

柏原祐泉『日本近世近代佛教史の研究』平樂寺書店 1969

松尾剛次『鎌倉新仏教の成立 新版』(吉川弘文館 1998)

圭室諦成『葬式仏教』(大法輪閣 1963)

圭室諦成『江戸幕府の宗教統制』(評論社 1971)

圭室諦成『日本仏教史・近世』(吉川弘文館 1987)

加地伸行『儒教とは何か』(中公新書 1990)

子安宣邦『＜新版＞鬼神論』(白澤社 2002)

尾藤正英『江戸時代とはなにか』(岩波書店 1992)

藤谷俊雄『「おかげまいり」と「ええじゃないか」』(岩波新書 1968)

渡辺造『近世日本社會と宋學』(東京大學出版會 1985)

菅野覚明『神道の逆襲』(講談社現代新書 2001)

子安宣邦『本居宣長』(岩波新書 1992)

子安宣邦『伊藤仁齋の世界』(ぺりかん社 2004)

圭室諦成『神仏分離』(教育社歷史新書 1977)

村上重良『國家神道』(岩波新書 1970)

森岡清美『日本の近代社會とキリスト教』(評論社 1970)

安丸良夫『神々の明治維新』(岩波新書 1979)

服部幸雄「第八章 歌舞伎」(『日本文學と佛教』第九卷 岩波書店 1995)

【2부1장】

辻善之助『日本佛教史』第六卷, 第七卷 (岩波書店 1961)

子安宣邦『鬼神論』(白澤社 2002)

길회성 『일본의 정토사상』(민음사 1999)

『日本古典文學大辭典』(岩波書店)

谷脇理史 校注譯『仮名草子集・浮世草子集』(小學館 1971)

北条秀雄 編著『改訂增補 浅井了意』(笠間書院 1972)

松田修『井原西鶴集2』(小學館 1996)

重沢俊郎『原始儒家思想と経學』(岩波書店 1973)

立川武藏『日本仏教の思想』(講談社現代新書 1995)

【2부2장】

森龍吉『親鸞その思想史』(三一書房 1961)

柏原祐泉「武家家訓における儒仏受容の過程」(『日本近世近代仏教史の研究』
　　　　平樂寺書店 1969)

阿満利麿『日本人はなぜ無宗教なのか』(筑摩書房 1996)

奈倉哲三「近世人と宗教」(岩波講座『日本通史 12』1994)

石田一良 校註『藤原醒窩 林羅山』(日本思想大系28 岩波書店 1975)

『井原西鶴集(3)』(日本古典文學全集 小學館)

村田穆 校註 『日本永代藏』(新潮日本古典集成 新潮社 1977)

葉山槙作編「近世紀州漁法の展開」(田島佳也)(『日本の近世』4 中央公論社
　　　　1922)

林玲子編「船による交通の発展」(『日本の近世』5 中央公論社 1992)

荒居英次『近世の漁村』(吉川弘文館 1970)

野間光辰「西鶴五つの方法」(『西鶴新新攷』 岩波書店 1981)

【2부3장】

東明雅『日本永代藏』卷末解說(岩波文庫本 岩波書店 1956)

暉峻康隆「日本永代藏における思想の変貌」(『西鶴新論』中央公論社 1981)

谷脇理史『西鶴研究序說』(新典社 1981)

野間光辰『西鶴新新攷』(岩波書店 1981)

谷川健一『日本の神々』(岩波書店 1999)

石田瑞麿『日本仏教史』(岩波書店 1984)

田村芳朗『日本仏教史入門』(角川選書　角川書店 1969)

立川武藏『日本仏教の思想』(講談社現代親書 1995)

奈良保明編著『日本仏教を知る事典』(東京書籍 1994)

松濤弘道『仏教の常識がわかる小事典』(PHP新書 2002)

谷脇理史・江本裕『西鶴事典』(おうふう 1996)

鄭灐『『日本永代藏』序說－창작의도를 중심으로－」(『단국대학교 논문집』25집)

葉山槙作編「近世紀州漁法の展開」(田島佳也)(『日本の近世』4 中央公論社
　　　　1992)

林玲子編「船による交通の發展」(『日本の近世』5 中央公論社 1992)

荒居英次『近世の漁村』(吉川弘文館 1970)

【2부4장】

東明雅『日本永代藏』卷末解說(岩波文庫本 岩波書店 1956)

暉峻康隆「日本永代藏における思想の変貌」(『西鶴新論』中央公論社 1981)

谷脇理史『西鶴研究序說』(新典社 1981)

野間光辰『西鶴新新攷』(岩波書店 1981)

谷川健一『日本の神々』(岩波書店 1999)

石田瑞麿『日本仏教史』(岩波書店 1984)

田村芳朗『日本仏教史入門』(角川選書　角川書店 1969)

立川武藏『日本仏教の思想』(講談社現代親書 1995)

奈良保明編著『日本仏教を知る事典』(東京書籍 1994)

松濤弘道『仏教の常識がわかる小事典』(PHP新書 2002)

谷脇理史・江本裕『西鶴事典』(おうふう, 1996)

葉山槙作編「近世紀州漁法の展開」(田島佳也)(『日本の近世』4 中央公論社
　　　　1992)

林玲子編「船による交通の發展」(『日本の近世』5情報と交通 中央公論社 1992)

荒居英次『近世の漁村』(吉川弘文館 1970)

【2부5장】
정 형 옮김『천황제국가비판 — 일본국가주의와 유사종교의 함정』(제이앤씨 2007)
　　　　阿満利麿『國家主義を超える』(講談社 1994)
『井原西鶴集3』(日本古典文學全集 小學館)
『日本民俗大辭典』(吉川弘文館)
『西鶴集下』(日本古典文學大系 岩波書店)
『本朝食鑑』(平凡社 東洋文庫 1976)
『古典文學と仏教』(『日本文學と仏教』第9卷 岩波書店　1995)

【2부6장】
横山重・小野奬 校訂『本朝__十不孝』(岩波文庫 1963)
松田修『井原西鶴集2』(小學館 1996)
重沢俊郎『原始儒家思想と経學』(岩波書店 1973)
加地伸行『儒教とは何か』(中公新書 1999)
暉峻康隆 外『本朝二十不孝』(中央公論社 1949)
鄭鏊「『本朝二十不孝』における「孝」の主題的 意味 — 作者の創作意圖と關聯
　　　　して —」(筑波大學平家部會論集 第6集 筑波大學平家部會 1997)
益田勝美・松田修編 「仏教說話の終焉」(冨士昭雄)(『日本の說話5近世』 東京
　　　　美術1975)
谷脇理史「自主規制とカムフラージュ」(國文學研究資料館文獻資料部『研究
　　　　調査報告』18號 1997)
立川武藏『日本仏教の思想』(講談社現代新書 1995)
阿満利麿『無宗教からの歎異抄讀解』(ちくま新書 2005)

【3부1장】
『日本の近世』(3)支配のしくみ(中央公論社 1991)
『中江藤樹』(日本思想大系29 岩波書店 1974)
石川松太郎 編『女大學集』(東洋文庫 平凡社 1977)
『近世色道論』(日本思想大系60 岩波書店 所收『艷道通鑑』)
『日本女性生活史3近世』(東京大學出版會 1990)
『安藤昌益 佐藤信淵』(日本思想大系 45 岩波書店)

정형『西鶴浮世草子硏究』(보고사 2004)

『井原西鶴集』(1)(日本古典文學全集 小學館 1971)

정형「근세상인의 호색일대기」(『모노가타리에서 하이쿠까지』글로세움 2003)

『源氏物語』一(日本古典文學全集 小學館)

『國史大辭典』10(吉川弘文舘)

　暉峻康隆『日本人の愛と性』(岩波新書 1989)

『新可笑記』(對譯西鶴全集 九 明治書院)

【3부2장】

『일본학보』제 30집(한국일본학회 1993. 5)

이한섭・황성규 편『한국일어일문학연구문헌서지(1945-1988』(시사일본어사)

「한국일어일문학 관계 연구문헌목록(1988-1990」(『일본학보』23, 25집 한국일본학
　　　　　　회)

조동일『한국문학과 세계문학』제2판(지식산업사 1992)

이한섭『韓國 日本文學關係硏究文獻 一覽 』(고려대학교 출판부 2000)

江本裕・谷脇理史 編『西鶴事典』(おうふう 1996)

찾아보기 일본근세소설과 神佛

저자 소개

정 형 鄭 灐

단국대학교 문과대학 교수. 동 대학 일본연구소장.

한국일본사상사학회 회장.

주 전공 ; 일본문학, 일본문화론.

주요저서로『일본, 일본인, 일본문화』(다락원 2004),『日本語で読む日本文化』(다
        락원 2007),『일본사회문화의 이해』공저(보고사 2003),『모노가타리
        에서 하이쿠까지』공저(글로세움 2003),『동아시아문화의 이해』공저
        (단국대학교출판부 2004),『西鶴浮世草子硏究』(보고사 2004) 등이
        있고,

역서로는『천황제국가비판 - 일본국가주의와 유사종교의 함정』(제이앤씨 2007),
        『일본인의 논리구조』(소화 1996),『일본인의 사랑과 성』(소화 2001),
        『일본인은 왜 종교가 없다고 말하는가』(예문서원 2000),『논쟁을 통해본
        일본사상』공역 (성균관대학교출판부 2001) 등이 있으며, 일본의 근세문
        학과 문화론 등에 관한 30여 편의 학술논문이 있다.

이메일 ; chung824@dankook.ac.kr

일본근세소설과 神佛

초판인쇄 2008년 2월 11일　　**초판발행** 2008년 2월 21일

저자 정 형

발행한곳 제이앤씨
등록번호 제7-270

주소 서울시 도봉구 창동 624-1 현대홈시티 102-1206
전화 (02) 992 / 3253
팩스 (02) 991 / 1285
URL http://www.jncbook.co.kr / 제이앤씨북
E-mail jncbook@hanmail.net

ⓒ 정형 2008 All rights reserved. Printed in KOREA

ISBN 978-89-5668-572-4　92200　　**정가** 16,000원

　* 이 책의 내용을 사전 허가없이 전재하거나 복제할 경우 법적인 제재를 받게 됨을 알려드립니다.
** 잘못된 책은 구입하신 서점이나 본사에서 교환해 드립니다.